SEX, DER DEIN LEBEN VERÄNDERT

25 WAHRE BETTGESCHICHTEN

ODETTE DRESSLER

SEX, DER DEIN LEBEN VERÄNDERT

25 WAHRE BETTGESCHICHTEN

BOOKS

>>Zwischen den Seiten eines Buches ist
Sex viel aufregender als im Bett.<<
Andy Warhol

Für meine Familie
In Liebe

Inhalt

Vorspiel

Augenblicke der Leichtigkeit hat sich die Lust im Kleinen immer mal wieder erlaubt – da kannte sie nichts. Ob auf den Rücksitzen amerikanischer Straßenkreuzer, in den Toilettenkabinen der Londoner Klubs oder auf Hochbetten in Berliner Wohngemeinschaften. Im Großen hatte er es aber ganz schön schwer, der Sex, in den letzten Jahrzehnten.

In den moralinsauren Fünfzigerjahren unterdrückt, folgten in den Sechzigern erste – schmerzhafte – Versuche, ihn zu befreien. Die sexuelle Emanzipation der Siebzigerjahre erlaubte endlich Ausschweifungen auf Augenhöhe, bis der Sex in den Achtzigern dann lebensgefährlich wurde – zumindest redeten sich die Menschen das ein. Kondome wurden Pflicht und die Neunziger zu so etwas wie den sexuellen Nachkriegsjahren, die in einem elektronischen Rausch gefeiert wurden. Der Sex wurde experimenteller, aber er bewegte sich bei den meisten immer noch auf dem »Mein erster Chemie-Baukasten«-Niveau unserer kleinen und großen Brüder. In den Nullerjahren wurde der Sex dank flächendeckender Teenager-Aufklärung durch fünfminütige YouPorn-Schnipsel immer jünger und dank RTL2 auch so ein bisschen peinlich. Aber es gab da noch etwas in diesen Jahren: Um überhaupt ernst genommen zu werden, mussten wir im Bett alles drauf haben, alles mindestens einmal ausprobiert und möglichst für gut befunden haben. Und dabei sollten wir am besten noch lasziv gucken, so als bekämen wir nie genug von alledem. Schlucken? Aber gern! Poposex? Unbedingt! Dreier? Vierer? Was für eine Frage! Dirty Talk? Geht's überhaupt noch ohne? SM-Spielchen? Wenn ich bitten darf!

Ja, sie setzten uns schon ziemlich unter Druck, diese Nullerjahre.

Aber das ist ja alles nichts im Vergleich zu dem, was wir heute von uns erwarten, das, worum sich dieses Buch dreht: um Life-Changing Sex, um den Sex also, der unserer Leben verändert, der BOOM! macht und dafür sorgt, dass nach ihm nichts mehr so ist wie zuvor. So eine Art persönlicher 11. September, nur im positiven Sinne. Möglichst. Darf's noch ein bisschen mehr sein?

In Zeiten, in denen wir viel zu viel Zeit in der virtuellen Welt verbringen, sehnen wir uns nach Kicks im echten Leben. Und da kommt Life-Changing Sex gerade recht. Nur: Woher nehmen? Die meisten von uns wissen ja noch nicht einmal, wo sie ihn stehlen könnten, wenn sie denn wollten. Der Witz dabei: Life-Changing Sex ist vom wirklichen Leben gar nicht so weit entfernt, wie wir glauben. So sind wir ihm doch alle entsprungen. Nur mal so als Beispiel. Life-Changing Sex ist nämlich mitnichten immer der atemberaubende Sex, der so gut ist, dass wir ihn nie wieder vergessen – er kann es sein, er muss es aber nicht. Nein, Life-Changing Sex hat eigentlich nur eine Aufgabe: unser Leben zu verändern. Auf welche Art auch immer.

Für die Recherche zu diesem Buch habe ich mich mit 24 Frauen getroffen und mir 24 Geschichten angehört und sie aufgeschrieben. Alle haben mich auf ihre eigene Art und Weise berührt. Manche auf emotionaler Ebene, so wie Carolins Geschichte *Der Sex, der mich überleben ließ* über die große Liebe ihres Lebens. Andere Storys haben mich amüsiert, allen voran Merles wiederholtes Scheitern auf der Suche nach Liebe in *Gebrochene Herzen pflasterten ihren Weg* oder Coras romantische Horrorkomödie *(K)ein Baby namens Otis*. Nikas Story *Das Leben ist viel mehr als Punk, Baby!* aus den »Guns N' Roses«-Tagen der frühen Neunziger hat meine Sehnsucht nach Kalifornien wiedererweckt und einige der Storys haben mich regelrecht schockiert: vor allem der Polizist in *Bad Lieutenant*, der eine Frau durch Erpressung zum Sex nötigt und damit durchkommt. Und dann gab es natürlich auch noch die Storys, die mich unruhig auf meinem Stuhl hin und her rutschen ließen, die mich erregt haben. Besonders angemacht hat mich zum Beispiel die Geschichte von Katja, die in *Das Biest, das meine Begierde weckte* zum ersten Mal mit einer Frau schläft.

Und Euch so? Klar, das könnt Ihr noch nicht wissen, Ihr seid ja erst beim Vorwort. Aber *wenn* Ihr es dann wisst, könnt Ihr mich gern auf meiner Michmöger-Seite auf Facebook (http://www.facebook.com/dresslerodette) besuchen und mir schreiben, welche Geschichte Euch am besten gefallen hat. Das würde mich wirklich freuen!

Liebstes aus Berlin, April 2015

Die Hand keck in die Hüfte gestemmt und Euch schwes-terlich zuzwinkernd,
Eure Odette

Wir bleiben wach

»Wir bleiben wach, bis die Wolken wieder lila sind!«, krächzt es wieder und wieder aus meinem Telefon. Doch auch wenn ich ewig wach bliebe – die Wolken würden schwarz bleiben. So fühlt es sich zumindest an. Das rote Plastikherz, das vor meinem Schlafzimmerfenster hängt – ein Geschenk von meinem Freund Dominic –, blinkt unaufhörlich und wirkt dabei, als würde es mich auslachen. Ich möchte schlafen, endlich schlafen. Aber wie? Eine Tablette nehmen? Oder vielleicht gleich hundert? Ich bin eine Dramaqueen, ich weiß. Aber diesmal zu Recht. Was er jetzt wohl macht? Was sie jetzt wohl bei ihm macht? Was sie jetzt wohl gerade zusammen machen? Dieses verdammte Blinke-Herz! Ich will irgendwas kaputt machen. Ich bin wütend, verletzt und traurig. Eine gefährliche Kombination! Ein Pulver-fass. Ich versuche zu masturbieren. Das hilft ja manchmal bei Stress. Aber heute bleibt es bei einem lächerlichen Versuch. Geil war gestern. Und bald geht schon die Sonne auf. Ich beneide die beiden.

Dominic wollte mit mir ins Berghain gehen. Endlich mal. Das Berghain, dieses sagenumwobene ehemalige Heiz-kraftwerk in Berlin-Friedrichshain, ist sein Lieblingsklub.

»Dort spielen sie den letzten wahren Techno!« Dominics Augen funkeln immer so schön, wenn er von etwas schwärmt. Wir hatten uns so darauf gefreut, endlich mal wieder zu zweit loszuziehen, endlich mal wieder zu zeigen, dass es auch coole Paare neben den ganzen Sofadösern gab. Wir zwei gegen den Rest der Welt im flackernden Licht auf der Tanzfläche. Doch dann musste ich ihm schweren Herzens absagen, weil Julia, eine Kollegin aus der Bar, in der ich jobbe, krank wurde.

Ich wollte mich gerade auf den Weg zur Arbeit machen, als mein Telefon klingelte. Julia.

»Hey Süße, ich kann heute doch arbeiten! Entschuldige den Wirbel, ich hoffe, ich hab deine Abendplanung nicht zu sehr durcheinandergebracht.«

Wie geil war das denn?! Sofort änderte ich meinen Plan. Ich beschloss, Dominic zu überraschen. Im Berghain plötzlich vor ihm zu stehen – das war super, oder? Fand ich auch. Damals. In den alten Tagen. Also vor etwa zwei Stunden.

Ich wusch mir mein »Gib mal ordentlich Trinkgeld!«-Make-up aus dem Gesicht und trug nur ein wenig Wimperntusche und Lippenstift auf. Dominic steht nicht auf zugekleisterte Frauen. Dafür stehe ich normalerweise nicht auf Strapse, aber heute hatte ich mir zur Feier des Tages extra welche gekauft. Strap on in the name of love! Ich grinste. Mit einem eiskalten Mädchenbier in der Hand machte ich mich mit den Öffentlichen auf den Weg ins Berghain. Als ich die etwa fünfzig Meter lange Schlange sah, sank meine Laune jedoch sofort. Ich hasste es zu warten.

Was nun? Sollte ich Dominic anrufen und ihn bitten, mich reinzuholen? Dann wäre meine Überraschung dahin. Dem Türsteher schöne Augen machen, in der Hoffnung, dass er mich direkt reinwinkte? Das war einen Versuch wert. Ich drängelte mich also nach vorn zur Tür. Oha! Der in Schwarz gekleidete Schrank, den ich dort erblickte, machte mir ein bisschen Angst – nichts gegen Tätowierungen, aber im Gesicht? Mein Stil war das nicht. Aber ich war ja im Gegensatz zu ihm auch nicht der Partypapst. Wummernde Bässe drangen durch die Luft. Ich nahm all meinen Mut zusammen, schob meine Brüste zurecht und wollte gerade den unheimlichen Türsteher mit dem zugepiercten Mund davon überzeugen, mich sofort reinzulassen, als ich ihn sah.

Dominic. Der Mann, mit dem ich seit sechs Monaten zusammen war, der mir den Glauben an die Männer, an die Liebe zurückgegeben hatte, dem ich vertraute wie noch keinem Freund zuvor. Lachend kam er aus dem Dunkel ins Licht. Doch nicht allein, oh nein – wer zur Hölle war diese Tussi in seinem Arm?! Die war doch gar nicht sein Typ! Sie sah aus wie einem Porno entsprungen, gefühlt einen Meter neunzig groß, riesige Brüste aus Silikon, High Heels und – na klar – Strapse! Das war meine Überraschung, verdammt!

Es heißt, kurz bevor man stirbt, zieht das Leben im Zeitraffer an einem vorbei. Ich weiß nicht, ob das stimmt – immerhin bin ich noch nicht so oft gestorben –, aber es könnte etwas Wahres dran sein. Als ich die beiden zusammen erblickte, lief wie auf Knopfdruck unsere ganze

Geschichte in meinem Kopf ab. Da war sein erster Blick, sein erster Kuss, unser erster Sex – mein ganzes Leben, unser Leben. Wir waren eins, verdammt! Und nun fühlte es sich auf einmal an, als gäbe es kein Wir mehr, nur noch ein kleines, jämmerliches Ich, dessen Herz gerade achtlos in einen Mülleimer gedonnert worden war. Als wäre ich eine leere, zerbeulte Dose. Ich hatte gehört, dass Herzen brechen können. Aber bislang hatte ich das für kitschiges Gelaber gehalten. Doch jetzt: vorbei! Knacks!

Sie stiegen in ein Taxi und ich beeilte mich, gleich das nächste direkt dahinter zu erwischen.

»Verfolgen Sie das Taxi da vorn!«

»Was glaubst du, was das hier ist? 2 Fast 2 Furious?«

Nachdem ich dem Fahrer einen Zehner extra versprochen hatte und wir nun beide überzeugt waren, dass das hier 2 Fast 2 Furious war, nahm er die Verfolgung auf. Fünf Minuten später hielt das Taxi, in dem Dominic und die Tussi saßen. Vor seiner Wohnung. Wo auch sonst?

»Fahren Sie weiter, bitte, in die Karl-Marx-Allee 47.« Sicher, ich hätte aussteigen können. Ihm eine Szene machen, kreischen, weinen, mit meinen Fäusten auf seiner Brust trommeln. Aber dafür fehlte mir die Kraft. Ich wollte nur noch nach Hause in mein Bett.

Das blinkende Herz an meinem Fenster lacht mich noch immer aus. Ich habe Durst. Doch um ihn zu stillen, müsste ich aufstehen und zum Kühlschrank gehen, der gefühlt am anderen Ende der Welt steht. Ich ziehe mir die Decke über den Kopf. Früher glaubte ich, dass ich tatsächlich verschwinden würde, wenn man mein Gesicht nicht sehen konnte. Früher hatte ich auch noch keinen Schimmer von Liebeskummer. Von Liebe.

Was macht er gerade mit ihr? Hat er den Verstand verloren? Oder ich, weil ich mich so in ihm getäuscht habe? Man sagt ja, wenn man die eine oder den einen trifft, ändert sich alles. Was man will, was man braucht und was man sich wünscht, ist plötzlich etwas völlig anderes als noch zuvor. Plötzlich begannen alle schönen Ideen in meinem Leben mit D. Verdammt! Liebt er sie so, wie er mich geliebt hat? Und fickt er sie so, wie er mich gefickt hat? Und warum überhaupt?! Warum tut er das? Warum tut er mir das an? Ich dachte, unser Sex wäre der Wahnsinn. Jedenfalls hat er mir das immer ins Ohr gestöhnt: »Das ist Wahnsinn mit uns, Baby, weißt du das?« Reiche ich ihm nicht? Hat er mir nur was vorgespielt? Was hat sie, was ich nicht habe? Außer drei BH-Größen mehr und einen halben Meter längeren Beinen? Ist es das, was er will? Habe ich mich etwa so in ihm getäuscht?

Plötzlich klingelt mein iPhone. Dominic?! Ob er sich besonnen hat, ob ihm klar geworden ist, wohin er gehört? Oh je, ich klinge schon wie eine verzweifelte, klammernde Freundin. Dominic hat oft zu mir gesagt: »Du verdienst das Beste.« Dann hat er sich auf die Brust getrommelt und gerufen: »Und den Besten.« Anschließend hat er gezwinkert und ich war noch verliebter in ihn als davor. Jedes Mal.

Augen schließen, hoffen, beten, zum Telefon greifen. Nö. Es ist Tobi. Dominics bester Freund. Was will der denn jetzt von mir? Um diese Uhrzeit? Egal, ich lasse es klingeln.

Doch Tobi gibt nicht auf. Beim dritten Versuch gehe ich ran.

»Party!«, brüllt es in mein Ohr. Wie mich seine gute Laune nervt!

»Was willst du, Tobi?«

»Oh, da hat eine aber miese Laune! Und das Samstagnacht! Was is'n los, Kleine?«

»Nichts.«

»Wenn Frauen sagen, es sei nichts los, kann das nur bedeuten, dass gerade die Welt untergeht.«

»Pass auf, Tobi, ich hab gerade echt keine Lust, mit dir zu quatschen, okay?«

»Nein, das ist nicht okay, Odette. Wenn es der Freundin meines besten Freundes schlecht geht, ist das auch mein Problem. Wo steckt Dom überhaupt?«

Nun hat er es geschafft: Ich muss weinen.

»Odette? Warum weinst du denn jetzt? Scheiße, sag mir doch endlich, was los ist!«

»Dominic fickt gerade irgend so eine Tussi, das ist los!«

»Was?!«

»Ja, Mann!«

»Das glaube ich nicht!«

»Dann glaub es halt nicht! Ich weiß es aber!«

Ich erzähle Tobias die ganze Story. Er will sie nicht wahrhaben, aber auch er kann die Fakten nicht schönreden.

»Ich würde ja zu dir kommen, aber die kleine Lilly schläft gerade so süß. Was hältst du davon, wenn ich dir ein Taxi vorbeischicke und wir reden über alles?«

Das ist nett von ihm. Aber ich lehne ab. Ich sage, dass ich es mir überlegen werde, doch das ist nur ein Vorwand, um ihn loszuwerden. Niemand bekommt mich jetzt aus meinem Bett. Niemand!

Zwanzig Minuten später: Schon wieder sitze ich im Taxi. Was? Wankelmütig? Ich? Na ja, ein bisschen vielleicht. Aber ich bin ja auch eine Frau! Wer denkt, Quantenphysik sei kompliziert, kennt die Frauen nicht. Das war so ein Spruch von Dominic – meinem zukünftigen Exfreund! Ich verstehe es immer noch nicht. Während der Fahrt fange ich schon wieder an zu weinen. Der Taxifahrer guckt ganz erschrocken und kramt eilig ein Taschentuch hervor. Und dann sagt er tatsächlich: »Sie sind viel zu hübsch, um traurig zu sein.« Normalerweise fände ich so einen Spruch schleimig. Aber in diesem Moment mache ich eine Ausnahme. Jetzt, wo ich mit verlaufener Wimperntusche im Taxi sitze und zu dem einzigen Mann fahre, der mir außer Dominic helfen kann. Tobi! Damit er mir erklären kann, wie es so weit kommen konnte. Denn Tobi kennt Dominic besser als jeder andere.

Tobi ist eigentlich ein ziemlich heißes Teil, aber ein notorischer Player. Er tauchte damals zusammen mit Dominic in der Bar auf und ehrlich gesagt gefiel mir Tobi rein optisch einen Tick besser. Aber Dominic hatte die schöneren Augen und wirkte – ganz im Gegensatz zu Tobi – wie ein Mann, dem man vertrauen konnte. Tja, wie man sich doch irren kann!

Tobi wohnt im Prenzlauer Berg. Das passt zu ihm: Er ist ein Macho, wie er im Buche steht. Dazu passt auch, wie er mich jetzt an der Wohnungstür empfängt. Was für ein Bild! Er steht an der Tür und versucht, verständnisvoll zu lächeln – was aber nicht klappt, denn bei Tobi wirkt jede Art von Lächeln wie ein dreckiges Grinsen. Er ist oben ohne und sein Oberkörper ist so durchtrainiert, dass sich kein Gramm Fett daran befindet. Dafür hat er mehr Brust als ich und ein auf den Bauch gemeißeltes Sixpack. Und als ob das alles noch nicht reichen würde, trägt er auch noch Lilly, seinen zwölf Wochen alten Bulldoggenwelpen, auf dem Arm. Wen versucht er, damit zu beeindrucken? Mich? Das kann er sich knicken! Was glaubt er denn? Dass ich ihm um den Hals falle, mich bei Dominic räche, indem ich mich ihm hingebe? Pft!

»Schlief Lilly nicht gerade eben noch so süß?«

»Äh ja, aber du kennst doch Babys, die wachen alle paar Stunden auf. Gott, was würde ich darum geben, mal wieder eine Nacht durchschlafen zu können!«

Welpen? Wachen nachts alle paar Stunden auf? Was redet er da? Ich glaube langsam wirklich, dass er es auf mich abgesehen hat. Doch wie kann er nur? Dominic ist schließlich sein bester Freund! Aber: Kenne ich Dominic überhaupt? Wer weiß, vielleicht ist er auch ein schlechter Kumpel. Tobi versucht, mir in die Augen zu sehen, aber immer wieder verirrt sich sein Blick weiter nach unten – oh, Mann. Wenn ich genauer darüber nachdenke, eine ziemlich verbotene Vorstellung. Es gibt auf jeden Fall weniger verlockende Ideen. Aber nein: Vergiss es! Vergiss es, Tobi! Vergiss es, Odette!

Tobi kocht mir einen Tee und wir setzen uns an seinen Küchentisch und quatschen. Genau wie ich versteht er die Welt und seinen besten Freund nicht mehr. Er habe Dominic in all den Jahren, die sie sich schon kennen, nie so glücklich gesehen wie mit mir. Aaah! Mein Herz. Tobi redet schnell weiter. Ich sei eine Topfrau, aber für ihn logischerweise absolut besetztes Gebiet. Doms Frau sei die einzige auf der Welt, die vor ihm sicher sei. Normalerweise. Und entweder sei Dominic über Nacht verblödet oder einfach eine gerissene Sau. Aber keine geile, fügt er noch hinzu und reicht mir den Honig. Komisch. Tobi wirkt beinahe wütend, dabei ist er sonst Mr. Cool. Er sieht mir auf den Mund und sagt, wenn er Dominic wäre, würde er niemals auch nur einen Gedanken daran verschwenden, mich zu betrügen. Ist klar, Tobi! Das glaube ich dir aufs Wort. Vor allem weil es mich gerade auch so unheimlich interessiert, wie du dich verhalten würdest, wenn du mein Freund wärst. Das tut es doch nicht, oder? Oder? Doofes Kopfkino! Ich fühle mich schmutzig. Ich möchte duschen.

»Hast du was dagegen, wenn ich mal kurz unter die Dusche hüpfe, Tobi?«

Nein. Natürlich nicht.

In Tobis Dusche hätte ein Basketballteam Platz. Oh, ein Dschungelregenduschkopf und sogar die Wassertemperatur lassen sich einstellen – Tobi weiß eben, was Frauen sich wünschen. Das heiße Wasser tut gut. Ich schließe die Augen, lasse es minutenlang einfach nur an meinem Körper herunterlaufen und versuche, an nichts zu denken, was mir sogar halbwegs gelingt. Der Schmerz lässt sich nicht wegspülen, aber die Anspannung der letzten Stunden schon. Bis – die Tür knarrt! Na, wer das wohl sein kann?

Obwohl ich weiß, dass Tobi das Badezimmer betreten hat, lasse ich mir nichts anmerken. Ich habe das Gefühl, gar nicht da zu sein und mich lediglich von außen zu betrachten. So langsam weiß ich gar nicht mehr, was hier überhaupt passiert – wie sonst ist es zu erklären, dass ich mich langsam in die Richtung drehe, in der ich Tobi vermute, damit er auch ja nichts verpasst, während er mich durch die spaltbreit geöffnete Tür beobachtet? Was ist nur los mit mir? Aber die Frage ist jetzt zweitrangig – it's showtime!

Ich drücke den letzten Rest des Duschgels auf meine Handfläche und schäume mir meine Brüste ein. Ganz langsam in kreisenden Bewegungen. Das heiße Wasser perlt an meinen immer härter werdenden Nippeln ab. Ob Tobi bereits die Hand in seiner Jeans hat? Bestimmt. Ich werfe meine Haare zurück und stöhne leise. Jetzt ganz bestimmt. Noch mal, Odette: Was tust du da? Ich weiß es nicht, aber es fühlt sich gut an. Nicht richtig, aber gut. Was Dominic kann, der Mann, der mir ewige Liebe schwor, kann ich auch – kein Ding, Baby!

Meine Hände wandern tiefer und tiefer. Wie gut, dass ich mich gestern Abend frisch rasiert habe. Ich streichle meine Scham, stecke einen Finger in mich hinein, ziehe ihn wieder heraus und lutsche ihn ab. Und dann winke ich mit ihm Tobi hinein.

Zumindest ist das der Plan. Absolut sicher bin ich nicht, ob Tobi tatsächlich hinter der Tür steht. Steht – in jeder Beziehung.

Aber er enttäuscht mich nicht. Natürlich nicht. Tobi eben.

Als ob er gerade rein zufällig ins Bad gekommen sei, fragt er fast beiläufig: »Hey, brauchst du Hilfe? Beim Rückeneinseifen oder so?«

»Halt einfach deinen Mund, komm her und fick mich!« Wow! Mal ganz ehrlich: Ich hätte nicht gedacht, dass ich diese Nummer draufhabe!

Natürlich lässt Tobi sich nicht zweimal bitten. Nie zuvor habe ich einen Menschen so fix aus seinen Klamotten schlüpfen sehen. Sein praller Schwanz ist der Beweis dafür, dass er mich nicht erst seit ein paar Sekunden beobachtet. Ich möchte ihn nicht küssen, keine Zärtlichkeiten mit ihm austauschen. Auch will ich ihm nichts Gutes tun, keinen Blowjob oder so. Er soll mir etwas Gutes tun, also drehe ich mich um, drücke meine Hände gegen die Kachelwand und strecke ihm meinen Arsch entgegen. Was er missversteht. Tobi versucht doch tatsächlich, mir seinen Schwanz in den Hintern zu schieben!

»Nicht das Loch, das bleibt vorerst jungfräulich! Los, nimm das richtige und zeig mir, was du kannst!«, halte ich ihn schnell auf.

»Alles, was du willst, Baby!« Dieser Satz klingt so klischeehaft, aber er ist genau das, was ich in diesem Moment hören will.

Tobi umfasst meine Hüften. Sein Griff ist so fest und er so stark, dass ich mich nicht aus seiner Umklammerung befreien könnte, selbst wenn ich wollte. Allein der Gedanke daran, ihm vollends ausgeliefert zu sein, bringt alles in mir zum Kribbeln. Gekonnt massiert er meine Brüste, während er seinen Unterleib gegen meinen Hintern drückt. Ich bin schon ganz feucht. Ich will ihn. Mir ist egal, ob er mich morgen noch will – ich will nicht mit ihm aufwachen, ich will nicht mit ihm frühstücken. Ich will, dass er mir den Verstand aus dem Leib vögelt! Spielerisch beißt er mir in meine Ohrläppchen, leckt meinen Nacken, dabei bin ich doch gerade noch diejenige gewesen, die keine Zärtlich-keiten wollte. Aber das ist mir jetzt alles egal. Tobi kann mit mir machen, was er will – wenn er mich nur endlich fickt! Doch zuerst umfasst er meinen Kopf mit beiden Händen und dreht mich zu sich. Er guckt mir in die Augen und steckt mir seine Zunge in den Mund. Seine Lippen sind weich, er schmeckt nach Tabak und Wodka. Unsere Zungen tanzen. Wow, kann der küssen!

»Fick mich! Fick mich jetzt!«, stöhne ich, als ich wieder Luft holen kann. Er grinst. Seine Stimme klingt heiser: »Gern!«

Oh mein Gott! Er tut es, endlich tut er es – endlich, endlich, endlich! Sein Schwanz ist groß, aber nicht zu groß, eher dick als lang – genau richtig für mich. Er füllt mich komplett aus, er passt einfach. Ich bin so nass, dass ich fast zerfließe. Tobi dringt langsam in mich ein und zieht ihn dann wieder raus, einmal, zweimal, dreimal, viermal, und erst beim fünften Mal stößt er richtig fest zu.

In diesem Rhythmus macht er weiter, nur dass der harte Stoß manchmal schon beim vierten oder doch erst beim sechsten Mal kommt, sodass ich nie genau weiß, wann es so weit ist. Damit macht er mich vollkommen verrückt. Ich wimmere, ich schreie, ich weine – nicht vor Schmerz, vor Lust!

»Schlag mich! Bitte schlag mich!«

Seine Hand klatscht wieder und wieder auf meinen Arsch, während er mich langsam weiterfickt – einmal, zweimal, dreimal, viermal, fünfmal... sechsmal?

»Bitte stoß zu, bitte, bitte, bitte!«

Er tut es. Und ich komme. Für einen Moment lang wird alles unwichtig. Es gibt nur noch seinen harten Schwanz in mir drin. Ich vergesse meinen Namen. Nein, noch besser: Ich vergesse Dominics! Ein Feuerwerk der Lust. Und wie ich komme, verdammt noch mal! Er muss mir den Mund zuhalten, damit ich die Nachbarn nicht wecke, so laut schreie ich.

Und er hört nicht auf. Oh nein, nicht Tobi! Jetzt lässt er die harten Stöße weg und bringt mich so langsam wieder auf Touren. Er hat's echt drauf! Ich werde schon wieder heiß. Seine Finger tasten nach meinem Kitzler. Er stößt jetzt härter. Er stöhnt, streichelt mich dabei, ich fließe. Ich spüre, wie er seine Muskeln anspannt, er ist kurz vorm Orgasmus. Schnell greife ich nach seinem Kinn und stecke ihm meine Zunge in den Hals. Er zuckt und stöhnt wie ein Tier in meinen Mund. Er kommt. Und das ohne Gummi, Mist – aber auch das ist mir gerade egal. Ich spüre seinen Saft in mir und fasse mich selbst an, werde schneller und komme schon wieder. Es ist unglaublich! Tobi zieht seinen Schwanz aus mir heraus und sein Sperma tropft aus mir. Ich zucke noch. Wahnsinn! Wir schwitzen. Es ist wie im Dampfbad. Ich muss lachen und fühle mich für einen Moment so frei. Nur Körper sein. Nur Lust.

Ich schäme mich ein bisschen dafür, aber ich muss zugeben, dass ich mit Dominic noch nie so einen intensiven Orgasmus erlebt habe. Noch nie habe ich mich so gehen lassen. Nur auf mein Verlangen gehört. Alles vergessen. Ich will mehr! Ich will, dass Tobi mich ins Bett trägt und mir den Schmerz wegfickt. Wieder und wieder, stundenlang!

Aber will ich das wirklich? Nein. Am liebsten würde ich jetzt meinen Kopf auf Dominics Brust legen und selig einschlafen.

»Lass mich los, Tobi!«

»Was?«

»Was verstehst du denn daran nicht, Tobi?«

»Okay, okay, ist ja schon gut.«

Ich möchte nur noch raus hier. Raus aus Tobis Bad, raus aus seiner Wohnung, einfach nur raus.

»War 'ne Scheißidee, hm?«, sagt Tobi. So viel Empathie hätte ich ihm gar nicht zugetraut.

»Ja, war es. Bleibt das unser Geheimnis?«

»Na klar! Du hast mich in der Hand, ich hab dich in der Hand – wie damals im Kalten Krieg: das Gleichgewicht der Supermächte.« Da ist es wieder, sein dreckiges Grinsen.

»Wie auch immer, Tobi. Und übrigens: Du bist göttlich im Bett und wenn du nicht so ein schrecklicher Macho wärst, könntest du ein echt toller Mensch sein.«

»Vielleicht will ich gar kein echt toller Mensch sein, Odette, denn so als echt toller Mensch wäre ich bestimmt nicht in den Genuss von dir gekommen…« Da ist es wieder. Verdammt!

»Fick dich, Tobi!«, sage ich, zwinkere ihm noch einmal zu und gehe. Eigentlich hätte ich sagen müssen: »Danke für den Fick!« Er versteht mich auch so.

Auf der Straße fällt mir ein, dass ich schon lange keine mehr geraucht habe. Ich krame eine Zigarette aus meiner Jackentasche, lasse mir von einem Zeitungsausträger Feuer geben und nehme einen tiefen Zug. Die Sonne geht auf. Wie kann sie nur? Weiß sie denn nicht, was letzte Nacht passiert ist? Aber das interessiert sie nicht. Vielleicht strahlt sie deswegen so.

Meine Füße schmerzen. Wohl eine Blase – wieder fällt mir ein, warum ich High Heels hasse. Ich ziehe die hohen Schuhe aus, stopfe sie in meine Handtasche und gehe barfuß weiter. Die Kühle des Asphalts bringt Klarheit in meine Gedanken. Ich werde Dominic nicht aufgeben. Noch nicht. Erst möchte ich wissen, warum er das Beste, was ich, was wir jemals hatten, für einen billigen One-Night-Stand aufs Spiel setzt. Und warum ich mich deshalb gerade von seinem besten Freund habe vernaschen lassen. Die Welt ist aus den Fugen geraten, so viel ist klar. Was eine einzige Nacht alles verändern kann…

Mein Handy vibriert. Eine Nachricht.

Schon wach, Kullerauge?
Du, ich war nur kurz im Berghain. Hab dort meine Schwester getroffen (wusste gar nicht, dass die in Berlin ist) und

wir sind zu mir gefahren und haben zwei Flaschen Rotwein geköpft. War echt nett. Du musst sie unbedingt kennenlernen. Du wirst sie lieben! Trotz Doppel-D.

Sehen wir uns heute? Ich hoffe doch! Hab Lust auf Dich. Große. Und Du so?

Sieben Küsse – egal, wohin!

Dein Dominic für immer

Oh. Mein. Gott.

Odette Dressler / 27 / Berlin

Ein ganzer Kerl

Vorab eins: Ich bin Vegetarierin. Nie hätte ich gedacht, dass ausgerechnet Fleisch im Brot mein Leben verändern könnte. Doch das hat es tatsächlich getan. Nicht das Fleisch an sich. Sondern unanständiger, heißer Sex auf dem Parkplatz vor der Dönerbude. Ermöglicht nur durch reine Fleischeslust. Es war perfekt: Ich war genau zur richtigen Zeit am richtigen Ort. Die Jahre zuvor hatte ich mich nur noch falsch gefühlt. Leer. Gelähmt. Ich wollte mich endlich wieder bewegen, vor allem aber wollte ich bewegt werden. Wie bei Achterbahnfahrten üblich begann meine Geschichte, als ich ganz unten war. Weil mir das fehlte, was Frauen brauchen wie die Luft zum Atmen: Bestätigung. Nähe. Lust. Endlich mal wieder so richtig begehrt werden. Nicht einfach nur die Beine breit machen, weil es mal wieder an der Zeit ist. Es war mein Stolz, der nach Aufmerksamkeit verlangte. Und er wurde immer lauter und flehender. Denn er war längst mehr als gekränkt; er verkümmerte quasi schon auf der Intensivstation. Aufmerksamkeit, Begehren – das war es, was ich mir die vergangenen Jahre sehnlichst gewünscht hatte. Und das bekam ich schließlich auch.

Ich habe aus Liebe geheiratet. Nicht aus steuerlichen Gründen und auch nicht weil man das eben so macht, wenn man eine Weile lang zusammen ist und gemeinsam Kinder hat. Nein, verdammt, vor dem Traualtar habe ich aufrichtig und aus vollem Herzen »Ja« gesagt! Ich hatte gehofft, meinem Mann würde es genauso gehen, und so brach eine Welt für mich zusammen, als er im März dieses Jahres vor mir stand und sagte, dass er eine andere Frau im Kopf habe und nicht aufhören könne, an sie zu denken. Nicht schon wieder, dachte ich. Denn in den neun Jahren unserer Ehe hatte er mich bereits zweimal betrogen. Dabei war alles, was ich von ihm wollte, dass er seine Familie nicht verrät. Dass er zu uns steht. Zu mir. Dass er mein Mann ist. Aber vergeblich.

An diesem Tag sagte ich ihm, dass er erst wiederkommen solle, wenn er wusste, was er an uns hatte. Er entschied sich für sie – und kam im Mai zu uns zurück. Damals wollte ich das. Er versprach unseren Kindern hoch und heilig, nie wieder wegzugehen. Aber auch das war eine Lüge. Während dieser Zeit litt ich sehr, weil er in Gedanken ständig bei ihr war. Frauen spüren so etwas. Ein paar Wochen später brach er schließlich sein Versprechen und verließ uns abermals – ausgerechnet an meinem Geburtstag!

Betrogen zu werden, schmerzt immer, egal, mit wem der Mann einen betrügt. Aber ich glaube, ich hätte etwas mehr Verständnis aufbringen können, wenn es wenigstens eine tolle Frau gewesen wäre. Mein Mann war zu diesem Zeitpunkt 37 Jahre alt und allgemein ist er eher einfach gestrickt – es hat bei ihm mit Müh und Not zu einem Hauptschulabschluss gereicht. Ich hingegen bin neun Jahre jünger als er, Abiturientin, an guten Tagen hübsch, an schlechten Tagen immer noch herzlich. Und gegen wen tauschte er mich ein? Gegen eine 31-Jährige, an der nichts, aber auch überhaupt nichts Besonderes war! Das verletzte mich zutiefst.

Ich fühlte mich einfach nur noch hässlich und überhaupt nicht mehr begehrenswert. Also beschloss ich: Du musst dein Leben ändern! Ich färbte mir die Haare, ließ mich tätowieren, nahm ein paar Kilo ab und spazierte nur noch in sexy High Heels durch die Welt. Das war ein erster Schritt, der mir sehr guttat. Ich ging wieder aus und testete meine Wirkung auf Männer. Ich kam immer noch gut an, hatte viele Dates und auch den ein oder anderen One-Night-Stand, aber es war niemand dabei, den ich ein zweites Mal treffen wollte. Ich bin nicht der Typ Frau, der sich schnell verliebt. Dazu bin ich zu kopflastig und kann mich nicht leicht genug fallen lassen.

Doch dann klickte ich irgendwann im letzten Sommer durch meine Flirt-App auf dem Handy und *er* fiel mir sofort auf: dieser *Kerl*. Ich sage *Kerl,* weil er eben einfach ein ganzer Kerl war. Rau und kantig. So ganz anders als die Männer, die ich sonst hatte.

»Coole Tattoos!«, schrieb ich ihm. Dass dies nicht der originellste Gesprächseinstieg war, war mir schon klar, aber seine Tattoos fielen mir eben als Erstes ins Auge und eigentlich war es ja auch ganz egal, was ich schrieb – Hauptsache anfangen. Die meisten Männer sind doch sowieso begeistert, wenn die Frauen mal den ersten Schritt machen. Und so genügten bereits ein paar Nachrichten, um diesen Kerl, der übrigens Martin hieß, davon zu überzeugen, sich mit mir zu treffen. Daran, dass sich aus dem Treffen mehr als eine aufregende Nacht ergeben könnte, dachte ich damals noch nicht. Im Gegenteil, ich machte Martin sofort unmissverständlich klar, worauf ich hinauswollte: »Und nur damit wir uns nicht missverstehen: Ich will Spaß! Also Sex. Und zwar nur Sex!«

»So soll's sein«, schrieb er in seiner lässigen Art zurück. Martin war kein Mann großer Worte.

Wir trafen uns. Wir liebten uns. Oberflächlich betrachtet war es ganz normaler Sex. Aber irgendwas in seinem Blick und an seiner Körpersprache sagte mir, dass da mehr war. Etwas, das so ganz anders war als bei allen Männern, die ich vor ihm gehabt hatte. Ich bekam nicht genug von diesem Mann und er nicht von mir. Es war Martin, der nach unserer ersten gemeinsamen Nacht auf meiner Couch sagte, dass er mehr wollte. Mich wollte. Und so trafen wir uns, sooft wir konnten, drei-, viermal pro Woche. Der Sex wurde immer besser. Wenn ich Martin ansah, machte mich vor allem das unglaubliche Funkeln in seinen Augen an. Ich hatte bis dahin noch nie eine solche Gier in einem Menschen gesehen. Endlich fühlte ich mich wieder wie eine begehrenswerte Frau. Begehrenswert wie nie zuvor. Von mir aus hätte es ewig so weitergehen können.

Doch Pustekuchen. Das Leben, oder besser gesagt mein Ex, hatte andere Pläne. Gerade als ich endlich wieder glücklich war. Als ich wieder wusste, was ich wert war, und nach außen hin strahlte. Als Martin mich stark gemacht und mir meine Lebenskraft zurückgegeben hatte.

Ich kam gerade von einem Date mit Martin nach Hause – mein Unterleib pochte noch –, als plötzlich mein Mann in der Tür stand. Er hatte rote Flecken im Gesicht und redete irgendetwas von einer Pflicht, die wir unseren Kindern gegenüber hätten. Die Pflicht, es noch einmal miteinander zu probieren. Noch einmal »Heile Welt« wie in der Margarinewerbung zu spielen.

»Das fällt dir ja früh ein!«, erwiderte ich kühl.

Heute kann ich nicht mehr so genau sagen, warum ich meinem Mann damals die gefühlt einhundertste Chance gab, aber ich tat es. Wohl unseren Kindern zuliebe. Dabei hätte mir klar sein müssen, dass so ein halbherziger Versuch nicht klappen konnte und es auch den Kindern nicht guttat, wenn sich ihre Eltern so durch eine Beziehung quälten. Aber da saß ich nun. Mit einem Mann, den ich nicht mehr liebte, und einem Kerl im Kopf, den ich wollte wie keinen zuvor.

Ich meldete mich eine knappe Woche überhaupt nicht mehr bei Martin, doch dann hielt ich es nicht mehr aus. Ich rief ihn an und fragte, wie es ihm ging.

»Wie soll's mir schon gehen? Ohne mein kleines Miststück, hm?« Diese Frage reichte, um mir klarzumachen, dass ich einen großen Fehler begangen hatte. Martins raue Stimme zu hören, war bereits genug. Zwischen meinen Beinen pochte es und ich wusste: Ich muss ihn unbedingt sehen! Aber das schlechte Gewissen nagte an mir. Ich war mir nicht sicher, ob ich tatsächlich den Befreiungsschlag wagen sollte. Ich fühlte mich zerrissen zwischen Abenteuer und Gewohnheit. Ich brauchte einen klaren Kopf. Frische Luft!

Da passte es ganz gut, dass mich gerade heute mein Mann nach seiner Spätschicht bat, ihm einen Döner zu besorgen. Das Leben schreibt eben manchmal die abgefahrensten Drehbücher. Denn kaum war ich auf dem Parkplatz des bevorzugten Dönergrills meines Mannes angekommen, da sah ich ein mir nur allzu bekanntes Auto. War er es wirklich? Konnte das sein? Ich war so aufgeregt! Mein Puls raste mindestens zehnmal so schnell wie der Beat von Snow Patrols *Crack the Shutters*, das gerade im Autoradio lief. Der Wagen hatte anscheinend gerade geparkt. Trotz der warmen Abendsommerluft zitterte ich am ganzen Körper, als tatsächlich Martin aus dem Auto stieg. Er entdeckte mich und grinste wie ein Honigkuchenpferd. Langsam ging er auf mich zu und genoss dabei jeden Schritt. Ich stieg aus dem Wagen und blickte ihm in die Augen. Wir umarmten uns fest und lange. Schließlich sagte er: »Ich wäre die ganze Nacht durch die Stadt gefahren, um dich zu finden, Baby. Gut, dass ich zwischendurch auch mal Hunger hatte.«

Endlich fühlte ich mich wieder angekommen. So als hätte das Schicksal gewollt, dass wir uns noch heute begegnen. Es war so aufregend! Über uns leuchteten die Sterne und da standen wir, zwei Menschen, die sich endlich gefunden hatten und nie wieder verlieren durften. Der Gedanke an den männlichen Geruch, den Martin in dieser Nacht auf dem Parkplatz ausströmte, sorgt bei mir noch heute für ein Kribbeln in meinem ganzen Körper. Und damals erst! Martin stand direkt vor mir – 1,86 Meter geballte Männlichkeit und einfach umwerfend. Vom Scheitel bis zur Sohle purer Sex. Aber wir fielen nicht gleich übereinander her. Behutsam wie zwei Teenager redeten wir über den plötzlichen Abbruch unserer Affäre und wie sehr wir einander vermisst hatten. Auf dem Parkplatz inmitten einer Kleinstadt, eingepfercht zwischen einen weißen Golf und eine schwarze Familienkutsche, waren wir alles andere als unbeobachtet. Aber als Martin seine Lippen auf meine presste, konnte ich nicht widerstehen. Ich wollte mehr und mehr.

Als wir uns küssten, fiel so viel von mir ab. Der Frust über meine beschissene Ehe, die Sorgen um die Zukunft. Ich wollte für die nächsten hundert Jahre die Welt anhalten, reglos in den Armen dieses Mannes liegen und einfach nur ihm gehören. Seine Zunge war so fordernd, dass ich kaum Luft bekam. Seine Hände packten mich so kräftig, dass ich heute noch schwören könnte, dass er mich vom Boden hob. Mit einem Ruck drückte Martin mich gegen die Seite meines schwarzen Kombis. Seine linke Hand umfasste meinen Hals und drückte gerade fest genug zu, um mich bewegungsunfähig zu machen, aber mir nicht wehzutun. Mit der rechten riss er mir meine Leggings herunter und wie von selbst wichen meine Beine auseinander. Bis dahin war es mir völlig fremd gewesen, dass jemand einfach so über mich herfiel, über mich verfügte – aber Martin ließ mir keine andere Wahl. Ich wollte ihn nur noch in mir spüren und zuckte regelrecht zusammen, als er zwei Finger in mich hineinschob. Ich seufzte. Zum ersten Mal in meinem Leben fühlte sich alles vollkommen richtig an. Als ich gerade kurz davor war zu kommen, hielt Martin inne. Ich wollte protestieren, ihn anbetteln, damit er weitermachte. Aber das stand nicht auf seinem Plan.

Mit einer Hand öffnete er seine Jeans und zwang mich auf die Knie. Statt meiner Kehle umgriff er nun meinen Pferdeschwanz und schob mir seinen Schwanz tief in den Mund. Meine Wimperntusche lief mir über die Wangen und er sah zufrieden auf mich herab. »So ist's brav!«

Ich leckte seine Eichel und schmeckte den ersten Tropfen seines Spermas auf meiner Zunge. Immer wieder schob er meinen Kopf so nah zu sich heran, dass ich kaum noch Luft bekam.

Unvermittelt riss er mich aus diesem wunderbaren Spiel heraus. Verdammt! Ich hatte seine Lust so genossen, das Raunen, das durch seine Kehle ging. Aber er zwang mich wieder auf meine Füße und drehte mich um. Auch nicht schlecht! Er platzierte meine Hände an der Dachreling meines Kombis – endlich war die mal zu etwas gut! In mir glühte das Begehren, alles, was ich wollte, war, seinen Schwanz in meiner Muschi zu spüren. Doch Martin hatte etwas anderes im Sinn. Mit der linken Hand zog er meinen Po ein Stück zu sich – und schob seinen Schwanz ganz langsam in mein Hinterteil. Ich schnappte nach Luft. Damit hatte ich nicht gerechnet. Meine Nippel wurden steinhart und vor lauter Überraschung – und ja, verdammt, auch vor Schmerz – wollte ich laut schreien, doch es kam kein Ton aus mir heraus. Meine Fingerknöchel traten vor

Anspannung weiß hervor und meinem Kerl tropfte der Schweiß von der Stirn auf meinen Rücken. Mit jedem Ruck in mein Hinterteil wollte ich mehr. Mehr von dieser Gewalt, dieser rohen Kraft, dieser unglaublichen Dominanz. Nicht um Martins Wunsch zu erfüllen, sondern um mir selbst das zu nehmen, was ich wollte. Bis zu diesem Abend hatte ich nicht gewusst, dass auch Frauen anal kommen können. Doch jetzt zog sich alles in mir zusammen und ich spürte, dass ich kurz davor war. Ich schrie, weil ich nicht anders konnte, und Martin hielt mir den Mund zu. Als er sagte: »Ich bin gleich so weit, Baby, wie sieht's mit dir aus?«, kam ich so heftig wie noch nie zuvor. Im selben Augenblick stöhnte auch er auf und ergoss seine Ladung in mein Hinterteil. Und ich wusste, dass ich nun endgültig angekommen war.

Nachdem wir uns angezogen hatten, nahm Martin mich in den Arm und küsste mich zärtlich. »Ach Mensch, der Döner!«, fiel es mir ein. Ich gebe zu, das war ein wenig unpassend, aber so war es eben. Ich ging schnell zu dem Imbiss und kaufte einen großen Kebab, damit ich es später nicht vergaß. Dann setzte ich mich mit Martin in meinen Wagen. Wir redeten über Belanglosigkeiten, aber auch über unsere Zukunft. Ich versprach ihm, dass ich bei ihm bleiben und nicht zu meinem Mann zurückgehen würde – oder besser: nur noch dieses eine Mal, um ihm seinen Döner zu bringen.

Als ich nach Hause kam, konnte ich Martin immer noch an mir riechen, selbst der eklige Fleischgeruch konnte daran nichts ändern. Auch seinen Schwanz konnte ich immer noch in mir spüren. Der Döner war längst kalt geworden, doch das war mir egal. Der beste Sex meines bisherigen Lebens gab mir die Kraft, meinen Mann ein für alle Mal zu verlassen. Meine Liebe für ihn war erloschen. Seit diesem Abend auf dem Parkplatz des Lieblingsdönerstands meines Exmannes schlägt mein Herz nur noch für Martin – diesen ganzen Kerl, der mir zeigte, wie guter Sex sich anzufühlen hat und wie es ist, jemandem mit Haut und Haaren verfallen zu sein. Im Nachhinein bin ich wirklich froh, dass mein Ex so gern Döner futterte.

Ulrike Remmling / 28 / Raguhn in Sachsen-Anhalt

Der Sex, der mich
überleben ließ

Als ich meinem Freund zum ersten Mal begegnet bin, hörte ich keinen Donner, sah keinen Blitz und feierte auch keine Brausepulverparty in meinem Magen. Es war nicht gerade Liebe auf den ersten Blick. Benny war nicht der Typ Mann, der einem sofort ins Auge springt – kein Latin Lover oder so. Er war blond, sehr schlank und nicht besonders groß. Eben ein ganz normaler junger Mann von 21 Jahren. Nur seine Augen, die sich hinter einer Brille versteckten, fesselten mich. Es war, als ob die Sonne aus ihnen heraus schien, und ich konnte mich nicht von ihnen lösen. Benny hatte bunte Augen. In der rechten Iris funkelten fast alle Farben: blau, grün, grau und ein bisschen braun. Ich war fasziniert von diesen Augen, sie schienen voller Liebe zu sein.

Dass meine Schwärmerei so ein bisschen verboten war, machte alles noch prickelnder. Ich war damals erst 17 und lebte in einem Internat in der Nähe von Potsdam. Benny machte seinen Zivildienst bei uns. Dazu kam, dass er eine Freundin hatte und damit eigentlich tabu für mich war.

Eigentlich. Dennoch machte ich mir einen Spaß daraus, mit ihm zu flirten, aber ich wollte nie, dass eine Beziehung daraus wird. Ich wollte nur spielen und sehen, wie weit ich gehen konnte. Meine Grenzen austesten, ein bisschen provozieren. Die Lolita-Falle eben.

Eines Tages sammelten wir Holz für ein Lagerfeuer und standen uns im Wald gegenüber. Es war einer von diesen Momenten, in denen man sich als Frau wünscht, gegen einen Baum gedrückt und einfach genommen zu werden. Aber dafür war Benny nicht der Typ. Zumindest dachte ich das seinerzeit. Ein paar Wochen später klingelte abends mein Telefon – Benny. Ich war überrascht, denn ich hatte schon einige Zeit nichts mehr von ihm gehört, da sein Zivildienst vorbei und er nicht mehr in unserem Internat war. Er kam gleich zur Sache: »Du, ich weiß ja nicht, ob's dich interessiert, aber ich habe mit meiner Freundin Schluss gemacht!«

Und wie mich das interessierte! Der Klang seiner Stimme reichte schon, um in meinem Bauch ein Kribbeln auszulösen. Dennoch versuchte ich, mir meine Aufregung nicht gleich anmerken zu lassen. Was natürlich misslang. Schnell wurde unser Gespräch heißer. Es erregte mich, ihm zu sagen, wie gern ich jetzt bei ihm sein, meine Hand über seinen Körper gleiten lassen würde. Und auch er konnte es kaum erwarten, mich endlich in seine Arme zu schließen.

Gleich am nächsten Tag packte ich ein paar Sachen zusammen und fuhr zu ihm. Benny wohnte in einem Dorf in Brandenburg. Kaum stand ich vor seiner Tür, ging es auch schon zur Sache. Er nahm mein Gesicht in seine

Hände und küsste mich. Mein Gott, kann der küssen, dachte ich nur. Mit so viel Leidenschaft. In seinem Schlafzimmer angekommen, überkamen mich die typischen Mädchenängste: Werde ich ihm auch nackt noch gefallen? Bin ich ihm zu dünn, findet er meine Brüste zu klein und meinen Hintern zu groß? Doch meine Sorgen waren völlig unbegründet. Vom ersten Moment an gab Benny mir das Gefühl, die schönste Frau der Welt zu sein.

Wir standen voreinander und küssten uns. Mit zittrigen Fingern versuchte ich, die Knöpfe seiner Jeans zu öffnen. Als es mir endlich gelang, staunte ich nicht schlecht, was mir da für ein großes Teil entgegensprang. Das passte so gar nicht zu Bennys eher zarter Statur. Wir legten uns aufs Bett und streichelten uns und so sehr ich es auch genoss, ihn zu riechen und seine warme Haut auf meiner zu spüren, wollte ich vor allem eins: seinen Schwanz! Und so packte ich sein Glied und führte es dorthin, wo ich es haben wollte. Er musste sich Millimeter für Millimeter vorarbeiten und als er dann endlich in seiner vollen Pracht in mir war, dachte ich nur: Wow, fühlt sich das gut an!

Wir vögelten die halbe Nacht. Benny war ein wirklich guter Liebhaber mit einem breit gefächerten Repertoire. Er konnte sehr zärtlich sein, es mir aber auch richtig schön hart besorgen. Von diesem ewigen Wechselspiel konnte ich einfach nicht genug bekommen! Die nächsten zwei Wochen ging es genauso weiter: Außer uns zu lieben, machten wir kaum etwas anderes. Auf Bennys Sofa und in seinem Bett lernten wir uns erst so richtig kennen. Sex war unsere Sprache. Und wir quasselten eigentlich ununterbrochen.

Selbst wenn wir mal die Wohnung verließen, hatten wir nur *das eine* im Kopf. Einmal fuhren wir zum Shoppen nach Berlin. In einem großen Modegeschäft am Alexanderplatz fand ich ein paar schicke Teile, unter anderem einen kurzen Rock, den ich unbedingt anprobieren musste. Als ich in dem süßen Rock aus der Umkleidekabine kam, wurden Bennys bunte Augen ganz groß. Als ich zurück in die Kabine ging, um die nächsten Teile anzuprobieren, ließ ich den Vorhang einen Spaltbreit geöffnet, damit Benny mich beobachten konnte. Mit seinen Blicken, die voller Gier waren, zog er mich aus und ich wünschte mir nichts sehnlicher, als dass er mir tatsächlich die Kleider vom Leib reißen würde. Ich winkte ihn zu mir herein.

In der Umkleidekabine berührten seine Lippen meine. Sie waren so weich und dabei doch fordernd und das Risiko, bei dem, was gleich passieren würde, erwischt zu werden – es war Samstagnachmittag und der Laden proppenvoll! –, sorgte für einen extra Kick. Bennys Hände waren überall. Er zog mir das Top aus und öffnete meinen BH, während er mich küsste. Seine Hände kneteten meine Brüste, mit den Fingern kniff er mir in die Nippel. Bevor ich laut aufstöhnen konnte, hielt Benny mir den Mund zu. Er machte sich gar nicht erst die Mühe, mir meinen Rock, geschweige denn mein Höschen auszuziehen. Kurzerhand drehte er mich um, riss meinen Slip zur Seite und schob seinen Schwanz in mich hinein. Dabei hielt er mir weiterhin meinen Mund zu, sodass ich kaum Luft bekam. Es dauerte nicht lang, vielleicht zwei, drei Minuten, bis ich kam. So schnell war ich davor noch nie zum Orgasmus bekommen. Als wir fertig waren, zog ich die Klamotten wieder aus und hängte sie mit hochrotem Kopf zurück an den Ständer. Benny zwinkerte mir verschwörerisch zu und wir gingen Hand in Hand aus dem Laden, den ich seitdem nie wieder betreten habe.

Aus meinen Erzählungen könnte man schließen, dass Bennys und meine Beziehung nur auf Sex aufgebaut gewesen sei – und vielleicht war das am Anfang auch so, ein bisschen zumindest. Aber auch außerhalb des Bettes, wo wir nach einigen gemeinsamen Jahren nicht mehr ganz so viel Zeit verbrachten, verstanden wir uns blendend. Es hätte nicht besser laufen können. Bis etwas passierte, das unserem Leben eine völlig neue Wendung gab.

Ich litt eines Tages plötzlich unter schrecklichen Schmerzen, die ich so noch nie erlebt hatte. Die Diagnose, die ich im Krankenhaus bekam, ließ meine heile Welt zusammenbrechen: schwere Aplastische Anämie – eine sehr seltene Form der Blutarmut, die kaum heilbar ist, weil dabei das Knochenmark versagt. In den folgenden Monaten stand ich höllische Qualen aus. Die Angst, mit gerade mal 23 Jahren zu sterben, war so groß, dass es Augenblicke gab, in denen ich am liebsten aufgegeben hätte. In meinem Kopf schwirrten ständig die gleichen Fragen: Wird die Chemotherapie anschlagen? Die Knochenmarktransplantation klappen? Kurz: Werde ich es überleben? Und wenn ja, wie wird es mir danach gehen? Werde ich wieder vollkommen gesund? Und die wichtigste Frage von allen: Wird Benny bei mir bleiben? Haben wir überhaupt noch eine Zukunft – jetzt, wo ich mehr Last als Lust war? Ich war mir nicht sicher und hätte auch Verständnis gehabt, wenn Benny sich von mir getrennt hätte. Welcher junge Mann möchte schon mit einer todkranken Frau zusammen sein?

Doch Benny blieb. Im Krankenhaus saß er an meinem Bett und hielt meine Hand und als ich schließlich entlassen wurde, nahm er sich extra ein paar Wochen frei, um sich um mich zu kümmern. Das Wissen, dass ich mich auch in schlechten Zeiten auf ihn verlassen konnte, ließ mich meiner Gefühle zu ihm sicher werden. Benny war meine ganz große Liebe.

Eine weitere Prüfung stand uns allerdings noch bevor. Das, was uns beiden immer so wichtig gewesen war, konnte ich Benny nun nicht mehr geben: leidenschaftlichen Sex. Ich hatte einfach kein Verlangen mehr. Das machte mich völlig fertig. Wo meine Lust vor der Krankheit noch beinahe unersättlich gewesen war, ging sie nun gegen null. Monatelang hatten wir überhaupt keinen Sex mehr. Ich konnte mir nicht erklären, warum ich kein Verlangen mehr hatte, und die Ärzte spielten das Problem herunter, indem sie mir sagten, das sei ganz normal und würde sich wieder legen. Aber wann? Ich fühlte mich furchtbar, weil ich meinem Freund, den ich doch so sehr liebte, im Bett nicht mehr das geben konnte, was er wollte. Was ich doch eigentlich auch wollte. Jede Berührung an meinen Brüsten oder zwischen meinen Beinen war mir unangenehm. In meiner Verzweiflung gab ich Benny sogar die Erlaubnis, seine Bedürfnisse mit anderen Frauen zu stillen. Aber er sagte nur: »Ich möchte mit keiner anderen Frau schlafen. Mach dir keine Gedanken, mein kleiner Engel. Es ist okay für mich, wir stehen das schon durch!« Das waren wohl die schönsten Sätze, die ich jemals von einem Mann gehört habe. Noch heute kann ich kaum in Worte fassen, wie viel sie mir damals bedeuteten. Denn auch wenn mein Angebot an Benny, sich mit anderen Frauen zu treffen, ernst gemeint war – ich bin mir ziemlich sicher, dass es mir das Herz gebrochen hätte, hätte er es wirklich getan.

Eines Abends schließlich lagen Benny und ich im Bett und er fing an, mich zu liebkosen. Nicht schon wieder, dachte ich, bloß keine weitere Enttäuschung für ihn – und für mich! Er knabberte an meinen Ohrläppchen, biss mir zärtlich in den Hals und ließ seine Finger über meine Brüste wandern. Ich schloss die Augen und versuchte, es zu genießen. Und, oh Wunder, diesmal klappte es! Ich begann zu schnurren und wollte, dass er weitermacht. Und das tat er auch – und wie er weitermachte! Ganz langsam wanderten seine Finger meinen Bauch hinab. Doch kurz bevor sie dort ankamen, wo sie hingehörten, stoppte Benny und zog mit seiner Hand minutenlang in zarten Bewegungen Kreise um meine intimste Stelle herum. Das machte mich verrückt! Ich spürte, wie ich endlich, endlich wieder feucht wurde – und feuchter und feuchter. Längst konnte ich es nicht mehr erwarten, Benny wieder in mir zu spüren. Doch der ließ sich Zeit. Er wollte diesen kostbaren Moment, auf den wir beide so lange gewartet hatten, voll auskosten. Verständlich, aber ich hielt es trotzdem nicht mehr aus: Ich packte seine Hand und drückte sie direkt auf meine Scham. Benny verstand und als er erst einen, dann zwei Finger in mich hineinschob und begann, sie rhythmisch zu bewegen, konnte ich mich nicht mehr beherrschen. Ich fing an zu stöhnen und je schneller Benny wurde, desto lauter wurde ich. Als er dann auch noch begann, mich mit seiner Zunge zu verwöhnen, war es um mich geschehen. Seine Zungenspitze hatte kaum meinen Kitzler berührt, als ich auch schon schreiend kam: »Oh mein Gott!« Mein erster Orgasmus seit fast einem Jahr war so überwältigend, dass ich mich nicht mehr beherrschen konnte. Tränen kullerten über mein Gesicht. Tränen der Erleichterung und der Dankbarkeit. All die Sorgen darüber, keine Lust mehr empfinden zu können, und all die Angst, Benny dadurch zu verlieren, fielen von mir ab. Als wir uns umarmten, weinte auch Benny. »Siehst du, mein kleiner Engel, ich habe es dir doch gesagt: Wir stehen das durch!«

Ja. Und das, obwohl ich schon fast nicht mehr daran geglaubt hatte. Doch endlich war der Knoten geplatzt! In den folgenden Wochen holten wir alles nach, was wir im vergangenen Jahr versäumt hatten. Wie in unserer Anfangszeit als Paar kamen wir kaum aus unserem Bett heraus und falls doch, dann nur um Sex an ungewöhnlichen Orten außerhalb des Bettes zu haben. Es war wieder wie früher. Nur noch schöner, weil wir es diesmal mehr zu schätzen wussten.

Der Ausbruch meiner Krankheit liegt jetzt fünf Jahre zurück; Benny und ich sind seit zehn Jahren zusammen. Unser Sex hat sich im Lauf der Zeit verändert. Er ist nicht schlechter geworden, sondern einfach anders, vertrauter. Sicher, wir fallen nicht mehr im Minutentakt übereinander her, aber die Leidenschaft ist immer noch da. Wir wissen heute viel besser als früher, welche Knöpfe wir beim anderen drücken müssen, um ihn in Fahrt zu bringen. Liebesspiele sind weiterhin ein wichtiger Bestandteil unserer Beziehung, auch wenn wir nicht mehr die komplette Zeit mit ihnen verbringen.

Ich bin jetzt 27 Jahre alt. Wirklich gesund bin ich immer noch nicht und werde es höchstwahrscheinlich auch nie wieder sein. Arbeiten kann ich auch nicht mehr, inzwischen bin ich Frührentnerin. Und das mit 27! Aber ich will nicht jammern. Denn ich lebe! Und wie ich lebe! Mit dem tollsten Mann der Welt an meiner Seite. An meinen schlechten Tagen pflegt Benny mich auch heute noch und er murrt nicht, wenn er sich manchmal nach der Arbeit noch um unseren Haushalt kümmern muss. Noch nie hat er sich beschwert, dass er nicht so oft mit seinen Freunden feiern kann, weil er sich zu viel um mich kümmern muss. Und: Er hat für mich auf Kinder verzichtet. Denn aufgrund meiner Krankheit kann ich keine bekommen und habe auch nicht die Kraft für ein adoptiertes Kind. Eines der vielen, vielen Dinge, für die ich ihm unendlich dankbar bin.

Ich habe Glück gehabt. Ohne Benny – da bin ich mir ziemlich sicher – hätte ich meine Krankheit nicht überlebt. Durch ihn habe ich verstanden: Manchmal erkennst du die große Liebe deines Lebens erst, wenn sie nackt vor dir steht. Manchmal ist Sex die Sprache der Seele. Und manchmal ist der beste Lover deines Lebens der Mensch, der dich am meisten liebt.

Carolin Haße / 27 / Ferch in Brandenburg

Das Biest, das meine Begierde weckte

Wäre Sex ein Theaterstück, müsste er ein Lustspiel sein. Etwas, das Mann und Frau Freude bereitet. Die ersten zehn Jahre meines Sexlebens dagegen könnte man getrost als ein Trauerspiel mit Überlänge bezeichnen. Wäre Sex ein Wettbewerb und ich Nena und müsste das Liebesleben von meinem langjährigen Freund und mir beurteilen, würde ich sagen: »Nee, sorry, das war nix, ich hab dich nicht gespürt, du hast mich nicht berührt, du hast mich einfach nicht abgeholt!«

Wir praktizierten ausschließlich unaufregenden Vanillasex, der so vor sich hinplätscherte. Höhepunkte? Fehlanzeige! Im übertragenen wie auch im Wortsinne. Wie auch? Mehr als die normale »Rein, raus, danke, Maus!«-Nummer hatte mein Freund nicht drauf. Das Schlimme daran: Ich kannte es nicht anders, für mich war es normal. War das alles? Das soll Sex sein, fragte ich mich dennoch immer wieder und verstand nicht, was die Menschen daran so toll fanden. Irgendwann begann ich – typisch Frau! – die Schuld bei mir zu suchen und stellte mir Fragen wie: Kann ich nichts empfinden? Bin ich gar gestört? Oder gibt es da draußen noch mehr Frauen, die ticken wie ich?

Noch nicht einmal 25 Jahre alt, war ich kurz davor, mit der körperlichen Liebe abzuschließen. Oder zumindest mit dem Glauben, dass ich jemals Spaß an Sex haben könnte. Aber ich möchte die Schuld nicht nur bei der Männerwelt suchen. Auch ich trug meinen Teil dazu bei. Ich konnte mich einfach nicht gehen, geschweige denn fallen lassen. Ich gehörte zu diesen Frauen, die ihre Brüste nicht zeigen möchten, selbst wenn sie im Dunkeln lieben. Was sicherlich auch daran lag, dass ich sie – ach, meinen ganzen Körper! – selbst nicht mochte. Es war eine unheimlich frustrierende Zeit.

Doch so ganz wollte ich den Sex dann doch noch nicht aufgeben. Zu viel Gutes hatte ich über ihn gehört, gesehen und gelesen, deshalb machte ich mich auf die Suche nach Antworten – im weltweiten Netz. Die Idee war, in Foren, in denen sich Frauen über Sex austauschten, Gleichgesinnte zu finden oder besser noch ehemalige Gleichgesinnte, die es irgendwann – wie auch immer – geschafft hatten, Lust im Bett zu empfinden. Doch es sollte anders kommen...

Die Antwort auf meine Fragen bestand nicht aus Buchstaben, nicht aus Tricks und Kniffen mit Orgasmusgarantie – sie bestand aus einem Foto. Dieses zeigte eine Frau, etwa Mitte dreißig, mit einem rabenschwarzen Lockenkopf, riesigen Kulleraugen, einer kleinen Stupsnase und einem ansteckenden Lachen und war ihr Profilfoto in einem Forum, in dem es um Frauen und ihre Sexualität ging.

Dort hatte ich Folgendes gepostet: »Kann mir mal jemand verraten, was an der Sache mit dem Sex so toll sein soll?«

Nur ein paar Minuten später bekam ich eine PN von besagter Dame: »Könnte ich. Ja, mehr noch. Ich könnte es Dir sogar zeigen.«

Oha! Mit so einer Antwort hatte ich nicht gerechnet. Es war auch nicht so, dass ich Frauen sexuell anziehend gefunden hätte. Ich sah sie mir gern an, das schon, aber in meinem Unterleib regte sich dabei nichts. Dennoch beschäftigte mich Isabelles Mail. Wir schrieben uns ein paar Tage hin und her. Anfangs war sie noch sehr zurückhaltend, gar nicht mehr so forsch wie in ihrer ersten Nachricht, für die sie wohl all ihren Mut zusammengenommen hatte. Ich hingegen wurde von Mail zu Mail neugieriger.

»Nehmen wir mal an, ich würde Dich besuchen. Wie würde es laufen? Was würdest Du mit mir anstellen?«

»Das möchtest Du wissen, hm? Wir sollten es nicht zerreden, aber ich bin sicher, es wird Dir gefallen. Lass Dich einfach überraschen, okay?«

Dieses Biest! Sie wusste genau, wie sie meine Begierde wecken konnte. Moment mal – Begierde wecken? Huch! Obwohl sie eine Frau war, reizte sie mich irgendwie. Das war mir vollkommen neu. Ich denke, mein Verlangen wurde aus der Verzweiflung geboren. Was hatte ich schon zu verlieren? Und was wäre die Alternative? Männer? Die hatten ihre Chance gehabt! Dennoch verstörte es mich ein wenig, dass ich mich von Tag zu Tag mehr zu ihr hingezogen fühlte. War aus mir eine Lesbe geworden? Ohne auch nur einmal Sex mit einer Frau gehabt zu haben? Das konnte ja wohl nicht sein! Oder doch? Ich war verwirrt. Und als wir dann einige Male telefonierten und ich mich auch noch ein bisschen in ihre Stimme verschoss, stand für mich fest: Ich muss sie sehen! Und riechen! Und schmecken! Und fühlen!

Am darauffolgenden Wochenende packte ich ein paar Sachen zusammen, setzte mich in meinen Mini und fuhr zu Isabelle. Die Fahrt dauerte fast drei Stunden und je näher ich ihrem Städtchen kam, desto nervöser wurde ich. Fragen über Fragen tanzten in meinem Hirn: Werden wir uns verstehen? Wird sie mich mögen? Optisch? Und ich sie? Und vor allem: Wird es zum Äußersten kommen?

Mein Herz raste, als ich den Klingelknopf drückte. Vor Aufregung tippelte ich von einem Fuß auf den anderen. Ich hörte ihre Schritte, sah ihre Silhouette durch die Milchglasscheibe und dann ging die Tür auf.

Da stand sie. Sie war einen Kopf kleiner als ich, was sie nur noch süßer machte. Ihr Äußeres strahlte und von innen schien sie zu glühen.

»Hey! Oh, wie schön, dass es endlich mal geklappt hat. Komm, lass dich drücken!«, sagte sie, während sie sich auf die Zehenspitzen stellte und mich umarmte. Sie roch so gut, nach irgendeiner zarten Blüte, leicht süßlich und sehr angenehm. Eine sanfte Berührung ihrer Hand auf meiner Hüfte brachte mein Blut in Wallung und ich spürte, wie mein Verlangen, ihre weichen Lippen zu küssen, wuchs.

Sie trug dezentes Make-up und ihre Lippen leuchteten in einem sündigen Rot, das gut zu ihrem schwarzen Kleid und den schwarzen High Heels passte, die mit roten Nähten versehen waren. Der zarte Stoff des Kleides bedeckte gerade so viel von ihrem Körper, dass es aufreizend, aber nicht billig wirkte. Sie war so schön, dass mir der Atem stockte.

Isabelle griff nach meiner Jacke und meiner Reisetasche und legte sie im Nebenzimmer ab. Ich stand noch immer in ihrem recht engen Flur und war hin und weg vom ersten Eindruck. Als sie zurückkam, lächelte sie freudig, nahm meine Hand und führte mich ins Wohnzimmer. Es roch lecker nach den Erdbeerteelichtern, die im gesamten Raum aufgestellt waren und ihn mit ihrem Flackern erhellten.

»Setz dich doch. Hier, auf die Couch, die ist am gemütlichsten«, sagte Isabelle und zwinkerte mir dabei kokett zu. »Wein? Was meinst du?«

»Aber gern!«

»Rot oder weiß?«

»Weiß, bitte.«

»Gute Wahl! Moment, ich hole einen gekühlten. Möchtest du auch eine Kleinigkeit essen?«

»Das ist ganz lieb von dir, Isa, aber ich würde eh nichts runterbekommen – die Aufregung, du verstehst.« Ich zwinkerte ihr zu. Sie grinste.

Isa wusste sich zu bewegen, hielt ihren Rücken stets gerade und beim Gehen wiegten sich ihre Hüften spielend hin und her, was das Betrachten ihres prallen Hinterns zu einem wahren Fest machte.

Wir quatschten eine gute Stunde über dies und das und waren bereits bei der zweiten Flasche Wein angekommen. Im Grunde hätten wir gar nicht sprechen müssen; sie nur anzuschauen, reichte mir schon. Sie bemerkte meinen fixierenden Blick, woraufhin sie das Glas abstellte und mit ihrer Hand über meine Wange strich. Sanft legte sie ihre Lippen auf meine und küsste mich zärtlich. Endlich! Mein Herz raste und ich begann, ihre Unterlippe mit meiner Zunge zu umspielen. Meine rechte Hand versank tief in ihren wilden Haaren, während unsere Küsse leidenschaftlicher wurden. Sie fuhr mit ihrer Zunge meinen Hals entlang und mein Unterkörper begann, vorfreudig zu pochen. Eine herrliche Wärme breitete sich in mir aus.

Als sie mit ihrer Liebkosung an meinem Dekolleté angelangt war, schob sie mit ihrer rechten Hand vorsichtig mein Top und den darunterliegenden Spitzen-BH beiseite. Neckisch sprang ihr meine Brustwarze entgegen, die sie mit ihren weichen Lippen umschloss. Spielerisch saugte und leckte sie an meinen Nippeln. Plötzlich biss sie leicht zu und mir entwich das erste Stöhnen. Dieses kleine Biest wusste, wie es mich schärfer und schärfer machen konnte. Triumphierend grinste sie mir mitten ins Gesicht. Doch dieses Spiel beherrsche ich auch. Ich packte ihr Haar und zog so fest daran, dass ihr Hals sich mir entgegenstreckte. Ich küsste sie und las in ihren Augen eine Gier, die ich nie zuvor bei einem Mann gesehen hatte. Sie wirkte so hungrig, von einer sexuellen Sehnsucht getrieben.

Meine Hand hielt ihre Haare noch immer fest im Griff, während meine andere Hand zärtlich über ihre Wange strich. Meine Fingerspitzen glitten weiter hinunter zu ihren Brüsten. Ein wundervoller Anblick, eine gute Handvoll, gekrönt von kirschkerngroßen Nippeln. Ich betrachtete sie einen kurzen Augenblick, bevor ich sie mit Daumen und

Zeigefinger fest umschloss und leicht drehte. Isa stöhnte laut auf, ihr schien der zarte Schmerz zu gefallen und sie dankte ihn mir, indem sie begann, meinen eben noch an ihrem Nippel hängenden Zeigefinger zu küssen. Ihre Zunge umspielte meinen Finger, bis ihre Lippen ihn fest umschlossen und ihr Blick in meinem versank. Ich löste meinen Griff aus ihren Haaren und streichelte ihre Brüste. Mehrfach hielten meine Finger inne, um gegen ihre Nippel zu schnipsen – wie herrlich sie dabei zu tanzen schienen!

Nun nahm Isa meinen Zeigefinger aus ihrem Mund und küsste mich leidenschaftlich. Sie strich mir sanft über meine Schenkel und wanderte mit ihren Händen unter meinen Rock bis zu meinem schon völlig durchnässten String. Lächelnd hielt sie inne und schob dann meine Unterwäsche beiseite. Ehe ich mich versah, schob sie zwei Finger in mich hinein und ich stöhnte auf. Die Bewegungen ihrer Finger brachten meine Vulva zum Pulsieren.

»Stopp!«, sagte ich. »Wenn du so weitermachst, werde ich kommen und…«

Isa legte ihren Zeigefinger auf meinen Mund, drehte sich auf den Rücken und sah mich erwartungsvoll an. Ich verstand, beugte mich zu ihr hinunter und liebkoste ihren Bauch mit meiner Zunge. Sie hob ihren Hintern ein wenig und streckte mir fordernd ihren Venushügel entgegen. Mit einem tiefen Atemzug sog ich den leckeren Duft ihrer Scham ein. Isas Schamlippen öffneten sich gierig, als sie ihre Beine vor mir spreizte. Der Saft ihrer Lust lief aus ihr heraus und ich leckte ihn genüsslich auf, um ihn mit meinen Lippen über ihrer Klitoris zu verteilen. Ich konnte nicht anders, als drei meiner Finger in ihr zu vergraben. Erst bewegte ich sie sanft und langsam, dann fordernder und schneller. Isa gab sich völlig hin. Keinerlei Scham, dafür tiefe Vertrautheit und unbändiges Verlangen las ich in ihrem Gesicht.

Ich griff nach meinem Glas, nahm einen tiefen Schluck und ließ etwas Wein aus meinem Mund auf ihre Brüste tropfen. Er suchte sich seinen Weg bis zu ihrem Bauchnabel. In diesem Moment öffnete Isa ihre Augen, richtete sich auf und sagte: »Du kleines Miststück!«

Meine Finger rutschten aus ihrer Scham, sie gab mir einen Klaps auf meine Brust, zog mich an meinen Nippeln zu sich herunter und umschloss mit einer Hand fest mein Kinn. Mit der anderen Hand griff sie ihr Glas, nahm ebenfalls einen großen Schluck, spitzte ihre Lippen und spritzte mir den Wein mitten ins Gesicht! Den nächsten Schluck ließ sie in einem feuchten Kuss in meinen Mund laufen. Nachdem sie das Glas abgestellt hatte, leckte sie mir genüsslich über das Gesicht.

Es war wundervoll. Mein Unterleib kochte und pulsierte. Isa ließ mein Kinn los und signalisierte mir, mich hinzulegen. »Schließ die Augen«, flüsterte sie und ich tat wie mir befohlen. Ich spürte, wie sie vom Sofa aufstand, und hörte ein Rascheln. Sie holte etwas unter dem Sofa hervor. Nun erklang ein mir nur allzu bekanntes Geräusch, doch es war kräftiger und lauter als gewöhnlich. Ein Massagestab! Isa führte das Gerät dicht über meinen Körper, ohne ihn dabei zu berühren. Sie begann an meinem kleinen Zeh und bewegte sich langsam weiter nach oben. Eine prickelnde Anspannung machte sich in mir breit, als sie auf die Höhe meiner Hüften kam. Sie hielt kurz inne und glitt dann weiter an meinem Körper hinauf. Bei meinen Brüsten angekommen, legte sie den Vibrator direkt auf meine Nippel und mir entwich ein leises Stöhnen. Mit der anderen Hand berührte sie meinen Körper, erst sanft, dann fester. Sie wanderte über meinen Bauch, zu meiner Hüfte und über meine Schenkel, bis sie mit einer flie-ßenden Bewegung an meiner Scham innehielt. Mit zwei Fingern spreizte sie meine Lippen, als wolle sie tief in mich hineinblicken. Während sie den Vibrator von meiner Brust nahm, begann sie, mich mit ihren Fingern zu penetrieren – es müssen wohl zwei oder drei gewesen sein, meine Augen waren noch immer verschlossen. Mein Blut kochte und ich wand mich unter ihren Bewegungen hin und her. Plötzlich legte sie den Vibrator auf meine Klitoris und mein Körper schien zu tanzen. Meine Atmung wurde immer schneller und mein Stöhnen lauter und lauter. Ich spürte ihre Finger nicht mehr in mir, dafür den Vibrator umso intensiver. Isa begann ebenfalls zu stöhnen und ich nahm an, dass sie sich nun auch selbst berührte und ebenso bearbeitete, wie sie es bei mir tat. Ich stellte mir vor, wie ihre Finger in ihrer klitschnassen Vulva verschwanden. Das machte mich noch mehr an. Wir stöhnten beide im Akkord und unsere Körper schienen eins zu sein. Ich spürte, wie sich Hitze in mir ausbreitete und langsam über die Brust bis in meinen Kopf stieg – dieses herrliche Kribbeln, das den Körper durchfuhr und sich schlagartig in einer Art Zucken vom Haaransatz bis in die Zehenspitzen entlud. Es war der intensivste Orgasmus, den ich bis dahin gehabt hatte, und mit einem Mal ertrug ich den Vibrator nicht mehr länger auf meiner Klitoris. So ergriff ich Isas Hand und zog sie daran zu mir herunter. Sie fiel fast auf mich, als ich ihr einen langen Kuss gab. Dann legte sie sich neben mich und ich hielt ihr den Vibrator direkt auf ihre Klitoris. Sie hatte sich bereits so in Wallung gebracht, dass es nicht mehr lange dauerte, bis auch sie in höchsten Tönen kam.

Nackt und glücklich lagen wir noch eine Weile ganz nah beieinander, bis wir irgendwann Arm in Arm auf dem Sofa einschliefen.

Es war nicht der Sex allein, der mein Leben veränderte. Es war vor allem sie, die mir beibrachte, dass der weibliche Körper voller Schönheit ist; dass Scham und Unsicherheit sich nicht mit Leidenschaft vertragen. Sie war es, die mir zeigte, dass alles, was beim Sex zählt, die Bereitschaft für den Augenblick ist. Und vor allen Dingen war es sie, die aus mir eine selbstbewusste Frau machte. Ich ging nun stolz und aufrecht durch die Welt und wenn es darauf ankam, wackelte ich mit den Hüften, genau wie sie es tat. Ich begriff, was ein einziger Blick bei einem Mann auszulösen vermochte. Ich begriff letzten Endes mich selbst.

Manchmal sehen wir uns noch, aber ich treffe mich auch wieder mit Männern. Und wenn heute statt Nena Smudo mein Liebesleben beurteilen müsste, würde er sagen ... Nee, er würde gar nichts sagen. Er würde weinen. Vor Rührung und Freude.

Katja Weiner / 26 / Lutherstadt Wittenberg

Gebrochene Herzen
pflasterten ihren Weg

Ich vögele gern. Sehr gern sogar. Das darf man heute doch sagen, oder? Auch als Frau? Wir sind doch emanzipiert! Egal, selbst wenn nicht, ich mach eh, was ich will. Also noch mal: Ich vögele gern. Sehr gern sogar. Noch bis vor einiger Zeit verging kaum ein Wochenende, an dem ich nicht mindestens einmal auf oder unter einem Kerl lag. Sie mussten nicht zwingend gut gebaut oder besonders attraktiv sein. Schönheit langweilt mich eher, vielleicht weil ich selbst genug davon habe. Nur größer als ich sollten sie sein, ich bin immerhin 1,78 Meter groß, und gut küssen sollten sie auch können. Meine One-Night-Stands rekrutierte ich in den angesagten Bars und Klubs der deutschen Hauptstadt. Berlin war für sexhungrige Menschen ein 24-Stunden-Drive-in der Lust. Selbst wenn eine mitten in der Woche nachts um halb drei der Hunger überkommt, fand sich garantiert irgendwo jemand, der ebenfalls auf der Suche nach einem Partner für die Nacht war.

Seit etwa zweieinhalb Jahren lebte ich an der Spree und verdiente mir meinen Lebensunterhalt mit Modeln.

Und um die typische Frage zu beantworten: Ja, davon kann man leben. Ziemlich gut sogar. Ich machte das nun schon seit fünf Jahren und wenn ich auf mein Bankkonto schaute, wusste ich, dass ich beruhigt in die Zukunft blicken konnte.

Doch ich war nicht immer das hübsche Ding, für das mich die meisten Menschen heute halten. Während meiner Schulzeit in der baden-württembergischen Provinz war ich für meine Mitmenschen entweder »die Panzerkette« oder »die Bohnenstange«. Ich war gerade 14 geworden, als ich mich zum ersten Mal verliebte. Er hieß Leon und wir gingen beide in die neunte Klasse. Leider war ich nicht die Einzige, die auf den smarten Leichtathleten stand. Die meisten meiner Klassenkameradinnen waren verrückt nach ihm und wenn er beim Hundertmeterlauf wieder einmal allen anderen davonlief, gerieten wir Mädchen applaudierend in Verzückung. Leon war in meiner Welt der einzige Junge, für den es sich zu lieben lohnte. Manchmal lag ich abends in meinem Bett und stellte mir vor, wie wir in unser Traumhaus ziehen würden – das mit dem schneeweißen Zaun um den Garten. Dazu hörte ich Xavier Naidoos *Dieser Weg* in der Endlosschleife.

Eines Morgens fand ich auf meinem Pult ein Briefchen. Es war mit Leons Namen unterschrieben und einem Herz, das von Amors Pfeil durchstochen war, geschmückt. Konnte das wirklich wahr sein? Verschämt sah ich nach rechts und links. Als ich feststellte, dass mich niemand beobachtete, öffnete ich den Brief mit zitternden Fingern.

Liebe Vivien,

es wird dich vielleicht überraschen, aber ich steh übelst auf dich! *sabber* Echt wahr! Du hast mich total geflasht! Was meinst du, hast du Bock, Scheiße mit mir zu bauen? Du weißt schon, knutschen und so. Das würd mich echt megafreuen! Hau mich einfach in der nächsten großen Pause an, okay?

Knutscher,
dein Leon

Das konnte nicht sein Ernst sein! Leon?! Der coolste Junge der ganzen Schule wollte mich zu seiner Freundin machen? Mich? Ich drückte das Briefchen an meine Brust und hätte am liebsten sofort laut geschrien: »Ja, ich will!«

In der großen Pause fasste ich all meinen Mut zusammen und wagte mich in die Ecke der angesagten Jungs, die Leon stets um sich versammelte.

»Hey Leon!«

»Was gibt's denn, Panzerkette?« Er lachte und ließ sich von zwei seiner Claqueure jeweils einen High Five geben.

»Kannst du mal kurz kommen?«

»Nö. Wenn du mir was zu sagen hast, sag's hier. Vor meinen Bros!« Dafür ließ er sich abermals abklatschen. Aus heutiger Sicht ziemlich lächerlich.

»Meinst du das wirklich ernst?«

»Was?! Was soll ich ernst meinen, Panzerkette?«

Voller Stolz zeigte ich ihm den Brief. Er las, runzelte kurz die Stirn und fing dann schallend an zu lachen.

»Denkst du wirklich, ich würde mit dir gehen wollen? Hältst du mich für dumm, oder was? Was geht denn mit dir ab?!«

Plötzlich tauchten Max und Felix auf. »Na, Bohnenstange, abgeblitzt?«, fragte Max mit einem hämischen Grinsen auf den Lippen. War ja klar, dass die beiden Klassenclowns hinter dieser Schmierenkomödie steckten!

Mit einem Mal hatte ich einen so dicken Kloß im Hals, dass ich kaum Luft bekam. Ich rannte los, nur weg von hier, ganz weit weg. Ohne anzuhalten, lief ich bis nach Hause und warf mich auf mein Bett. In meinen Ohren klang noch immer das Lachen des halben Schulhofs. Der nun folgende Heulkrampf dauerte fast die ganze Nacht.

An das Datum dieses Tages kann ich mich noch ganz genau erinnern: Es war der 17. Mai 2006, ein Mittwoch und außerdem der Tag, an dem ich mit der Liebe abschloss. Mit gerade mal 14 Jahren schwor ich mir feierlich, nie wieder einen Jungen so nah an mein Herz zu lassen, mich nie wieder so verletzen zu lassen. Und ich zog es durch. In meinem Heimatstädtchen hatte ich niemals einen Freund und Sex erst recht nicht. Tatsächlich lernte ich die körperliche Liebe erst in Berlin kennen. Da war ich schon fast zwanzig. Auch einige Jahre später war ich noch lang und dünn, hatte meinen Eltern aber mittlerweile die feste Zahnspange verziehen, da mein perfektes Lächeln mein Markenzeichen war. Mein Leben drehte sich im Grunde nur um meinen Modeljob, Partys, Sex, gesunde Ernährung und viel Sport. Das mag oberflächlich klingen, aber es reichte mir. Dass ich auf meinen Reisen durch die Betten der Großstadt ein Herz nach dem anderen brach, kratzte mich nicht. Männer, das waren für mich allesamt Arschlöcher, die es nicht besser verdient hatten. Ich war mir sicher, dass die Typen, denen ich das Herz brach, bereits Dutzende Frauen in ihr Unglück gestürzt hatten, bevor sie auf mich hereinfielen. Obwohl »hereinfallen« das falsche Wort ist: Ich hatte nie jemandem etwas vorgemacht, sondern immer direkt gesagt, dass ich nur das eine wollte. Aber genau das machte sie nur noch gieriger. Das war ihr Pech, nicht meins. Ich war glücklich. Zumindest dachte ich das, bis ich Johannes kennenlernte...

Ich müsste lügen, wenn ich behaupten würde, bei Johannes wäre vom ersten Moment an alles anders gewesen als bei seinen vielen Vorgängern. Auch er war zu Beginn nur ein One-Night-Stand. Doch irgendwas war tatsächlich anders als sonst. Ich wusste nur noch nicht genau, was. Aus irgendeinem Grund begann ich, mich für mehr als nur seinen Körper zu interessieren. Also tat ich das, was ich niemals tun wollte. Ich brach meinen Schwur.

»Sehen wir uns mal wieder?«

Diese Frage stellten fast alle am Morgen danach, aber dieses Mal war meine Antwort eine andere als bisher:

»Ja, gern!« Es sprudelte fast aus mir heraus. »Lass mir doch deine Nummer da, dann rufe ich an.«

»Mach das, aber nicht vergessen, hm?«

»Wie könnte ich, Johannes, wie könnte ich?«

»Na, nun übertreib mal nicht, so toll bin ich ja nun auch nicht. Obwohl...«

Wir mussten beide lachen. Er war echt süß!

Am darauffolgenden Wochenende rief ich ihn noch nicht an. Nicht dass er sich noch etwas einbildete, nicht wahr? Er rief allerdings auch nicht an, was ich schon komisch fand. Doch ich sagte mir, dass er eben ein höflicher Mensch war, der sich an unsere Absprache hielt und darauf wartete, dass ich ihn anrief. Ich versuchte sogar, meine täglich wachsende Sehnsucht nach einem zweiten Treffen mit Johannes durch einen anderen Mann mit dem grauenhaften Namen »Berliner Maik« zu stillen. »Berliner Maik« – genau so stellte er sich mir tatsächlich vor – war der komplette Gegenentwurf zu Johannes. Wahrscheinlich hatte ich es genau darauf angelegt. Bloß nicht schon wieder jemand, der mir intellektuell gewachsen war. Leider war unser Sex dermaßen schlecht, dass ich ihm nicht einmal erlaubte, zum Frühstück zu bleiben. Mit einem One-Night-Stand zu frühstücken, kann spannend sein, aber die Vorstellung, wie Maik – oh, sorry! –, »Berliner Maik«, nur mit einem Handtuch um die Hüften bekleidet, an meinem Tisch saß, Cornflakes mampfte und währenddessen in ein dämliches Spiel auf seinem Handy vertieft war, war einfach zu viel.

Die folgende Woche war mit Shootings und einem Werbedreh vollgestopft, sodass ich am Freitag viel zu fertig war, um auszugehen. Die Idee, Johannes an diesem Abend zu mir einzuladen, klang also nahezu perfekt. Schließlich hatte ich schon lange keinen Sex mehr gehabt, ohne vorher die Wohnung zu verlassen, um mir einen Typen aufzugabeln. Ich musste nur noch einkaufen. Vielleicht ein, zwei Flaschen von diesem mallorquinischen Rosé mit dem

Glaskorken und etwas Anregendes zu essen. Aber was? Genau! Johannes hatte doch die Tapas so gern gemocht, die wir im Zeitlos gefuttert hatten. Ich schwang mich auf mein Fahrrad und fuhr zum Weinladen, dabei hatte ich das Bild einer erotischen spanischen Nacht im Kopf. Mit gutem Wein, gutem Essen und vor allem gutem Sex. Nachdem ich Wein und Käse eingekauft hatte, überlegte ich mir sogar, was Johannes wohl zum Frühstück mögen würde. Die Cornflakes ließ ich stehen, allein schon um nicht wieder an »Berliner Maik« denken zu müssen. Stattdessen schlug ich richtig zu: Parmaschinken, Wildlachs, Bio-Eier, diese leckere französische Himbeermarmelade, Vollkorn-Croissants und spanische Saftorangen zum Pressen.

Nach dem Einkaufen konnte ich es kaum erwarten, wieder zu Hause zu sein. Anstatt mein Rad wie üblich in den Keller zu tragen, schloss ich es vor der Haustür ab und rannte ungeduldig die Treppen hoch. Es war an der Zeit, Johannes mitzuteilen, dass ihm eine unvergessliche Nacht mit der tollsten Frau der Stadt bevorstand. Doch gerade jetzt war der Akku meines geliebten iPhones leer. Ich schloss es ans Ladegerät an und starrte wie gebannt auf das Display. Der Ladevorgang kam mir lang vor. Viel zu lang. Endlich flackerte das Signal »Entsperren« auf. Unter hektischem Wischen fand ich Johannes' Nummer, sammelte mich kurz – schließlich wollte ich so cool wie möglich klingen – und hielt mir dann das Telefon ans Ohr.

»Ja, hallo?«

»Hi Johannes, hier ist Vivien!«

Stille.

»Vivien?«

»Ja, wir haben uns vor zwei Wochen im Zeitlos kennengelernt.«

Er würde sich doch wohl an mich erinnern? Plötzlich wurde ich unsicher.

»Ich ... äh, ich wollte fragen, ob du ... vielleicht Lust hast, heute Abend vorbeizukommen?« Verdammt! Was sollte diese Stotterei? Wo war meine Selbstsicherheit hin?

»Ach, Vivien! Die Vivien! Mensch, ist das schön, von dir zu hören! Ich hatte die Hoffnung längst aufgegeben, dass du dich melden würdest. Ich mein, du kennst doch die Regel: Nach drei Tagen wird angerufen, nicht nach fast zwei Wochen! Aber okay, nun freu ich mich umso mehr. Wie geht's dir denn, Süße?«

»Gut, Johannes, sogar sehr gut, danke dir. Aber drei Tage? Pffft! Das macht doch jeder, weißt du? Ich doch nicht!«

»Du bist lustig, Vivien, das mag ich so an dir«, lachte Johannes. »Und klar möchte ich dich wiedersehen! Jederzeit! Wann, wo, wie?«

Mit dem Zuhören schien Johannes es ja nicht so zu haben ...

»Na, hab ich doch gesagt, heute Abend bei mir!«

»Ach, heute Abend! Mensch, das ist ja nun echt blöd!«

»Was? Wieso?«

»Ach, es ist nur so, dass ich heute Abend mit meinen Jungs unterwegs bin. Ist lange geplant, wir spielen Lasertag und haben schon gebucht, weißt du?«

»Ihr spielt was?«

»Lasertag! Du weißt schon, Lasertag!«

»Nein, Johannes, ich weiß beim besten Willen nicht, wovon du da gerade redest!«

»Na, Lasertag! Das spielen sie auch immer in meiner Lieblingsserie *How I Met Your Mother*. Star-Wars-Style, du weißt schon: Vivien – *Ich* bin dein Vater!«

Wie bitte? Anstatt eine weitere Nacht mit mir zu verbringen, spielte Johannes lieber mit seinen Freunden diesen komischen Laserkram? Tickte der noch ganz richtig?!

»Du bist was? Ey, ich weiß echt nicht… Ich hab ja noch nicht mal einen Fernseher. Aber egal. Also: Du hast heute keine Zeit, richtig?«

»Leider nicht, Süße, obwohl ich dich echt gern sehen würde.«

»Gut, dann halt nicht!«

Johannes schien meine Enttäuschung zu bemerken.

»Aber wie wäre es denn mit morgen? Ich bin eigentlich schon verabredet, aber das könnte ich absagen.«

Ich war immer noch angefressen, aber ließ mich trotzdem darauf ein.

»Okay, dann morgen Abend um acht!«

»Läuft! Ich freu mich.«

Na toll! Der Freitagabend war also gelaufen. Ich überlegte kurz, aus Frust doch noch loszuziehen, um mir einen anderen Typen zu suchen. Aber stattdessen entschied ich mich für einen Abend in der Badewanne, mit einer der beiden Flaschen Rosé.

Am nächsten Morgen war ich noch immer sauer. Wie kam Johannes bloß dazu, meine Einladung auszuschlagen? Ich hatte extra Wein und alle möglichen anderen leckeren Dinge besorgt. Nein, ich hatte sie nicht nur besorgt, sondern mir sogar richtig Gedanken gemacht, was ihm gefallen könnte. Und nun saß ich wie Chantal Doof allein am Frühstückstisch, trank Kaffee und stocherte in meinem Müsli herum. Um meine schlechte Laune loszuwerden, fuhr ich mit dem Rad zum Sport und tobte mich eineinhalb Stunden auf dem Stepper aus. Später versuchte ich, auf meiner Couch ein Buch zu lesen, konnte mich aber kein Stück konzentrieren. So, *How I Met Your Mother* war also Johannes' Lieblingsserie. Bestimmt ähnlich infantil wie dieser Laserkram. Na ja, ich konnte mir ja mal die erste Folge im Netz anschauen ...

Ich war mitten in Folge 14 der ersten Staffel, als es an der Tür klingelte. Juhu!

Aber zu früh gefreut. Es war nur »Berliner Maik«, der doch tatsächlich glaubte, mir mit einem Überraschungsbesuch eine Freude machen zu können. Er irrte. Ich ließ ihn gar nicht erst rein. Natürlich war es nicht Johannes, schließlich war es gerade mal kurz nach sechs. Es waren noch fast zwei Stunden, bis er kam. Ganz schön lang. Irgendwie konnte ich es kaum erwarten. Was war nur los mit mir?

Folge 17 war gerade vorbei, als es abermals klingelte. Endlich! Johannes. »Hey, komm doch rein!«, begrüßte ich ihn an der Tür und gab ihm einen flüchtigen Kuss auf die Wange. Dann flüchtete ich in die Küche.

»Magst du ein Glas Wein? Ich hab einen echt leckeren Rosé da. Aus Mallorca.«

»Klar! Hier, für dich.« Er überreichte mir ein Päckchen.

»Oh, ein Geschenk? Das ist aber lieb, was ist es denn?«

»Mach's doch einfach auf.«

»Ein Buch? Wie schön! Woher wusstest du, dass ich gern lese?«

»Hab ich geraten! War bei einer Frau mit Bücherregalen im Bad jetzt nicht so schwer.«

»*Die Sache mit dem Ich.* Von Marc Fischer. Den kenn ich gar nicht, schreibt er gut?«

»Nein, der schreibt schlecht. Es ist ein schlechtes Buch. Ich verschenke nur schlechte Bücher. Aus Prinzip.«

»Ach, du Spinner! Erzähl doch mal, warum du mir ausgerechnet dieses Buch schenkst!«

»Weil er die Buchstaben tanzen lässt, er hat den Groove. Ich bin sicher, dass du ihn lieben wirst.«

»Das hast du schön gesagt. Ich freu mich aufs Lesen!«

»Und vergiss nicht, mir zu sagen, wie es dir gefallen hat.«

»Klar!«

Mit zwei Weingläsern in der einen und der Flasche Rosé in der anderen Hand drängelte ich mich an Johannes vorbei ins Schlafzimmer und setzte mich im Schneidersitz aufs Bett. »Na, willst du nicht herkommen?«, fragte ich etwas schüchtern.

Ich goss den Wein in die Gläser und reichte eines Johannes, der auf der Bettkante Platz genommen hatte. Er nahm mir das Glas aus der Hand und stellte es direkt auf meinen Nachttisch. Dann rutschte er näher an mich heran, stützte sich mit beiden Händen auf dem Bett ab und küsste mich. Seine Lippen berührten meine so zärtlich, ja fast wie ein leiser Windhauch, dass ich die Welt um mich herum vergaß. Ich schloss meine Augen und vertiefte mich in den Kuss. Doch jedes Mal, wenn ich seine Zunge forderte, wich Johannes zurück.

»Hey«, flüsterte ich lächelnd, »lauf doch nicht weg.«

Er nahm mir das Glas aus der Hand und stellte es neben seines. »Na, dann komm du doch her!«

Während seine Finger meinen Nacken kraulten, schloss ich erneut die Augen. Wir küssten uns erneut und ich hoffte, dass dieser Kuss nie zu Ende gehen würde. Er begann zaghaft, wurde dann bestimmter und immer intensiver, bis schließlich unsere Zungen ins Spiel kamen. Es war nicht diese Art Kuss, die einen einfach nur erregt. Es war ein Kuss, den man im gesamten Körper spürte. Ausgehend von Johannes' Hand in meinem Nacken überfiel mich ein wohliger Schauer, der sich wie warmer Sommerregen auf meiner Haut anfühlte. Während wir uns noch immer küssten, legte Johannes seinen Arm um mich und brachte mich zum Liegen. Ich umschloss seinen Oberkörper mit meinen Armen und drückte ihn an mich heran. Unser Kuss wurde schneller und es fühlte sich so an, als ob nicht wir, sondern unsere Lippen und Zungen ganz allein den Rhythmus bestimmten.

Johannes' Hand schob sich unter meinen Pullover und er streichelte mit seinen Fingerspitzen über meinen Bauch.

Sofort stellten sich meine Haare am Körper auf und ich spürte, wie meine Brustwarzen hart wurden. Sein Mund wanderte von meinen Lippen weg auf meine rechte Wange und ich drehte den Kopf leicht zur Seite. Ich spürte, wie sein Atem meinen Hals hinabglitt, und stöhnte leise auf. Als er meine Brust ertastete und meine Nippel zwischen Daumen und Zeigefinger nahm, machte mein Herz einen Sprung. Ich wollte ihn spüren. Sofort. Nicht nur seinen Körper, sondern ihn. Ich vergrub meine Finger in seinen Haaren, schob seinen Kopf ein Stück zurück und sah ihn an: »Schlaf mit mir!«

Er lächelte und fing wieder an, mich zu küssen. Als er sein Knie zwischen meine Schenkel drückte, wurde ich augenblicklich feucht. Ich hielt es kaum aus und wollte dennoch, dass es niemals endete. Schließlich öffnete ich seine Jeans. Seine Eichel guckte aus seinem Slip heraus und hatte bereits einen Tropfen abgegeben. Meine Hand glitt an seinem Penisschaft hinab bis zu seinen Eiern, die so fest waren, als ob sie gleich platzten. Wir zogen uns weiter aus und als Johannes' Lippen über meine Brüste an meinem Körper nach unten wanderten, suchte ich verzweifelt Halt in seinen Haaren. Ich drückte sein Gesicht in meinen Schoß und er leckte mich ausgiebig. Er schien meinen Geschmack zu genießen und schob immer wieder seine Zunge in mich hinein, nachdem er meinen Kitzler bearbeitet hatte. Mir kam es so vor, als ob mein Bett immer weicher wurde. Dann spürte ich, wie sich die Muskeln in meinem Unterkörper zusammenzogen und in einem Orgasmus entluden, der sich anfühlte wie eine kleine Explosion.

»Schlaf endlich mit mir!«, flehte ich Johannes an. »Bitte!«

Langsam schob er sich an mir herauf und drang in mich ein. Seine Nervosität und seine Erregtheit machten mich verrückt. Unter seinen rhythmischen Bewegungen verschmolzen unsere Körper zu einer Einheit. Und obwohl er bereits nach wenigen Minuten kam und wir keinen gemeinsamen Orgasmus erlebten, fühlte es sich unbeschreiblich an, seinen in meinem Unterleib zu spüren. Tief in mir drin zuckte sein Penis immer wieder und jedes Mal zogen meine Beckenbodenmuskeln sich als Reaktion darauf zusammen.

Wie lange wir mit geschlossenen Augen so dalagen, eng umschlungen und er immer noch in mir, kann ich nicht sagen. Mein Zeitgefühl war wie weggeblasen und plötzlich standen mir Tränen in den Augen, als Johannes meinen Rücken streichelte. Dieses Gefühl, dass sich jeder Muskel entspannte und man sich im Bett völlig fallen lassen konnte, war mir völlig neu. Ich hatte mit zig Männern geschlafen, aber in diesen Zustand hatte mich bis jetzt niemand versetzt. Zum ersten Mal hatte ich mit einem Mann geschlafen, dem ich – aus welchem Grund auch immer – mein absolutes Vertrauen schenkte. Es war nicht der beste Sex meines Lebens gewesen. Aber die Art und Weise, wie wir es taten, erzeugte ein mir bislang unbekanntes Gefühl. Vor meinem inneren Auge zogen die vielen One-Night-Stands der Vergangenheit wie ein Film vorbei und verschwammen in einem Gefühl der Überwältigung, Trauer und unbändigen Freude. Johannes tauchte in diesem Film nicht auf, er war mehr als nur ein One-Night-Stand. Ich war mir sicher, dass die Zweisamkeit und die Verbundenheit, die wir an diesem Abend erlebt hatten, mit niemand anderem möglich waren.

Das war zumindest die Theorie. Leider sah die Praxis anders aus. Johannes ging es zwar ähnlich wie mir – zumindest versicherte er mir, dass er mich mehr als nur mögen würde –, aber es gab da noch jemand anderen in seinem Leben. Nach unserer gemeinsamen Nacht gestand er mir, dass ihn seine Freundin am Vortag unseres Kennenlernens verlassen habe und er noch nicht bereit für eine neue Liebe sei. Ich konnte meine Enttäuschung am Frühstückstisch kaum verbergen, schätzte aber seine Ehrlichkeit. Schließlich hatte mich dank ihm die Liebe, von der ich glaubte, dass ich sie verloren hatte, endlich wiedergefunden. Wenn auch nicht auf den ersten Blick.

Vivien Reinhard / 24 / Berlin

Schrei nach Liebe

Der Winterwind peitscht mir Regentropfen ins Gesicht, die sich wie die Dornen einer eisigen Rose anfühlen. Und als ob das nicht reichen würde, fährt mir auch noch mein Bus direkt vor der Nase weg. Dies sind die Momente, in denen ich mir wünsche, Frank nie kennengelernt zu haben.

Noch vor ein paar Jahren wäre mir nicht im Traum eingefallen, in einen Bus zu steigen. Wenn ich morgens in meinen BMW 1er einstieg, erinnerte mich der Duft der beigen Ledersitze daran, dass ich auf der Gewinnerseite des Lebens stand. Männer waren für mich Geldautomaten auf zwei Beinen, die viele bunte Scheine ausspuckten, nur damit sie ein wenig Zeit mit mir verbringen durften. Es gab große und kleine, dicke und dünne, redselige und schweigsame Freier. Doch am Ende wollten sie alle nur eins: meinen Körper. Ich ließ es über mich ergehen und tat so, als hätte ich gerade den heißesten Sex meines Lebens. Dabei fühlte es sich in Wahrheit an, als würde sich eine Kälte aus meinem Inneren durch meine tiefsten Haut-schichten bis nach oben kämpfen, wo sie aus meinen Poren herausströmte. Wenn ich in meiner Freizeit Sex hatte, verschmolz ich hingegen förmlich mit meinem Partner.

Klar kamen auch mal Kunden, mit denen es Spaß machte, aber die konnte ich an einer Hand abzählen – mit eingeklapptem Daumen.

Frank besuchte mich einmal im Monat in dem Bordell, in dem ich damals vier Tage die Woche anschaffen ging. Er kam meistens dienstags und war alles andere als mein Lieblingskunde. Nie gab er mir einen Drink aus, nicht mal ein Glas Wasser konnte ich ihm entlocken. Er buchte weder einen Extraservice noch irgendwelche Extrazeit. Aber er hatte eine kleine süße Macke: Bevor wir loslegten, fingerte er einen Zweihunderteuroschein aus der kleinen Tasche oberhalb der rechten Hosentasche seiner Jeans, faltete ihn auseinander, knickte ihn zur Stabilisierung längs in der Mitte und übergab ihn mir. Aber sonst? Er war auch überhaupt nicht mein Typ. Ich stand auf durchtrainierte Männer. Frank war zwar groß, wirkte aber dank seines Bauchansatzes mehr als unsportlich.

Eines Tages fuhr ich die Kölner Landstraße Richtung Oberbilk hinunter, als mich ein marineblauer Motorroller durch ein halsbrecherisches Manöver ausbremste.

»Geht's noch?!«

An der nächsten Ampel hielt ich direkt neben ihm, ließ die Beifahrerscheibe meines BMW leise surrend herunterfahren und schrie: »Du bist wohl lebensmüde geworden! Idiot!« Als ich mein Auto auf dem Parkplatz hinter dem Bordell abstellte, hatte ich den Motorroller bereits wieder vergessen.

Etwas erschöpft vom meinem letzten Kunden saß ich drei Stunden später an der Bar und nippte an einem Glas

Champagner. Ein Finger tippte mir sanft auf meine nackte Schulter.

»Sorry fürs Schneiden, Monique, ich hatte dich echt nicht aufm Schirm.«

»Wie bitte?«

»Der lebensmüde Idiot auf dem blauen Roller, das war ich.«

»Du warst das? Echt? Hab dich gar nicht erkannt.«

»Macht doch nix, ich fand's lustig.«

Frank bestellte sein obligatorisches Bier – er trank immer nur eines – und setzte sich zu mir.

Beim anschließenden Sex war ich nicht ganz bei der Sache. Ein bisschen peinlich war es mir nämlich schon, dass ich einen Stammkunden beschimpft hatte. Frank hingegen verhielt sich wie immer. Er spulte sein Standard-programm ab, das heute sogar professioneller wirkte als meines. Nur sein Griff an meinen Hintern war anders als sonst, fester, leidenschaftlicher. Vielleicht bildete ich mir das aber auch nur ein, weil ich nicht so abschalten konnte wie sonst.

Als Frank später seine Sachen anzog, lächelte er mich zum ersten Mal an. Dabei lächelte er eigentlich ständig. Wenn er sein Bier von Claudia bekam oder die anderen Mädchen abblitzen ließ. Aber dieses Lächeln hier war anders. Es zeigte so etwas wie Sympathie. Es war freund-lich, ehrlich und es breitete sich von seinen Lippen über seine Wangen bis zu seinen Augen aus. Es löste etwas in mir aus. Ich wusste nur noch nicht genau, was. Plötzlich überkam mich eine seltsame Scham. Ich wollte nur noch raus aus diesem Zimmer, bevor er merkte, dass irgendetwas anders war als sonst.

»Wenn du das nächste Mal durch Wersten fährst, sei vorsichtig! Ich hab gehört, dass dort öfter mal lebensmüde Rollerfahrer unterwegs sind. Okay, Monique?«

»Mach ich, Franky! Bis nächsten Monat, mein Süßer.«

Ich schwang mir ein Handtuch um die Hüften und flüchtete in Richtung Badezimmer. Aus dem Augenwinkel sah ich noch, wie sich Franks Lächeln in einen leicht enttäuschten Gesichtsausdruck verwandelte. Normalerweise brachte ich ihn noch hinunter in die Bar, gab ihm einen Kuss auf die Wange und verabschiedete mich dann von ihm. Normalerweise.

Das mit Mosaiksteinchen im arabischen Stil ausgekleidete Bad war in einen Nebel aus Wasserdampf gehüllt. Ich versuchte, mir mit den weichen Strahlen, die aus dem Regenduschkopf auf meinen Körper prasselten, die Verwunderung aus dem Kopf zu waschen. Fast zehn Minuten stand ich unter der warmen Dusche, bis ich den silbernen Hebel der Armatur wieder herunterdrückte.

Claudia stellte mir ein Glas Champagner auf den Tresen. »Was hast du denn mit Frank gemacht?« Sie zog ihre rechte Augenbraue nach oben, dass Mr. Spock neidisch geworden wäre. »Hat er dich mit seinem Lächeln bezahlt? Das war nämlich verschwunden, als er runterkam.«

»Lass uns über was anderes reden, Claudi.«

Eine Zeit lang mied ich die Kölner Landstraße. Eher unbewusst. Mal war es der Verkehr, mal die Eintönigkeit der Straße, die ich mir als Grund für den Umweg einredete. Irgendwann gestand ich mir ein, dass ich völlig überzogen handelte. Das Aufeinandertreffen mit Frank war schließlich ein Zufall gewesen und würde nie wieder vorkommen.

Das nächste Mal sah ich Frank zusammen mit seinem Sohn Leon. Er hatte schon öfter von ihm erzählt, wenn er nicht gerade schweigend auf seinem Hocker an der Bar saß und sein Bier trank oder freundlich lächelnd Svetlana abwies. Als ich den beiden auf der Benrather Schlossallee entgegenlief, wusste ich für einen Augenblick nicht, wohin mit mir. Die Straßenseite wechseln? Das ging nicht, in der Mitte war ein Grünstreifen. Einfach umdrehen? Völlig bescheuert. Er war nur ein ganz normaler Stammfreier. Weiterlaufen und ignorieren. So wie immer.

Dennoch konnte ich meinen Blick nicht von ihm abwenden. Franks Schritte waren bedächtig. Er passte sie dem Tempo seines Sohnes an, ohne dass es gewollt wirkte. Der Junge schien seinem Vater etwas Wichtiges mitzuteilen, während er zwischendurch immer wieder an seinem Softeis leckte. Frank legte seine Hand auf den Kopf seines Sohnes, streichelte ihm durchs Haar und blickte ihn mit genau dem Lächeln an, das ich am Dienstag vor drei Wochen das erste Mal in seinem Gesicht gesehen hatte. Ich brauchte gar nicht so zu tun, als ob ich sie nicht gesehen hätte, denn sie sahen mich nicht. Sie wirkten, als würden sie die Menschen um sich herum gar nicht wahrnehmen, als liefen sie völlig allein am Schlossweiher entlang, vertieft in ihr Vater-Sohn-Gespräch. Und ich war die Zuschauerin, die völlig gebannt ebenfalls alles um sich herum vergaß.

Plötzlich wurde mir bewusst, dass ich noch nie zwei so glücklich wirkende Menschen gesehen hatte.

Wieder versuchte Svetlana ihr Glück, als Frank zwei Tage später an der Theke saß. Und wieder lächelte Frank sie an und winkte ab.

»Du weißt doch, ich warte auf Monique.«

Mir schmeichelte das normalerweise nicht und ehrlich gesagt hatte ich mir immer gewünscht, er würde mal mit einem anderen Mädchen verschwinden. Doch heute war es anders.

»Hey Frankie, schön dich zu sehen!« Ich gab ihm einen dicken Schmatzer auf die Wange.

»Da bist du ja, Monique! Schön. Darf ich dir etwas zu trinken ausgeben?«

Oh, was für eine Überraschung!

»Aber gern! Machst du mir einen Sekt, Claudi?«

»Trinkst du nicht sonst immer Champagner?«, fragte Frank.

»Ja schon, aber...«

»Champagner für die Dame, Claudia! Und für mich einen Longdrink, irgendeinen, ich kenn mich da nicht so aus.«

»Was ist passiert, Franky?«, fragte Claudia. »Hast du im Lotto gewonnen?«

»Nein, ich hab letzten Monat einfach großes Glück gehabt, Mädels. Also, cheers!«

Er führte grinsend sein Glas zum Mund und schaute zufrieden den Eiswürfeln bei ihrem Tanz im Orangensaft zu, während er an den beiden Strohhalmen saugte. Dann schwieg er wie üblich. Nur sah er dieses Mal nicht so aus wie jemand, dessen letzte Flucht vor der Einsamkeit der Gang in den Puff war.

Es gab in unserer Branche nur wenige Regeln. Die wichtigste: Verlieb dich niemals in einen Freier! Ich hatte so viele Beziehungen meiner Kolleginnen mit Kunden scheitern sehen, dass ich absolut sicher war, dagegen gefeit zu sein.

Oben auf meinem Zimmer stand mir Frank gegenüber. Er war bereits nackt und schien darauf zu warten, dass ich einen Gummi über seinen halbsteifen Schwanz zog. Doch das tat ich nicht. Stattdessen griff ich nach seinem Hals, zog ihn zu mir heran und küsste ihn leidenschaftlich. Er war überrascht und es dauerte einige Sekunden, bis er meinen Kuss erwiderte. Als er absetzte und etwas sagen wollte, legte ich meinen Zeigefinger auf seine Lippen. Ich wollte nicht, dass er etwas sagte, das diesen Moment kaputt machen würde. Wieder küssten wir uns. Frank umfasste meine Schultern und meine Taille und legte mich aufs Bett. Erstmals störte mich das Frotteehandtuch unter mir. Die unzähligen kleinen Stacheln kratzten an meinem Rücken – ich warf es weg.

Ich wand mich unter seinen Berührungen, versuchte, mich aus seiner Umklammerung zu befreien. Immer wieder änderte Frank den Rhythmus seiner Bewegungen. Er wusste genau, wann ich kurz davor war zu kommen. Aber woher eigentlich? Das hätte ich ihm gar nicht zugetraut. Doch die noch viel wichtigere Frage war: Wieso brachte er mich fast zum Orgasmus? Er – der Freier? Warum schaffte er das, was Tausende Männer vor ihm nicht mal ansatzweise geschafft hatten?

Als Frank mich aus der Umklammerung entließ und sein Kopf in meinen Schoß wanderte, griff ich mit meinen Fingern nach seinen Haaren. Seine Zunge berührte meinen Kitzler und ich drückte ihn gegen mein Becken. Meine Beine schwangen, wie von einem unsichtbaren Seil gezogen, nach oben und er schob mir zwei Finger in meine Vagina. Der Druck, den er dabei auslöste, ließ mich aufstöhnen. Sein Atem wurde schneller, was mich noch verrückter machte. Und dann – endlich! – kam ich. Und wie! Ich versuchte, meine Schenkel zusammenzudrücken und mich auf die Seite zu drehen, doch seine Zunge hörte nicht auf, meinen Kitzler und mich in den Wahnsinn zu treiben. Oh mein Gott!

Nach einer kleinen Pause drang Frank abermals in mich ein. Immer wieder musste ich unsere Küsse unterbrechen, um meine Erregung hinauszustöhnen. Wieder bettelte mein Körper um einen Orgasmus. Hör nicht auf! Bitte! Hör nicht auf!

Wir kamen gleichzeitig. Ich spürte, wie sein Schwanz in mir zuckte, während sich die Innenwände meiner Vagina verkrampften, nur um sich im nächsten Augenblick wieder zu entspannen. Ich wollte ihn nicht mehr hinauslassen. Dieser Moment sollte niemals zu Ende gehen.

Ich lag in seinem Arm, als er urplötzlich die angenehme Stille durchbrach: »Ach Mensch, ich hab dich ja noch gar nicht bezahlt!«

»Brauchst du auch nicht. Nicht heute.«

»Wie meinst du das? Nicht bezahlen? Nicht heute?«

»Wie ich es gerade gesagt habe. Ich möchte nicht bezahlt werden.«

»Ja, das habe ich schon verstanden. Aber warum nicht?«

»Frank – lass es uns nicht zerreden, okay?«

»Ich bin nicht doof, Monique. Ich weiß, dass irgendwas nicht ...«

»Susan.«

»Wie bitte?«

»Ich heiße im richtigen Leben Susan. Und ja, du hast recht, es stimmt tatsächlich etwas nicht.«

»Ja, aber was denn, Monique ... äh, Susan?«

»Ich mag dich, Frank. Ich mag dich wirklich sehr ... Aber schau, du hast dich ein bisschen in mich verliebt, richtig?«

»Ach was! Wie kommst du denn darauf?«

»Frank, mir kannst du nichts vormachen.«

»Na gut, okay. Vielleicht ein bisschen, aber was ist daran so besonders? Verlieben sich nicht ständig Gäste in dich?«

»Ja, schon, aber die sind mir egal, weißt du. Und du, du bist mir eben nicht egal, du bist mir das Gegenteil von egal und deshalb möchte ich dir einfach nicht wehtun, verstehst du?«

»Ja, ich glaub schon. Und nun?«

»Ich denke, es wäre besser, wenn du mich nicht mehr besuchen würdest. Zumindest eine Zeit lang. So lange, bis deine Gefühle für mich abgeklungen sind.«

Als ich Frank hinunterbegleitete, wusste ich, dass er nicht mehr wiederkommen würde, auch wenn er so tat, als sei alles wie immer. Die Woche über musste ich oft an ihn denken. Aber ich war mir immer noch nicht klar darüber, was mich an ihm so faszinierte.

Am Sonntag darauf zog es mich an den Schlosspark-weiher. Warum, das wusste ich nicht. Es war, als würde ich auf etwas warten. Ich setzte mich auf eine Bank, schmökerte stundenlang in den neuesten Klatschzeitschriften und wollte schon aufgeben, als ich in der Ferne Frank und Leon Hand in Hand in meine Richtung schlendern sah. Ein wohliges Gefühl breitete sich in meinem Magen aus. Nicht nur, weil ich mich freute, dass sich die Wartezeit gelohnt hatte. Zu sehen, wie liebevoll Frank mit seinem Sohn umging, rührte mich jedes Mal aufs Neue. Von meiner eigenen Mutter kannte ich das nicht und von meinem Vater erst recht nicht. Ich konnte mich nicht erinnern, dass mich meine Eltern jemals in den Arm genommen oder mir gesagt hatten, dass sie mich liebhatten.

»Hey, Franky!«

»Wer ist das, Papa?«

»Hallo, junger Mann! Ich bin die Susan.«

»Susan ist eine gute Freundin, Leon.«

Wir standen uns ein paar Sekunden schweigend gegenüber, bis Leon uns unterbrach.

»Papa, ich will zum Wasser! Komm schon!«

»Geh schon mal vor, Großer, ich komme sofort nach. Aber pass auf, dass du nicht reinfällst!«

Dann wandte er sich zu mir.

»Hast du etwa auf mich gewartet?«

»Vielleicht.«

Mein Herz klopfte. Ich strahlte ihn an, doch Frank wirkte plötzlich unsicher. Er blickte immer wieder zu Leon, der Steine und Stöcke in den Weiher warf.

»Ist es wegen deines Sohnes?«

»Nein, das ist es nicht, Susan. Was Dienstag geschehen ist, davon habe ich unzählige Male geträumt und…«

»Wo ist dann das Problem? Möchtest du mich nicht mehr sehen?« Ich spürte einen Kloß in meinem Hals wachsen und rang mit den Tränen. Doch dann griff Frank meine Hand.

»Doch, das möchte ich, Susan. Aber nicht als Kunde. Und ich weiß, dass das nicht geht.«

Sofort löste sich der Kloß wieder auf.

»Doch, das geht, Frank!«

Ich war über mich selbst erstaunt. Ohne zu zögern, holte ich mein Handy aus der Handtasche, fragte ihn nach seiner Nummer und schickte ihm sofort eine SMS.

»Vergiss mich nicht, Frank!«

»Das werde ich nicht. Ich muss jetzt zu meinem Junior.«

Er küsste mich zärtlich auf die Wange, stieg über den knöchelhohen Metallzaun, setzte sich neben Leon und gab ihm einen Kuss. Dann blickte er noch mal zu mir zurück und winkte. In dem Moment, als er sich wieder Leon zuwandte, war ich mir nicht sicher, ob ich in diese Welt passen würde. Ich war eine Hure. Ich verdiente mein Geld damit, Männern etwas vorzumachen. Das erforderte Mut.

Aber sich in einen Freier zu verlieben und sich das einzugestehen, war viel mutiger als alles, was ich bisher getan hatte.

Im Gegensatz zu meiner schicken Eigentumswohnung war Franks Wohnung ... nun ja. Die Wohnzimmereinrichtung wirkte zusammengewürfelt, Couch und Sessel waren mit verschiedenen Stoffen bezogen und stammten eindeutig aus unterschiedlichen Zeiten. Das Bett wirkte ebenfalls deplatziert in diesem Raum.

»Hast du nur ein Zimmer?«

»Nein, aber mein Schlafzimmer ist jetzt Leons Kinderzimmer.«

»Oh, ich verstehe.«

»Ich hab dir doch erzählt, dass ich letzten Monat großes Glück gehabt habe. Ich hab den Sorgerechtsstreit gewonnen. Der Kleine wohnt seit vier Wochen bei mir.«

Wir begannen zu reden. Darüber, wie er seinen Job verloren hatte und versuchte, sich und Leon mit Hartz IV und ein bisschen Schwarzarbeit über Wasser zu halten.

»Aber wie ... wie konntest du mich bezahlen?«

Ich machte mir Vorwürfe. Auch wenn Frank nur einmal im Monat gekommen war, sein Bier getrunken und mit mir Sex gehabt hatte, war er doch jedes Mal über zweihundert Euro losgeworden.

»Meine Mutter gibt mir dreihundert Euro im Monat dazu. So geht's halt irgendwie.«

»Aber Frank, wenn du so wenig Geld hast, wieso kamst du dann Monat für Monat zu mir?«

»Das war doch nicht geplant! Weißt du noch, als ich dich zum ersten Mal besucht habe?«

»Klar.«

»Da hatte ich mich gerade von meiner zukünftigen Exfrau getrennt. Wir waren fast zehn Jahre verheiratet, weißt du, und ich war vollkommen aus der Übung, was das Kennenlernen von Frauen angeht. Es war mein Geburtstag und ich hatte Sehnsucht nach Nähe. Deshalb kam ich an diesem Abend.«

»Aber du kamst ja nicht nur dieses eine Mal…«

»Stimmt. Du kannst dir ja bestimmt denken, warum ich dich immer wieder besucht habe.«

»Sag bloß, du hast dich bereits bei unserem ersten Mal in mich verliebt?«

»So war es. Ich hab mich so sehr in dich verliebt – hätte ich das Geld gehabt, wäre ich jede Woche gekommen!«

»Das ist so süß, Franky, wirklich wahr.«

»Ein schlechtes Gewissen hatte ich schon, das kannst du mir glauben. Von dem Geld hätte ich natürlich lieber etwas für Leon gekauft, aber ich kam einfach nicht von dir los, verstehst du?«

»Lieb mich, Frank, komm schon, lieb mich jetzt!«

Unsere Liebe festigte sich im Laufe des Jahres und auch der kleine Leon wuchs mir immer mehr ans Herz. Nach einem halben Jahr zogen die beiden zu mir. Nun waren wir eine ganz normale Familie. Na ja, fast. Schließlich arbeitete ich nach wie vor in meinem alten Job. Die positiven Seiten der Prostitution hatten in all den Jahren überwogen, selten hatte ich so etwas wie Ekel empfunden. Doch das änderte sich nun schlagartig. Nur noch widerwillig bediente ich meine Kunden. Oft saß ich nach meiner Schicht heulend im Auto und brauchte die ganze Fahrt, um mich wieder zu beruhigen. Ich ekelte mich inzwischen nicht nur vor meinen Kunden, sondern auch vor mir selbst. Von fremden Männern angefasst zu werden, fühlte sich plötzlich wie Betrug an. Ich versuchte, mein schlechtes Gewissen mit Geschenken an meine Liebsten zu beruhigen, aber das klappte natürlich nicht.

Am 14. November 2012 schmiss ich im wahrsten Sinne des Wortes das Handtuch. Den Freier, der gerade auf mir drauf lag, nannten wir den Bulldozer.

»Geh runter, du Arschloch!«

Der Bulldozer blickte mich ungläubig an. »Was soll denn das jetzt?!«

»Ich sagte: Geh runter!«

Mit meinen Händen drückte ich gegen seine Schultern und warf ihn neben mich aufs Bett. Er tobte.

»Du dumme Schlampe!«, brüllte er, als ich meine Sachen zusammenraffte und weinend das Zimmer verließ. Ich stürmte die Treppe zur Bar hinunter, vorbei an der überraschten Claudia, und rannte zu meinem Auto. Weg hier! Ich wollte nur weg hier! Bis auf die Bluse, die ich mir in der Eile übergeworfen hatte, war ich nackt. Der Sicherheitsgurt meines Autos rieb unangenehm an meiner Brust und das kalte Leder des Fahrersitzes brachte mich zum Frösteln. Während der Fahrt heulte und schrie ich und schlug immer wieder mit meinen Fäusten auf das Lenkrad ein. Als ich in der Tiefgarage unter meiner Wohnung ange-kommen war, blieb ich noch lange sitzen. Ich überlegte, wie ich Frank beibringen sollte, dass unsere goldenen Zeiten vorbei waren – zumindest finanziell.

Da klingelte mein Handy. Claudia.

»Hey Süße, was war denn da los? Hat dir der Penner etwas angetan? Der hätte uns fast den ganzen Laden ausei-nandergenommen. Wenn Mike nicht da gewesen wäre …«

»Ich komme nicht mehr«, unterbrach ich sie und stellte mir vor, wie sie ihre Augenbraue nach oben zog.

»Monique, der Typ kommt nicht mehr, garantiert nicht!«

»Du verstehst es nicht, Claudia: Ich komme nicht mehr!«

Den letzten Teil schrie ich, legte auf und schmiss das Telefon in den Fußraum.

»Du bist schon da?« Frank war überrascht.

»Lass mich in Ruhe, lass mich einfach in Ruhe!«

Das war unfair, das wusste ich. Doch ich war so wütend. Schließlich war Frank es, der aus mir dieses verletzliche Ding gemacht hatte.

»Du … du bist ja nackt.«

Frank nahm mich in den Arm, obwohl ich es nicht wollte. Als er mich an seine Brust drückte, wehrte ich mich aus Leibeskräften dagegen. Und als ich es endlich zulassen konnte, sackten mir fast die Knie weg. Ich zitterte, schluchzte und heulte. Und dann konnte ich ihn endlich an mich drücken.

»Ich gehe da nicht mehr hin. Ich mache das nicht mehr, Frank. Ich kann das nicht mehr!«

»Ist doch okay, mein Engel, ist doch alles okay.«

Während er mit seiner Hand immer wieder über meinen Kopf strich und die losen Haarsträhnen aus meinem Gesicht wischte, spürte ich das Vibrieren seines Brustkorbs und die Erleichterung, die in seinen Worten lag. Frank war ein großartiger Mann. Obwohl wir Geld im Überfluss hatten, lebte er genügsam und animierte mich zum Sparen. »Für schlechte Zeiten«, wie er sagte. Und obwohl er es nie gezeigt hatte, hatte ich die ganze Zeit gespürt, wie sehr ihn mein Job belastete. Für ihn war das Bordell der Ort, an dem wir uns verliebt hatten, und er lebte in der ständigen Angst, dass mir das wieder passieren könnte.

»Meinst du wirklich? Meinst du wirklich, dass alles okay ist? Ich weiß ja nicht. Wie sollen wir denn ohne meinen Job durchkommen? Ich habe keine Ahnung, wie es weitergehen soll, Frank, echt nicht.«

Mein Blick fiel auf unseren Esstisch. Er war stilvoll eingedeckt und eine Flasche meines Lieblingschampagners wartete darauf, geöffnet zu werden.

»Champagner? Gibt es etwas zu feiern? Außer dass ich ab jetzt nur noch mit dir schlafen werde? Aber das konntest du ja noch nicht wissen, als du ihn gekauft hast…«

Frank lächelte. Nein, er strahlte.

»Komm schon, Franky, sag's mir endlich! Was gibt es zu feiern?«

»Ich hab mich doch bei einigen Autohäusern beworben. Tja, was soll ich sagen? Vor dir steht nun ein vielversprechender Autoverkäufer!«

»Nein!«

»Doch!«

Im Nachhinein weiß ich, dass ich alles richtig gemacht habe. Eine Beziehung verträgt sich auf Dauer nicht mit Prostitution. Ich ging in meinen Job als Altenpflegerin zurück und mit unseren beiden Gehältern kamen Frank und ich ganz gut klar. Nur um meinen geliebten BMW 1er, den ich verkaufen musste, tut es mir manchmal leid. Aber was sind schon Regentropfen, die einem ins Gesicht peitschen, gegen die aufrichtige Liebe zweier Menschen?

Susan S. / 32 / Köln

Das Leben ist so viel mehr als Punk, Baby!

Die »Pistolen« von Axl Rose waren in dieser Nacht im Coliseum in Los Angeles einfach nicht geladen genug – Mick Jagger hatte der Welt nach sieben Jahren Bühnen-abstinenz soeben gezeigt, wer der Boss im Haus war. Das Publikum in der »Grand Old Lady« hatte die subversive Kraft der Rolling Stones natürlich nicht vergessen. Für Mick und Keith war es ein Kinderspiel, die Menschen um den kleinen Finger zu wickeln. Guns N' Roses hingegen brauchten fünf Songs, um überhaupt zu begreifen, wo sie waren, und dann kündigte Axl Rose in seiner unnach-ahmlichen Art und Weise an, dass dies die letzte Show wäre, wenn gewisse Bandmitglieder ihren »Shit« nicht »together« kriegen würden.

Mich interessierte das nicht. Mich interessierte nur eins: ein Mann namens ... na, ich nenne ihn einfach mal David Ross. Zu Beginn der obligaten After-Show-Party, die im berüchtigten Obergeschoss des Rainbow stattfand, saß ich zwar auf Axl Roses Knien, aber meine Augen konnte ich nicht von David, diesem schnoddrigen Punkrocker, lassen. Ich war gerade 18 Jahre alt, jobbte für einen guten Freund von Arnold Schwarzenegger und hatte David und einen gewissen Mickey Rourke im Caffé Roma in Beverly Hills kennengelernt.

Ich wusste nicht, wer David Ross war, und erst recht nicht, dass er mal der Gitarrist einer legendären Punkband gewesen war. Aber das spielte auch keine Rolle. Seine langen Haare, die Harley und sein englischer Akzent reichten dicke, um mich zu beeindrucken. Die After-Show-Party im Rainbow war unser erstes Date und trotzdem saß ich auf Axl Roses Schoß. Der Geruch von billigem Parfum, schwitzenden Kerlen und Marihuana lag in der Luft und auf unserem Tisch lagen keine Lines, sondern Berge von Kokain. Billy Idol sang mir zu Ehren ein Medley aus *Hot In The City* und das Volkslied *Muss i denn zum Städtele hinaus* und Groupies in Lack und Leder bestanden ihre mündlichen Prüfungen auf ihren Knien unter den Tischen.

Ich musste mich kneifen, um zu begreifen, wo ich hier war. Und mit wem. Keine zwei Jahre zuvor hatte ich mir noch in Waiblingen, einer Vorstadt von Stuttgart, den Arsch auf einem Schulstuhl platt gedrückt. Ich kam aus einem ... Wie sagt man noch mal auf Deutsch? Ach ja, genau: Ich kam aus einem wohlbehüteten Elternhaus. Papa betrieb eine kleine Werbeagentur, Mama war Sekretärin. Schon früh ertrug ich die Enge des Schwabenlandes nicht mehr und rebellierte, wo ich nur konnte. Obwohl ich damals optisch mehr so der Typ »Tussi« war – und das auch heute noch bin –, war mein erster Freund ein Pattex schnüffelnder Punk. Da war ich gerade mal zwölf.

Fünf Jahre später, noch keine 18, haute ich über Nacht ab. Einfach so. Es waren die späten Achtzigerjahre und in Europa gab es nur einen *Place to be* – Ibiza! Da wollte, nein, da *musste* ich hin! Es war ein geiles Jahr auf Ibiza. Ich jobbte in einer Bar, die sich Flash nannte, und modelte nebenher. Das war schon etwas anderes als Waiblingen, aber immer noch nicht genug und als ich über eine Schulfreundin erfuhr, dass meine erste große Liebe – der Mann, der mich entjungfert hatte – nach Los Angeles ausgewandert und dort erfolgreich ins Luxuslimousinen-Geschäft eingestiegen war, musste ich nicht lang überlegen: Zwei Tage später saß ich im Flieger nach L. A. – ja, aber sicher!

Claus holte mich am International Airport ab. Ich freute mich sehr, ihn wiederzusehen, ganz ohne Zweifel, nur der Zauber zwischen uns, der war irgendwie verflogen. Doch das warf mich nicht weiter um, denn immerhin war ich in L. A.! Es dauerte keine drei Tage, bis ich mich unsterblich in die Stadt verliebt hatte. Die nächsten Wochen wohnte ich bei Claus in Marina del Rey. Er musste tagsüber arbeiten, ich trieb mich am Gemeinschaftspool herum und wackelte dort mit meinem Arsch. Nicht ohne Erfolg. Schon bald lernte ich einen Typen kennen, der erzählte, er kenne Arnold Schwarzenegger und wisse, dass einer seiner Geschäftspartner auf der Suche nach einer Europäerin war, die für Kost und Logis auf seine Villa in Beverly Hills aufpasste und das Personal leitete. Eine Art persönliche Assistentin also. Villa? Beverly Hills? Das war *mein* fucking Job!

Ich stellte mich noch am gleichen Tag vor, zog am nächsten Tag direkt ein und am übernächsten Tag kam Arnold vorbei und sagte, ohne mich vorher zu begrüßen: »Komm schon, zieh dir deine Workout-Klamotten an, na los! Move your tiny little ass, my Germanator!«

That's America, baby!

Die nächsten sechs Jahre trainierten wir beinahe täglich miteinander im Gold's Gym in Venice Beach. Dort, wo sie alle trainierten: die berühmtesten Bodybuilder der Welt, aber auch viele Schauspieler wie Mickey Rourke, Jean-Claude Van Damme oder Lou Ferrigno. An der Seite von Arnie im Gold's einzulaufen, war schon ein erhabenes Gefühl. Obwohl – und das müsst Ihr mir jetzt einfach glauben – ich so gar nichts an mir hatte, was die Amerikaner als »starstruck« bezeichnen. Heißt: Ich sank nicht vor Ehrfurcht auf die Knie, nur weil mal Sylvester Stallone – oder wer auch immer – vor mir stand. Und genau *das* war und ist in Los Angeles auch mein Erfolgsrezept. Stars lieben es, wenn man sie wie normale Menschen behandelt.

L. A. ist gut zu hübschen Mädchen. Die Kost und Logis, die ich bekam, reichten zum Leben. Geld brauchte ich kaum. Ständig wurde ich eingeladen. Am liebsten hing ich im Ciro's Pomodoro auf dem Beverly Boulevard ab. Ciro Orsini, der Betreiber, liebt es, wenn sein Restaurant voller hübscher Mädels ist. Aber er lud uns nicht nur ein, sondern er war für mich und meine Gang, die hauptsächlich aus Stripperinnen vom Sunset Boulevard bestand, auch eine Art Berater und Beschützer. Und so kam es, dass ich ihm, wenn es bei mir mal nicht so gut lief, über einer

Portion Spaghetti alle vongole mein Leid klagte, während am Nebentisch Steven Seagal, Richard Gere oder Kim Basinger aßen. Und dazu sang Gloria Estefan. Nein, nicht vom Band! Sie saß da wirklich am Klavier!

Doch ich schweife schon wieder ab! Zurück zur eigentlichen Geschichte: David Ross ließ mich eine Weile zappeln, was mich – typisch Frau – nur noch gieriger auf ihn machte. Aber nach ein paar Wochen waren wir dann mehr oder weniger zusammen. Tagelang cruisten wir auf seiner Harley den Highway 1 an der Küste entlang. Die schönste Straße der Welt. Der Himmel schenkte uns sein prächtigstes Blau, die Sonne schien wie aus Gold gegossen, die Wellen schäumten und der Fahrtwind zeigte der Julihitze den Fuckfinger. Es war das Paradies. Unser Paradies.

An anderen Tagen spielte ich die einsame Rockstarbraut. Ich hing in Davids Apartment ab und wartete, bis er aus dem Studio zurückkam. Aber auch das war okay. David war ein echter Gentleman und wenn er merkte, dass ich zu kurz kam, ließ er sich etwas einfallen, um mich wieder aufzumuntern. Einmal schrieb er mir zum Beispiel einen Song. Ich war so gerührt, mir fehlten die Worte!

Nur eine Sache machte mir zu schaffen: Wir waren inzwischen sechs Monate zusammen und hatten kaum noch Sex. Na ja, was heißt »kaum noch«? Im Grunde hatten wir von Anfang an kaum Sex gehabt. Hä? Was war denn da los, denkt Ihr jetzt bestimmt. Genau das dachte ich damals auch. Anfangs fühlte ich mich noch geehrt und hielt mich für etwas ganz Besonderes, weil ich ja wusste, wie viele

Groupies um David herumschwirrten. Doch je länger sich unsere »Mönch trifft Nonne«-Wochen hinzogen, desto verunsicherter wurde ich.

»Findest du, dass ich sexy bin?«, fragte ich ihn eines Abends.

»Of course you are, stupid litte baby«, sagte er mit seinem snobistischen englischen Akzent. »Du bist der schönste deutsche Engel, den ich je getroffen habe.« Woraufhin er weiter Akkorde auf seiner Gitarre zupfte. Doch langsam machte ich mir Sorgen. Als Frau irritierte einen so was schon ganz gewaltig. Ich beschloss, ihn am nächsten Abend eifersüchtig zu machen, indem ich Billy Idol im Flaming Colossus in Downtown einen Lapdance verpasste. Das führte aber schlussendlich nur dazu, dass David mich wortlos bei mir zu Hause in Brentwood absetzte und allein zurück nach West Hollywood fuhr.

So ging es nicht weiter. Wir mussten mal wieder raus aus der Stadt. Nur wir beide. Ein ganzes Wochenende nur für uns. »Klar, Baby, lass uns die Wüste rocken!«, sagte David. Und so fuhren wir auf seinem Motorrad nach Palm Springs in ein Wellnesshotel. Wir hatten kaum eingecheckt, da wusste ich bereits, dass es in diesem Aloe-Vera-Ressort nicht viel zu rocken gab. Es war ein Hippie-Paradies und ordentlich Dampf machten hier nur die unterirdischen und angeblich heilenden Quellen. Es gab noch nicht mal eine Minibar.

Damals kam mir das stinklangweilig vor. David hingegen fühlte sich sauwohl. Langsam begriff ich, was er meinte, wenn er immer sagte: »Das Leben ist so viel mehr als Punk, Baby!« Für ihn bedeutete »viel mehr als Punk« unter anderem, dass er dem Rock-'n'-Roll-Lebensstil abgeschworen hatte. Nach seiner jahrelangen Drogensucht war er nun nicht mehr der Apostel des Punk, sondern er war zu einem Gesundheitsapostel mutiert. Er rauchte nicht mehr, er trank nicht mehr und Drogen nahm er natürlich auch nicht mehr. Ihm reichten die Räucherstäbchen in unserem Zimmer und er genoss seinen grünen Tee, als wäre der ein 1907er Heidsieck-Champagner. Natürlich ernährte er sich inzwischen nur noch vegan. Horror! Damals steckte ich noch voll im Partygirl-Modus. Dass der Satz »Das Leben ist so viel mehr als Punk, Baby!« nicht nur eine dahergesagte Weisheit war, sondern auch viel Wahrheit in ihm steckte, ahnte ich noch nicht.

Dennoch versuchte ich, es positiv zu sehen. Schließlich heißt es ja, Menschen, die gesund leben, haben ein besseres Sexleben. Womit wir wieder beim Thema wären: der Grund für unseren Ausflug nach Palm Springs. Nachdem wir uns stundenlang bei Massagen entspannt hatten, gingen wir auf unser Zimmer. In freudiger Erwartung auf wilden Rockstar-Sex verschwand ich kurz im Bad, um in die sexy Klamotten zu schlüpfen, die ich mir von meinen Stripperinnen geliehen hatte. Meine Mädels hatten mir ein paar Moves gezeigt und die versuchte ich nun umzusetzen. Ich strippte mit vollem Körpereinsatz vor David, der auf dem Bett saß und mir teilnahmslos zuschaute. Gott, war das peinlich!

Ich schob den Hauch von nichts zurück über meine Brüste und spürte, wie die Hitze in meinen Kopf stieg und meine Backen erröten ließ. David gab mir mit einem Wink zu verstehen, dass ich mich neben ihn setzen sollte.

»Sex«, sagte er, »ist mir nicht mehr so wichtig, weißt du? Ich hab alles gefickt von London bis L. A. und bin der Sache einfach überdrüssig.« Im Hintergrund dudelte Meditationsmusik.

Ich streichelte durch seine langen Haare, auf die ich so abfuhr, und schmeckte den salzigen Geschmack einer Träne, die sich in meinen Mund verirrt hatte. Ich machte an ihm rum, weil ich seine Ablehnung einfach nicht akzeptieren konnte. Irgendwann kamen wir der Sache näher, aber David hielt inne und sagte, dass die »mentalen Gefühle«, die er für mich hegte, so groß seien, dass sie ihn irgendwie hemmen würden.

Mentale Gefühle! Was redet der bloß für einen Mist?!, dachte ich nur. Es tat so weh. Er versuchte, es mir zu erklären, aber ich verstand es nicht. Ich fühlte mich unglaublich verletzt und meine Überzeugung, dass David mich nicht attraktiv fand, verpasste mir und auch unserer Beziehung einen Knacks. Sechs Monate später trennten wir uns.

Ich war damals einfach noch zu jung. Er war ja viel älter als ich. Heute, als reife Frau, weiß ich, dass es Gefühle gibt, die weit über sexuelles Verlangen hinausgehen, die sich auf einer ganz anderen Ebene abspielen. Übrig geblieben sind bittersüße Erinnerungen und die Einsicht, dass man psychisch auf der gleichen Augenhöhe stehen muss, um sich wirklich zu verstehen und tiefe Gefühle füreinander zu erfahren.

Auch wenn ich es nach unserer Trennung nicht gleich bemerkte: Die Romanze mit David war ein Erweckungserlebnis für mich – auch ohne Sex. Die Erkenntnis, dass das Leben mehr als Sex, Drugs and Rock 'n' Roll zu bieten hat, verinnerlichte ich von Partynacht zu Partynacht mehr. Das ausschweifende Leben, das ich damals geführt hatte, wäre nicht mehr lange gut gegangen. Ich feierte noch zwei, drei Jahre weiter, doch dann zog ich einen Schlussstrich. Überraschenderweise wurde mein Leben dadurch nicht langweiliger, sondern eher spannender. Ich erlebte viel mehr Dinge von Bedeutung und war nun auch endlich in der Lage, sie mit einem klaren Kopf zu genießen.

Nika Cristiani / 42 / Los Angeles

Das Klassentreffen

Die Gaststätte in dem Fachwerkhaus, das sich nur einen Steinwurf von unserer damaligen Schule entfernt befindet, heißt noch immer Zum Dorfkrug. Auch die große Buche davor, mit dem Stamm, der sich wie eine Stimmgabel teilt, scheint in den letzten dreißig Jahren nicht gewachsen zu sein; behäbig wie damals wiegt sich ihre sattgrüne Krone im lauen Wind des Sommers. Ich atme einmal tief ein, bevor ich die schwere Eichentür mit den schwarzen Eisenbeschlägen mit einem beherzten Schwung öffne. Eine Mischung aus Roth-Händle, Barre-Bräu-Pils und Tabac Original strömt mir entgegen. Es ist der Duft der ostwestfälischen Provinz, der mich willkommen heißt und mir sagt: Du bist zu Hause.

»Moni! Wie schön, dass du es endlich mal geschafft hast!« Das ist Barbara. Neben ihr ihr ewiger Schatten – Sven. Die beiden waren schon in der achten Klasse ein Liebespaar. Ich freue mich, dass sie da sind, doch eigentlich hat mein bemüht unauffälliger Blick nur ein Ziel, als er durch das mittlerweile etwas abgenutzte Interieur der Kneipe schweift: Rainer. Als ich gerade enttäuscht aufgeben will, entdecke ich im anliegenden Raucherraum ein helles Jackett, das über einer Stuhllehne hängt. Über dem dazugehörigen leicht ergrauten Haarschopf, der zu einem Zopf zusammengebunden ist, steigt blaugrauer Zigarettenqualm auf. Das muss er sein – Rainer!

Die Runde heute im Raucherraum ist die gleiche wie damals in der Raucherecke unseres Schulhofs. Rainer, Elke, Andreas, Nicole, Marcus und Friedhelm sitzen lachend und gestikulierend vor ihren Bier- und Weingläsern.

»Ja, wen haben wir denn da?« Mit dem hochroten Kopf und den vergilbten Haaren sieht Friedhelm nur noch aus wie ein Schatten seines jugendlichen Ichs. Auch die anderen begrüßen mich herzlich. Elke fällt mir um den Hals und drückt ihre Riesenbrüste gegen mich.

»Mensch, Moni, wie geht's dir denn?«

»Gut, Elke, danke.«

Nur Rainer wirkt distanziert. Er scheint ein wenig verschämt zu sein, wie damals, als ich ihn zu unserem ersten Kuss aufforderte.

»Ist bei euch noch ein Platz frei?«

»Klar, ich hole dir einen Stuhl, warte kurz«, sagt Rainer.

Nachdem ich mich auf Rainers freien Stuhl gesetzt habe, stößt Nicole mich mit ihrem Ellbogen an. »Der steht immer noch auf dich, Moni!«

Natürlich ist ihr Flüstern gerade laut genug, damit der Rest des Tisches einen weiteren Grund hat, um lachend anzustoßen. »Auf die Liebe!«

Als Rainer endlich zurückkommt, habe ich bereits meinen Mantel ausgezogen und nippe an der ersten

Weißweinschorle. Rainer stellt seinen Stuhl direkt neben meinen und greift nach seinem Bier. Und dann sieht er mich mit diesem Blick an, der schon früher so viel mehr sagen konnte als Worte. Seine Augen faszinierten mich schon als junges Mädchen, genauso wie seine Grübchen, die sich wie durch unsichtbare Fäden gezogen synchron mit seinen Mundwinkeln nach oben bewegten, wenn er lachte. Er, der stille, in sich gekehrte, fleißige Schüler, und ich, die laute und hin und wieder etwas peinliche Bauerntochter, hatten uns nach der Schulzeit aus den Augen verloren. Rainer war eben nicht die Art Junge, auf den man sich als 18-Jährige einließ. Wir standen alle eher auf so Typen wie Friedhelm und Marcus, die im örtlichen Fußballverein den Ton angaben.

Gut zwei Jahre später traf ich Rainer dann in genau dieser Kneipe wieder. Mein Vater hatte genug von der ewigen Plackerei und verkaufte schließlich unseren Hof, um mit der ganzen Familie nach Osnabrück zu ziehen. Damals wollte ich von diesem Ort, den ich so sehr liebte, Abschied nehmen. Noch einmal auf einen letzten Drink in die geliebte Kneipe an der Ecke gehen, bevor ich in das spießige Eigenheim mit Sprossenfenstern und gepflegtem Vorgarten in der Stadt zog.

Rainer saß an diesem Abend am Tresen, las in irgendeinem Musikmagazin und lauschte über die Kopfhörer seines Walkmans seiner Lieblingsband, den Rolling Stones. Sein rechtes Bein wippte im Takt und immer wieder trommelte er auf den Tresen wie auf ein imaginäres Schlagzeug. Mir fielen seine Mixtapes wieder ein, mit denen er meist erfolglos um die Gunst von Mädchen geworben hatte. Obwohl er Musiker war, war Rainer eher schlecht im Flirten. Auch ich hatte vor einigen Tagen erst ein paar seiner kunstvoll beschrifteten BASF-Kassetten in einen Umzugskarton gepackt. Als ich ihn ansprach, schreckte er kurz hoch und ließ die Kopfhörer etwas ungelenk in seinen Nacken sinken.

»Na Rainer, sitzt du wieder hinter Mick am Schlagzeug?«

Und da waren sie wieder. Diese Grübchen, die ihren Tanz bei jedem Lächeln aufs Neue aufführten. Verlegen schaute ich zu Boden. Etwas war anders als sonst. Rainer wirkte so aufgeräumt und mit sich selbst im Reinen, dass ich meine Überraschung nur schwer verbergen konnte.

»Zwei Bacardi-Cola! Ihr zieht morgen um, nicht?«, sagte er schließlich.

»Ja, leider.«

»Ich werde auch weggehen.«

»Wohin?«

»Ich werde in Essen Schlagzeug studieren. Folkwangschule.«

»Wow, das klingt ja toll.«

Das klang es wirklich. Für ihn. Ich hingegen war alles andere als begeistert. Noch etwas, das diesen Ort ein bisschen ärmer machen würde. Doch es erklärte auch, warum der sonst so schüchterne Junge heute so selbstbewusst wirkte. Er tat das, was er liebte, während die meisten von uns den Hof ihrer Eltern übernehmen oder irgendeinen belanglosen Job anfangen würden.

An diesem Abend redeten wir uns alles von der Seele. Ich liebte es, wenn Rainer über seine Passion, die Musik, sprach. Er erklärte, er müsse sich in Zeiten, in denen sogar Rockbands Drum-Computer einsetzten, beeilen, wenn er es als Schlagzeuger ganz nach oben schaffen wollte. Und er war ein guter Zuhörer. Von ihm fühlte ich mich endlich verstanden, während meine Eltern überhaupt nicht begriffen, wieso ich keine Luftsprünge machte, als sie unseren Hof verkauften. Nach ein paar Bacardi-Cola zu viel verließen wir schließlich gemeinsam die Dorfschenke.

Rainer trug sein Musikmagazin unter dem Arm und die Kopfhörer seines Walkmans, den er am Gürtel befestigt hatte, klackerten im Takt unserer Schritte vor sich hin. Auf dem Feldweg hinter unserer Schule griff ich wie durch Zufall zum ersten Mal nach seiner Hand. Seine Finger glitten so selbstverständlich in meine, dass mir kurz der Atem stockte. Doch statt mich zu küssen und ins hohe Gras zu werfen, redete Rainer einfach weiter mit mir, als ob nichts geschehen sei. Seine Schüchternheit machte mich verrückt.

»Jetzt küss mich endlich!«, unterbrach ich ihn beim Philosophieren über den Sinn einer zweiten Bassdrum. Und bevor er antworten konnte, drückte ich schon meine Lippen auf seine. Mit meinen Fingern griff ich in seine Mähne und schloss meine Augen. Rainer küsste so zärtlich, seine Berührungen waren so sanft, wie ich es seither nie wieder erlebt habe. Ich ließ meine Umhängetasche mit den bunten Fransen ins Gras fallen und zog das Polohemd aus seiner Jeans. Es schien, als sei er noch immer unschlüssig, was zu tun sei. Doch was er machte, war genau richtig.

»Ich … ich habe noch nie …«

»Ich auch nicht«, hauchte ich, während ich ihn zu Boden zog und seine Hand unter meine Bluse führte. Er streichelte meine Brustwarzen, noch immer so, als wäre ich aus Porzellan. Es war nicht wie das plumpe Geknete, das Friedhelm mit seinen übergroßen Pranken ein paar Jahre zuvor in unserer Scheune ausprobiert hatte. Rainer hatte zierliche Hände und seine Fingerkuppen waren so weich wie das Moos, das am Stamm der mächtigen Eiche wuchs, die mitten auf unserem Hof seit zweihundert Jahren dem ostwestfälischen Wetter trotzte. Wir konnten nicht aufhören, uns zu küssen. Es war, als ob sich die Gefühle, die wir schon seit Jahren füreinander hegten, in einem nie enden wollenden Augenblick entluden. Rainers Zunge schob sich immer wieder in meinen Mund und jedes Mal, wenn er mit seinen Moosfingern eine bestimmte Stelle hinter meinem rechten Ohr berührte, fühlte es sich an, als ob meine unterste Hautschicht versuchte, sich nach oben zu drängen. Während wir uns weiter küssten, zogen wir uns langsam aus. Als er nackt auf mir lag und sich seine Pracht gegen meinen Venushügel drückte, hob er seinen Kopf und sah mich mit diesem unglaublichen Blick an.

»Bist du sicher?«

»Ja!«

Er schob langsam seinen Unterleib zurück und als seine Eichel mein Heiligstes berührte, hielt ich es kaum aus vor Erregung.

»Etwas tiefer!«

Dann drang er in mich ein. Ein stechender Schmerz ließ mich kurz aufstöhnen. Er bewegte sich nicht. So als könnte er diesen Schmerz ebenfalls spüren. In diesem Moment wusste ich, dass es keinen Besseren geben konnte, um mir meine Unschuld zu nehmen.

Als Rainer begann, seinen Körper langsam und vorsichtig hin- und herzubewegen, hielt seine eine Hand noch immer meinen Nacken fest im Griff. Er küsste leise stöhnend meinen Hals und ließ seinen warmen Atem gegen mein Ohr rauschen. Je intensiver seine Bewegungen wurden, desto fester schlang ich meine Beine um seine Hüfte. Meine Hände griffen nach seinen Haaren und ich wollte nur noch eins: ihn bei mir behalten, mit ihm zusammen nach Essen gehen und immer wieder mit ihm schlafen. Bevor er kam, zog er seinen Penis aus mir heraus und drehte sich zur Seite. Trotzdem landete ein Schuss seines Spermas direkt in meinem Bauchnabel. Wir lachten und wieder tanzten die Grübchen über seine Wangen.

Fast die ganze Nacht blieben wir eng umschlungen auf der Wiese liegen. Während wir in den sternenklaren Himmel blickten, träumten wir uns in eine Welt, in der Rainer Charlie Watts ablösen und ich einen kleinen Bauernhof betreiben würde, wo ich jeden Abend auf ihn wartete, bis er aus dem Studio nach Hause kam. Doch das Schicksal hatte andere Pläne und wir sollten uns nie wiedersehen. Bis heute.

»Denkst du noch manchmal an damals?«, reißt Rainer mich aus meinen Gedanken. Wieder sieht er mich mit diesem Blick an.

Es ist spät geworden, wir sitzen allein am Tisch. Wo ist nur die Zeit geblieben? Friedhelm steht mit Nicole an der Musikbox, seine Riesenhände liegen auf ihrem Hintern, Gesprächsfetzen fliegen zu uns herüber und vermischen sich mit der Musik vergangener Jahre – Bruce Springsteen ist gerade on fire. In diesem Moment kullert mir eine Träne aus dem Auge und läuft, von meiner Wimperntusche schwarz gefärbt, meine Wange hinab. Wofür hatte ich diesen Traum auf der Wiese, diese nie wieder erlebte Zärtlichkeit und dieses einmalige Gefühl der Zweisamkeit nur eingetauscht? Für die vier oder fünf Jungs, die sich nach Rainer und vor Klaus in mein Bett verirrt hatten und von denen keiner dieses Gefühl in mir entfachen konnte? Und die Ehe mit Klaus ist, was den Sex betrifft, auch nicht viel besser. Seit ich meine Menopause hinter mir habe, kann ich die Male an einer Hand abzählen, die wir ziemlich unmotiviert miteinander schliefen. Dabei ist Klaus eigentlich ein feiner Kerl. Er ist fürsorglich und kümmerte sich rührend um unsere beiden Kinder. Nur der Sex mit ihm ist eben mehr eine eheliche Pflicht als wirkliche Leidenschaft.

»Noch einen letzten Bacardi-Cola?«

Rainer winkt die Kellnerin zu uns und bestellt zwei neue Getränke. Er legt die Füße auf Friedhelms Stuhl und seinen Arm um mich.

»Also, betreibst du inzwischen deinen kleinen Bauernhof?«

»So wie du Schlagzeuger bei den Stones geworden bist?«

Wieder seine Grübchen! Ich erzähle ihm von meiner Ehe und meinen inzwischen erwachsenen Kindern und versuche dabei erfolglos, mein unerfülltes Glück zu verbergen. Rainer schwärmt von seiner Musikschule, die er gemeinsam mit seinem Freund, dem Gitarristen einer Metalband, von der ich noch nie gehört habe, eröffnet hat. Gemeinsam schwelgen wir, beseelt vom Bacardi-Cola und unzähligen Zigaretten, in Erinnerungen an unsere Schulzeit. Wir amüsieren uns darüber, dass Sven und Barbara tatsächlich geheiratet haben, und erinnern uns, wie Herr Gärtner immer unsere Zigaretten einsammelte, wenn er uns beim Rauchen erwischte. Der schrullige Biologielehrer versprach uns zwar stets, sie uns entweder zu unserem Schulabschluss oder unserem 18. Geburtstag wiederzugeben, vermutlich war er aber der einzige Mensch im ganzen Dorf, der nie für eine Schachtel selbst bezahlen musste. Wieder diese Grübchen. Wieder dieser strahlende Blick!

Das Klassentreffen läuft seinem Ende entgegen und irgendwann sind Rainer und ich die letzten Gäste. Die Kellnerin und der Barkeeper bereiten uns dezent auf unseren Rausschmiss vor, indem sie möglichst laut die hölzernen Stühle auf die Tische mit der künstlichen Perlmuttbeschichtung stellen und die Bier- und Kippenreste um uns herum aufwischen.

»Wir machen dann jetzt Feierabend!«

»Und was machen wir?« Auf meine Frage schaut Rainer wie immer verlegen zu Boden. »Einen Spaziergang vielleicht? Gibt es das kleine Wäldchen noch oder stehen da auch schon lauter Spießerhütten?«

»Keine Ahnung. Ich war über zwanzig Jahre nicht hier.«

»Komm, Rainer, lass uns gucken!«

Als die schwere Kneipentür mit einem tiefen »Rums« hinter uns ins Schloss fällt, hake ich mich bei Rainer unter. Wir laufen in Richtung unserer alten Schule und sehen, wie am Horizont ganz langsam die Morgendämmerung beginnt. Wie damals ist der Himmel sternenklar und wir reden kein Wort miteinander, aber es ist nicht dieses peinliche Schweigen, das entsteht, weil man nichts zu sagen hat. Es ist die Art Schweigen, bei der du sicher bist, dass alles okay ist. Als wir die Silhouette des Wäldchens erblicken, die sich mit ihren eng beieinander stehenden Fichten schroff gegen die Morgenröte stemmt, werden wir enttäuscht. Die Wiese mit dem hohen Gras und dem weichen lehmigen Boden, auf dem wir beide damals unsere Unschuld verloren, ist verschwunden.

»Spießerhütten!«, lacht Rainer, wohl wissend, dass wir inzwischen selbst zu Spießern geworden sind. Ich kann nicht anders, als seine beiden Hände zu nehmen, die noch immer so weich und zierlich sind wie früher.

»Wo schläfst du heute Nacht?«

»Ich wohne im Krug.«

Plötzlich geht mir alles Mögliche durch den Kopf. Ist das richtig, was sich hier anbahnt? Was ist, wenn alles nur eine Illusion ist, ausgelöst durch karibischen Rum und billigen deutschen Wein? Wenn ich auch heute Nacht den Sex, den ich seit dreißig Jahren suche, nicht finden werde? Doch Rainer unterbricht meine Gedanken.

»Ich denke, es wäre keine gute Idee.« Und zum ersten Mal wirken seine Augen traurig. Auch seine Grübchen sind verschwunden. Er blickt mich lange an und es scheint ihm dabei sichtlich schwerzufallen, mich nicht zu küssen.

»Ich werde nicht noch einmal dreißig Jahre auf dich warten, Moni. Das ertrage ich nicht. Tut mir leid.«

Ich kann nicht anders, als ihn sofort innig zu umarmen. Wie von selbst sucht meine rechte Hand nach seiner nicht mehr vorhandenen dunklen Löwenmähne. Und dann fällt mir auf, dass sie nicht das Einzige ist, was heute nicht fehlt.

Als wir zurückgehen, schweigen wir wieder. Wir passieren die alte Schule, die Dorfschenke mit ihrem dunkelbraunen, fast schwarzen Fachwerk, die gegabelte Buche. Hier begann vor dreißig Jahren meine Suche nach Liebe, nach Zärtlichkeit und Geborgenheit. Und hier endet sie heute auch.

Monika W. / 50 / Köln

Der kleine Gatsby und mein
Casablanca-Moment

Vom ersten Tag an hatte das Leben die Karten beschissen für mich gemischt. Zumindest was Männer angeht. Vielleicht habe ich mich deshalb in die Traumwelt der Fünfziger- und Sechzigerjahre gestürzt. In die Zeit, in der Frauen noch wie richtige Frauen aussahen und Männer schicke Anzüge trugen, uns ohne Hintergedanken in den Mantel halfen und uns die Tür aufhielten. Ich habe ein Faible für Geschichten, bewegte Bilder und Klänge aus längst vergangenen Tagen – in einer Welt, die sich bereits zu einem anderen Rhythmus dreht, zu deren Takt ich jedoch nicht mitwippen mag. Dass ich tatsächlich einmal den großen Gatsby kennenlernen und mit ihm meinen *Casablanca*-Moment erleben sollte, hätte ich mir jedoch nie träumen lassen.

Damals, im Oktober 2013, wollte ich eigentlich wieder weg aus Berlin. Nichts hielt mich hier. Die Wohnung kündigen und zurück in den Norden ziehen, das war mein Plan. Doch aufgehen sollte er nicht.

Bei einem Modeljob begegnete ich ein paar besonderen Menschen. Nach drei anstrengenden Abenden auf dem

Laufsteg feierten wir eine Room-Party im Waldorf Astoria. Auf diesen Partys fühle ich mich meist nicht wohl, vor allem weil ich moderne Musik nicht sonderlich mag. Doch in dieser Nacht war alles anders. Ein klassischer Soul-Hit toppte den anderen. Endlich einmal Musik nach meinem Geschmack.

»Hey, großartige Musik, die du da spielst!«

Dass ich ihm möglicherweise wie ein Groupie vorkommen würde, kam mir nicht in den Sinn. Aber sein klassischer Anzug mit Fliege, die blonden Haare und die blauen Augen wirkten einfach unwiderstehlich auf mich. Mein Lob schien den Groupie-Eindruck bei ihm noch zu verstärken. Er wich mir nicht mehr von der Seite. Stundenlang tanzten wir, aber mehr als einen Kuss auf die Wange konnte er trotz zahlreicher Knutschversuche nicht ergattern. Immerhin sollte unser erster Kuss etwas ganz Besonderes sein. Schließlich verabredeten wir uns für den nächsten Abend.

Der dunkle Marmortresen mit den goldenen Messinglampen und das warme Holz an den Wänden der Lang Bar im Waldorf Astoria erinnerten mich an die gute alte Zeit, die ich so sehr liebte. Es war die perfekte Location für unseren ersten Kuss. Wie in Casablanca klimperte dazu Sam auf dem Piano. Alles war wundervoll. Selbst das kurze Gefühl der Unsicherheit, als seine Hand versuchte, von meinem Knie weiter nach oben zu wandern, verdrängte ich so schnell wie seine Finger von meinem Oberschenkel. Hand in Hand liefen wir durch die Berliner Nacht, sprachen über Gott und die Welt und lächelten uns immer wieder verlegen an. Es war, als wäre ich wieder 16.

Wir machten einen kurzen Stopp in einem Klub am Potsdamer Platz. Jay hatte mit irgendwelchen wichtigen Leuten Geschäfte zu besprechen. Irgendwann nahm er mich an der Hand und führte mich wie in Zeitlupe Richtung Ausgang.

»Was hast du vor?«

»Ich habe dir doch versprochen, für dich zu tanzen, Jenny.«

Sein Lächeln war verführerisch. Er wollte mir sein Zimmer im angrenzenden Ritz Carlton zeigen und wir machten uns auf den Weg. Eigentlich wollte ich mich am Hoteleingang verabschieden, in die S-Bahn steigen und nach Hause fahren. Allerdings hatte ich mir schon immer mal die Lobby mit dem traumhaften Piano auf der Marmortreppe ansehen wollen. Noch dazu hatte es angefangen zu regnen. Warum also nicht *ganz kurz* mit ihm nach oben gehen? Nur für einen kurzen Augenblick?

Let's get it on

Fast rhythmisch drehte er sich einmal um mich herum und stellte einen Stuhl in die Mitte des Zimmers.

»Setz dich, Baby.«

»Weißt du, was jetzt noch fehlt?«

Er beantwortete meine Frage, indem er einen Knopf an der Musikanlage drückte, und im nächsten Moment füllte sich der Raum mit dem verruchtesten Instrumentaleinstieg der Musikgeschichte. Marvin Gaye. Ich musste auflachen.

Das alles war so Motown – genau meine Wellenlänge. Dazu er, der Soul-Player, der sich nach und nach seiner Klamotten entledigte. Himmel, und wie er gebaut war! Da konnte selbst Channing Tatum einpacken. Kess hob ich mein Bein in die Luft und fuhr mit meinem Zeh sanft über seinen halbnackten Körper. Er griff nach mir und warf mich auf das riesige Bett mit der gelb-gold gestreiften Tagesdecke.

Ein Katz- und Mausspiel begann. Jedes Mal, wenn er mir nahe kam, wandte ich mich ab und flüchtete mich spielerisch auf die andere Seite des Bettes. Obwohl es in der Tat ein wenig beängstigend war, immerhin kannte ich diesen Mann kaum. Doch gehen wollte ich auch nicht, zu perfekt war der bisherige Abend gewesen. Aber aufs Ganze zu gehen, kam auch nicht infrage für mich. Unter anderen Umständen wäre es vielleicht ein One-Night-Stand der Superlative gewesen, die Optik und der Ort stimmten jedenfalls. Doch genau das wollte ich mit Jay nicht.

Irgendwann konnte ich mich seiner Lust nicht mehr entziehen. Ich verwöhnte ihn mit meinem Mund und meinen Händen, an mich ließ ich ihn jedoch nicht heran. Ich war zu verzaubert und vielleicht sogar schon etwas verliebt. Ich brauchte mehr Zeit und wollte nicht gedrängt werden.

What a wonderful world this would be
Er schien nicht allzu enttäuscht zu sein. Meine Erklärung, dass ich nicht wolle und könne, dass es gegen meine Natur

sei, mich sofort komplett verfügbar zu machen, nahm er verständnisvoll auf.

»Du bist sehr besonders, Jenny«, sagte er, während er mit seiner warmen Hand über meine Wange strich. »Behalte das und lass es dir niemals nehmen.«

Wir lagen auf dem Bett, die monströsen Kissen unter unseren Köpfen, und stimmten gemeinsam in Marvin Gayes und Tammi Terrells *Ain't No Mountain High Enough* ein, seinen Lieblingssong. Als wir dann noch die entscheidende Zeile aus Sam Cookes *Wonderful World* sangen, war es endgültig um mich geschehen.

Rhythm of the rain

Dann kam die unerwartete Wende, die mich plötzlich alles infrage stellen ließ. Phillip stand auf, riss die Vorhänge zur Seite und lief nervös vor dem Fenster auf und ab.

»Missverstehe ich etwas oder willst du mir sagen, dass ich gehen soll?«

Es war fünf Uhr morgens und seine Freunde, mit denen er sich dieses sündhaft teure Zimmer teilte, würden gleich von einer Party zurückkehren. Ich, nein, mein Stolz war verletzt. Ich setzte mein französisches Barett und die dunkle Sonnenbrille auf, bereit, diesen gerade noch so romantischen und nun ziemlich kühlen Ort zu verlassen. Phillip zog seine Jeans, die groben Boots und die graue Lederjacke an. Sein Gesicht sah jetzt nicht mehr wie das des aufsehenerregenden großen Gatsby aus. Der große Mann wirkte plötzlich ziemlich klein. Und auch die große Frau in mir war verschwunden.

Ain't no mountain high enough?
Nach dem Wochenende war Phillip zurück auf dem Weg in seine süddeutsche Heimat. Mit der abnehmenden Anzahl seiner SMS schwand auch meine Hoffnung auf ein Wiedersehen. Ich konnte mich damit abfinden, immerhin hatte ich mich ihm nicht gänzlich hingegeben.

Zwei Wochen später rief mich eine Dame an und behauptete, in ihrem Geschäft stünde ein Brief zur Abholung für mich bereit. Macht das nicht normalerweise die Post, dachte ich. Ist das Schwarzgeld? Die Mafia? Ein dummer Scherz? Ich wischte alle Bedenken beiseite und fuhr hin. Die Dame hinter dem Tresen des französisch anmutenden Blumenladens übergab mir eine weiße Rose und einen Umschlag.

Für Daisy
Einladung zum Dinner am 6. Dezember im Aigner.
Liebste Grüße
Dein Gatsby

Ich konnte die Tränen nicht zurückhalten. Wieder war ich in meinem, nein, in unserem Lieblingsroman. Phillip kannte meine Adresse nicht und schaffte es doch, auf so liebevolle und romantische Weise den Weg in mein Herz zu finden. So viel Freude und so viel Glück hatte mir bisher niemand bereitet. Das Weiß der Rose symbolisierte Reinheit und Treue, Unschuld und vielleicht einen Neubeginn. Leise und still hatte ich mir das die ganze Zeit erhofft, die Erfahrung hatte mich jedoch gelehrt, es nicht zu erwarten. Zu groß waren die bisherigen Enttäuschungen gewesen. Doch dieses Mal sollte es eine Fortsetzung geben.

Er liebt mich, er liebt mich nicht

Aufgeregt sprühte ich meinen Antwortbrief mit Kussmund mit einem Hauch von Guerlains Mitsouko ein und legte ihm noch ein Gänseblümchen bei. In der Hoffnung, er würde sofort an das englische Wort denken: Daisy.

A teenager in love

Nach Wochen voller Hoffnung und Sehnsucht, die sich mit Zeiten des Leids und längerer Funkstille abwechselten, kam endlich der Tag unseres Dinners. Die Achterbahn der Gefühle, die nicht turbulenter verlaufen kann als in den liebenden Herzen junger Menschen, hatte mich fest im Griff. Das Essen im Aigner fiel aus zeitlichen Gründen ins Wasser und es musste eine Alternative her. Ich hätte mit ihm auch Tiefkühlpizza vom Aldi in meiner Küche gegessen, doch wir wollten ausgehen. Schließlich sollte so den geschriebenen Worten aus unseren Liebesbriefen Substanz verliehen werden.

Doch wo sollte man nachts um halb zwölf noch etwas Warmes zu essen bekommen, wenn man nicht zu McDonald's oder dem Dönermann um die Ecke gehen wollte? Meine Antwort überraschte ihn:

»Wir nehmen das Sixties Diner am Hackeschen Markt.«

Rebel Rider

Es folgte eine wilde Autofahrt, bei der wir nur knapp einem Unfall entgingen. Der Kick tat mir gut. Ich lechzte nach ihm. Zu aufgehoben und monoton hatte ich in letzter Zeit gelebt. Ich brauchte die Action. Auf die Idee, mir selbst ein Auto zu mieten, um damit ein wenig Mist zu bauen, wäre ich nie gekommen. Dafür hatte ich ihn. Und ich liebte es. In dieser Nacht holte ich alles nach, was mir in meiner Teenagerzeit von meinen Eltern verboten worden war. Für eine Nacht gab es weder Hausarrest noch Fernsehverbot. Es gab nur Phillip, die Nacht und mich.

Who wrote the book of love

Doch auch wenn alle Teenies irgendwann erwachsen werden müssen: Ihr Spieltrieb geht noch lange nicht in Rente. Er steht in voller Blüte und sehnt sich nach Abenteuern. Und die Gefühle? Wo waren das Verliebtsein und das Süßholzraspeln aus unseren Briefen hin? Es war der 6. Dezember, Nikolaustag, und ich hatte Phillip einen mit Schokolade vollgepackten Strumpf mitgebracht. War das Geschenk zu kitschig? Aber es kam doch von Herzen! Weshalb spürte ich in allem, was Phillip tat, seine Ungeduld und schaute in lüsterne anstatt verliebte Augen?

Heartbreak Hotel

Schon wieder wollte er mir unbedingt das Hotel zeigen, in dem er das Wochenende über wohnte. Ich wollte lieber in eine Bar oder zu mir nach Hause fahren. Doch wieder gab ich nach. War es nicht in meiner Traumwelt immer der Mann, der die wichtigen Entscheidungen fällte?

Er hatte noch nicht mal den letzten Bissen seines Blaubeermuffins heruntergeschluckt, als er auch schon aufsprang und sagte: »Komm schon, Baby, lass uns endlich losfahren!«

Im Grunde hätte ich mir nichts sehnlicher wünschen sollen, als mit ihm loszuziehen. Mich ihm in seinem Hotelzimmer hinzugeben. Doch irgendwie fühlte es sich plötzlich nicht mehr nach dem an, was ich eigentlich wollte. Und von Minute zu Minute wurde dieses Gefühl stärker. Von einem Augenblick zum nächsten fühlte ich mich ihm nicht mehr nahe. Vielleicht weil auch sein Körper jetzt so weit von mir entfernt war. Auf dem Weg vom Diner zum Auto, vom Auto zum Hotel, von der Lobby auf sein Zimmer – ständig lief er fünf bis zehn Meter vor mir und kam nicht einmal auf die Idee, auf mich zu warten. Dabei redete er in einer Tour vor sich hin und wirkte unglaublich hektisch, so als hätte er gerade ein ganzes Gramm Kokain auf einmal gezogen.

Er zog seine Karte durch den Schlitz, öffnete die Tür, hängte das »Bitte nicht stören!«-Schild nach draußen und grinste mich lüstern an. Eine liebevolle Umarmung wäre mir lieber gewesen. Ehrlich gesagt wäre mir in diesem Moment sogar eine Wurzelbehandlung lieber gewesen!

»So, wollen wir doch mal schauen, was die Minibar so hergibt. Was möchtest du trinken, Jenny?«

»Nichts, danke.«

»Nichts ist aus, aber hier hätten wir noch zwei Fläschchen Jim Beam und Coke ist auch da. Na, das passt doch!«

Ich setzte mich auf die Kante des Bettes, nahm widerspruchslos das Glas mit dem grauenhaften Whiskey-Cola-Gemisch, das Phillip mir erwartungsvoll vors Gesicht hielt, schaute es einen Moment lang an und trank es dann in einem Zug leer. Derweil fummelte er an seinem iPhone herum. Aber statt unsere Musik »aufzulegen«, quälte er mich nun mit elektronischen Klängen, während er sich zu mir aufs Bett setzte und seinen Arm um mich legte.

Tears on my pillow
Wo war unser Soul? Wo war unsere wundervolle Welt? Ich fühlte mich bedrängt und wollte raus aus diesem Zimmer, doch ihn zu verlassen, brachte ich nicht übers Herz. Zu groß war die Angst, meinen Traum zu verlieren. Meine innere Stimme befahl mir, aufzustehen und die Tür dieses Zimmers hinter mir zu schließen. Doch die Angst davor, damit auch die Tür zu dem Menschen zu verschließen, der mir all diese wundervollen Briefe geschrieben hatte, kämpfte dagegen an – und gewann. Phillip wusste genau, dass ich aufgegeben hatte. Dass er sich nehmen konnte, wonach er den ganzen Abend gelechzt hatte. Ich sagte kein Wort, als seine kühlen Hände meine Brust berührten, nur um kurze Zeit später meine Scham zu ertasten. Er versuchte gar nicht erst, mich zu erregen, zu erpicht war er darauf, endlich seine Trophäe zu ergattern.

Dieses Mal verwöhnte ich ihn nicht, ich fasste ihn nicht einmal an. Ich lag nur auf dem Rücken und ertrug stoisch seine Berührungen, bis er in mich eindrang. Der

Schmerz war kurz und reißend; er hatte Probleme, in mich einzudringen, denn ich war weder feucht noch kam ich ihm irgendwie entgegen. Tränen standen in meinen Augen. Nicht wegen des Schmerzes in meinem Schoß, sondern wegen des in meinem Herzen. Ich flehte das Schicksal an, dass es schnell zu Ende gehen möge, doch trotzdem fühlten sich die wenigen Minuten, die er stöhnend und schwer auf mir lag, für mich an, als wäre die Zeit stehen geblieben.

Als er endlich fertig war und im Badezimmer verschwand, konnte ich es gar nicht erwarten, den Raum zu verlassen. Kleid und Mantel warf ich mir in Rekordzeit über, die Schuhe nahm ich in die Hand und lief, ohne mich umzusehen, direkt zum Lift. Barfuß stand ich vor dem Hotel und der Regen, der in der Zwischenzeit eingesetzt hatte, vermischte meine Tränen und meine Wimperntusche zu kleinen schwarzen Bächen, die meine Wangen herunterliefen. Ich wollte nur nach Hause, in mein Bett. Und allein sein. Ich wünschte, es wäre nie passiert, ich war nun einsamer als vorher.

Big girls don't cry
Als wir uns im April wiedersahen, waren wir eher Freunde als Geliebte. Wir sprachen über all das, was im Dezember nicht hätte passieren dürfen. Kaum saßen wir in seinem Auto, bemerkte er mein Parfum und erinnerte sich an meinen ersten Liebesbrief. Doch alles, was er sagte, all diese Erinnerungen waren voller Kälte. Nichts war mehr so wie

in den ersten Tagen, als wir Hand in Hand durch die Berliner Nacht liefen. Ein Revival schien undenkbar.

An seinem letzten Abend in Berlin kamen wir uns dennoch wieder näher. Nicht auf körperlicher Ebene, aber meine Gefühle begannen trotzdem noch einmal eine kurze Achterbahnfahrt. Es war mein Geburtstag und er gab mir das perfekte Geschenk: *The Great American Songbook*. Er hatte sich Gedanken gemacht. Dieses Mal versuchte er nicht, sich hinter teuren Klamotten oder den Fassaden großer Hotels zu verstecken. Dieses Geschenk kam von Herzen. Es war authentisch. Würde er in Berlin wohnen, wäre alles anders, sagte er, als er mir das Geschenk übergab. Aber war nicht da, wo ein Wille war, auch ein Weg?

Auf das persönliche Geschenk, das ich ihm einige Tage nach seiner Heimreise zuschickte, reagierte er erst Wochen später. Seine abschließenden Worte, er würde für die nächsten zwei Jahre erst einmal Heidelberger Student bleiben, klärten unser Verhältnis.

Memories are made of this

Das KaDeWe war mein Zufluchtsort. Es war der einzige edle Ort in Berlin, den ich nicht mit ihm verbinde. Wenn ich hin und wieder morgens in meiner Abendgarderobe das riesige Kaufhaus betrat, fühlte ich mich wie Audrey Hepburn in *Frühstück bei Tiffany*. Es war meine persönliche Katharsis.

Auch der 16. August war wieder so ein Tag. Dieses Mal traute ich mich sogar zu Tiffany & Co. im KaDeWe. Dort verfiel ich sofort einem dreireihigen Perlenarmband. »Das gehört zur Gatsby Collection.« Die Verkäuferin lächelte mich an und übergab mir eine hochwertige Broschüre. Schmunzelnd verließ ich den Juwelier und lief, die Broschüre wie einen Schatz mit beiden Händen fest an meine Brust gedrückt, in die Parfümerie.

Die stets aufmerksame, aber auch immer ein wenig aufdringliche Verkäuferin kümmerte sich gerade um ein junges Pärchen. Das war perfekt, denn so konnte ich mich durch die Düfte des alten Hollywoods schnuppern, ohne belästigt zu werden. Doch plötzlich erschrak ich. Ein vertrautes Gesicht. Er. Mit einem Mädchen. Was tat er hier? An meinem Zufluchtsort?

Mir wurde schlecht. Ob er mich bemerkt hatte? Falls ja, ließ er sich nichts anmerken. Ich wollte nur noch raus. Die Gelassenheit der Holly Golightly war im Bruchteil einer Sekunde verschwunden. Ich fühlte mich wie in einem schlechten Film.

The world will always welcome lovers, as time goes by
Das KaDeWe war der letzte Ort, an dem ich mit der Begegnung mit einer unerfüllten Liebe gerechnet hatte. Vor allem wenn diese Liebe am anderen Ende des Landes wohnte. So musste sich Humphrey Bogart in *Casablanca* gefühlt haben, als Sam am Klavier das »verbotene Lied« klimperte, das ihn an Ingrid Bergmann erinnerte und sie dann mit ihrem Mann erblickte.

Ich weiß nicht, ob die ganze Geschichte genauso schmerzhaft gewesen wäre, wenn er mir körperlich nicht so nahe gekommen wäre. Aber eines weiß ich: Sollte ich jemals wieder einem Mann begegnen, der meine Leidenschaft teilt, der mich versteht und weiß, was mir *A Wonderful World* bedeutet – niemals werde ich mich ihm hingeben, bevor ich dazu bereit bin. Denn dieser Schmerz ist größer, als jeder Verlust es sein kann.

Jennifer Biernat / 26 / Berlin

Like a Virgin

25 Kerzen brannten auf der Torte, die mir von meinen Freunden aufgetischt wurde. 25. Ein viertel Jahrhundert. Wow! Aber irgendwie auch ein seltsames Alter. Man war schon lange kein flippiger Teenie mehr und dennoch versuchte man, sich mit aller Gewalt ein bisschen Jugend zu behalten. Da waren alle meine Freunde sich ziemlich ähnlich – alle Teenager im Kopf.

Wäre es nach mir gegangen – aber nach mir ging es eher selten oder besser: nie –, hätte ich keinen Kuchen, keine Kerzen, keine Girlanden und auch keine Geschenke, um die sich meine Freunde schon Wochen vorher einen Kopf gemacht hatten, gebraucht. Ich war ein Geburtstags-Grinch, wenn auch nur bei meinem eigenen. Ich stand einfach ungern im Mittelpunkt. Dass sich das an diesem Tag jedoch ändern würde, wagte ich mir in diesem Moment nicht auszumalen. Der Plan war: Wir würden vorglühen, uns hübsch machen und in den nächsten Zug steigen, der uns zu unserer liebsten Partylocation bringen würde.

So fanden wir uns einige Stunden später, mehr blau als nüchtern, im Pulp wieder – ein kleiner, aber feiner Rockschuppen – und bestellten die erste Runde, bevor wir uns auf die Tanzfläche stürzten und zu Brody Dalles röhrender Stimme abrockten. Der Laden war gut gefüllt und schon bald fiel er mir ins Auge. Mit einer Flasche Bier in der Hand stand er ganz in unserer Nähe und grölte die meisten Lieder – von Nirvana über Papa Roach – laut mit, während er sich langsam, aber sicher in unsere Gruppe einfügte. Einfach so legte er seinen Arm um Alex, meinen besten, schwulen Freund, und sang mit uns um die Wette. Na ja, vielleicht war es auch mehr ein Brüllen. Rein optisch ähnelte er Jason Statham: groß, markantes Gesicht, kurz geschorene Haare, Dreitagebart – genau mein Typ. Aber so wie er mit Alex abging, schätzte ich meine Chancen eher gering ein.

Erst ein wenig später bekamen wir die Möglichkeit, uns ein bisschen zu unterhalten. Ich war weiterhin felsenfest davon überzeugt, dass der Kerl genauso schwul war wie Ricky Martin.

»Wann hast du Geburtstag?«, fragte er aus heiterem Himmel.

»Ich? Ähm … 12. August. Warum?« Ich war ziemlich überrascht. Wer fragt denn jemanden, mit dem man sich gerade mal fünf Minuten unterhalten hatte, nach seinem Geburtsdatum?

»Aaah«, sagte er und grinste zufrieden. »Ein Löwe!«

»Ja, genau!« Nun war ich wirklich baff. Die wenigsten Männer interessierten sich für Sternzeichen und kannten gerade mal ihr eigenes. Was mich noch mehr in meiner Annahme bestätigte, dass der Herr wirklich vom anderen Ufer stammen musste.

Ihm schien die Überraschung in meinen Augen nicht entgangen zu sein. »Ich bin Schütze!«, fügte er noch mit einem Augenzwinkern hinzu und nippte an seinem Bier. Ich musste mir ein Augenrollen verkneifen. Ohne jetzt groß über Astrologie reden zu wollen, wunderte mich das gar nicht. Weshalb? Weil ein Großteil meines Freundeskreises aus Schützen bestand und ich mich hin und wieder fragte, ob ich die November-/Dezember-Kinder anzog, als hätte ich Zucker am Arsch kleben. Mit einem »Oh! Mando Diao!« riss er mich aus meinen Gedanken und zurück auf die Tanzfläche zu den anderen.

»Sag mal, wie heißt du eigentlich?«, fragte ich ihn einige Zeit später in der Runde. Augenblicklich war jede Lässigkeit von ihm gewichen und er stammelte unkontrolliert vor sich hin, in der Hoffnung, der Frage ausweichen zu können.

»Das ist mir ein bisschen peinlich!«

Das machte uns noch neugieriger und wir ließen nicht locker.

Schließlich setzte er an: »Meine Mutter ist ein totaler Schweden-Fan und damals ...«

Viel weiter kam er nicht, da warf meine Freundin Sonja schon ein: »Oh mein Gott, er heißt Billy!«

»Quatsch! Aber meine Mutter liebte die Geschichte von Nils Holgersson so sehr und so kam ich zu meinem Namen.« Er schaute in fragende Gesichter? Wir waren alle viel zu betrunken für große Ratespiele. »Na Nils!«, schob er schließlich hinterher.

»Alter, und dazu musst du so weit ausholen? Wenn du Kevin heißen würdest, okay – aber Nils?« Es gab so

Momente, in denen ich Sonja knutschen wollte. Das war einer von ihnen.

Die Nacht kam irgendwann zu ihrem Ende und wir wurden aus dem Klub gekehrt. Am Bahngleis tauschten Nils und ich unsere Nummern aus und er betonte, wie cool er unsere Clique fand. Erst als unser Zug kam, torkelte er nach Hause zu seinem Freund, der bereits vor einigen Stunden gegangen war.

Am nächsten Morgen war ich kaum wach, als ich auch schon Nils' Freundschaftsanfrage auf Facebook sah. Natürlich nahm ich sie sofort an. In den nächsten Tagen schrieben wir viel hin und her und quatschten über dies und jenes. Irgendwann skypten wir sogar miteinander. Es stellte sich heraus, dass er noch mit seiner Exfreundin zusammenwohnte, die ihm nicht selten beim Videochat über die Schulter sah. Sie sah gut aus – zu gut für meinen Geschmack. Sie würde in den nächsten Wochen ausziehen, dennoch sorgte dieser Umstand für einen bitteren Nachgeschmack in meinem Mund.

»Und wir dachten schon, du wärst schwul«, neckte ich ihn. Er sah mich überrascht durch die Webcam an.

»Bitte was?«

»Na, so wie du mit Alex rumgeschäkert hast, dann die Sache mit den Sternzeichen ... Das ist schon schwer verdächtig.«

»Ja, aber das war doch nur Spaß! Und ich interessiere mich halt für so was.« Wahnsinn! Eine Sorge weniger.

Bei der nächsten Nacht im Pulp durfte Nils natürlich nicht fehlen. In der kurzen Zeit hatte er sich so gut in unsere Gruppe integriert, dass sich niemand daran störte. Er gehörte einfach dazu! Und ich ertappte mich dabei, die Tage und Stunden zu zählen, bis wir uns endlich wiedersahen.

Wie üblich traf ich mich mit meinen Freunden zum Vorglühen. Sonja, Nina und Alex warteten bereits gespannt auf Informationen. Sie überfielen mich mit einer Tirade von Fragen. »Und? Wie sieht's aus?« – »Läuft da schon was? Klar läuft da was!«

Aber das waren alles Fragen, die ich nicht so recht beantworten konnte. Klar, Nils flirtete mit mir. Aber wir hatten uns seit dem Abend, an dem wir uns kennengelernt hatten, nicht mehr gesehen und nur aufgrund der Skype-Chats würde ich mir keine großen Hoffnungen machen.

Als Alex forsch fragte: »Weiß er, dass du noch Jungfrau bist?«, seufzte ich laut auf. Es war klar, dass diese Frage früher oder später kommen würde. Ich schüttelte den Kopf. Man gestand niemandem über Webcam, dass man mit 25 Jahren noch nie eine Beziehung gehabt hatte. Wie hoch stünden denn danach meine Chancen? Nils müsste ja wirklich glauben, mit mir wäre irgendetwas nicht in Ordnung!

»Ach, Caro, chill mal! Nichts macht einen Mann mehr an, als der Erste zu sein!« Alex hatte gut lachen. Im Lexikon stand neben dem Wort »Promiskuität« sein Name. In großen Lettern. Mit doppelter Unterstreichung. Ich hingegen war ganz offensichtlich das komplette Gegenteil. Ich konnte nicht mal wirklich erklären, warum ich so lange gewartet hatte. Weder war ich besonders religiös, noch war ich verklemmt. Während ich auf »den Richtigen« gewartet

hatte, war die Zeit einfach irgendwie an mir vorbeige-
rast. Und je älter man als Jungfrau war, umso vorsichtiger
wurde man. Irgendwann hielt man sich für einen dieser
Talkshow-Loser, die vierzig und immer noch unberührt
waren. Es war nicht so, dass mir nie jemand auf der Straße
hinterherguckte, aber um es mit Robin aus *How I Met Your
Mother* zu sagen: »Es sind immer nur die Loser!«

Als ich später im Pulp Nils an der Theke stehen sah,
hatte er mich längst erspäht und umarmte mich innig.
Auch ein Küsschen auf die Wange gab es und ich merkte,
wie mir dabei die Röte ins Gesicht schoss. Meine Freunde,
das Teufelstrio, hatten sich in der Zwischenzeit auf die
Tanzfläche verdrückt und ließen mich dezent im Stich.
Nils nahm mich an der Hand und führte mich zum Außen-
gelände, um eine zu rauchen. Während er redete, hing
ich an seinen Lippen, saugte jedes seiner Worte auf und
lachte, wenn es mir angemessen schien. Es tat gut, sich
mit ihm unter vier Augen zu unterhalten, ihn ganz für
mich zu haben. Da zog er mich schließlich an sich und
küsste mich. Schmetterlinge waren ein Witz dagegen! Mir
wurde schwindelig und als wir unsere Lippen nach einer
gefühlten Ewigkeit voneinander lösten, musste ich mich
am Geländer festhalten, da ich fürchtete, meine Knie
würden nachgeben. Nils lachte darüber auf so charmante
Art und Weise, dass ich errötete.

»Ohne dich geh ich heute nirgendwohin«, flüsterte er,
als er seine Arme um mich legte. Mir ging es ganz ähnlich.
Wo vorher noch Zweifel gewesen waren, hatte Nils sie
spätestens zu diesem Zeitpunkt weggeblasen.

Erst viel später gingen wir wieder zurück zu meiner Partycrew – oder besser dem, was von ihr übrig geblieben war. Denn Alex war laut Nina treu seinem Motto vor einer halben Stunde mit einem anderen Kerl auf der Toilette verschwunden. Er war einfach unverbesserlich! Sonja grinste Nils und mich verschwörerisch an und mir war klar, dass ich ihr nichts erzählen musste. Anders als Nina, die in solchen Dingen gern mal auf dem Schlauch stand. Wir verabschiedeten uns von allen, als Alex ein paar Minuten später wieder zurück zu unserer Truppe stieß, und ernteten von ihm ein anerkennendes Pfeifen. »Kommt gut heim!«, riefen meine Freunde uns hinterher.

Wir fuhren mit dem Zug zu Nils nach Hause. Er wohnte gut vierzig Kilometer entfernt und schon während der Fahrt konnten wir die Finger nicht voneinander lassen. Zum Glück war seine Wohnung nicht weit weg vom Bahnhof. Im Hausflur küssten wir uns innig und ich konnte erst wieder Luft holen, als Nils eine Pause machte und die Tür aufschloss. Als sie hinter uns ins Schloss fiel, hielt ich inne und biss mir auf die Unterlippe. Wenn es einen Augenblick gab, in dem ich noch alles gestehen konnte, dann jetzt!

»Ich habe noch nie ...«, flüsterte ich, indem ich all meinen Mut zusammennahm. Nils sah mich irritiert an. Logisch, ich hätte wohl genauso reagiert.

»Wie meinst du das?«, hakte er nach und zog dabei seine Augenbraue im Hugh-Jackman-Stil nach oben. Ich wäre am liebsten dahingeschmolzen.

»Na ja, ich habe noch nie ... Ich bin noch Jungfrau«, stammelte ich mit belegter Stimme und erwartete, dass

Nils laut auflachen würde. Aber meine feinen Ohren vernahmen nichts dergleichen.

»Warum hast du das denn nicht vorher gesagt?« Zärtlich streichelte er mit seiner Hand über mein Gesicht, bis sein Daumen an meinem Kinn zur Ruhe kam.

»Willst du noch warten?«, fragte er vorsichtig, doch ich schüttelte bestimmt meinen Kopf. Ich hatte lange genug gewartet, verdammt noch mal. Wie lange sollte ich denn noch warten? Bis ich von einem Dachziegel erschlagen und meinen Grabstein die Inschrift »Ungeöffnet zurück« zieren würde? Nein! Ich wollte Nils. Jetzt!

Wieder schenkte er mir dieses Lächeln, für das ich sterben würde, und küsste mich leidenschaftlich. Während des Kusses wanderte seine Hand unter mein Oberteil und streichelte mir über den flachen Bauch. Dann packte er mich an der Hüfte und zog mich bestimmt ins Schlafzimmer. Vor Aufregung kam ich gar nicht dazu, Nils' modern eingerichtete Wohnung zu bestaunen. Doch allein die Strecke von der Wohnungstür zum Schlafzimmer ließ erahnen, dass sie riesig sein musste. Auf dem Weg zog er mir das T-Shirt aus und warf es gleichgültig auf den Parkettboden, bevor er an meinem BH nestelte und den Verschluss öffnete. Seine Gier nach mir schmeichelte mir, doch gleichzeitig überkam mich ein wenig Angst. Ich ließ meine Finger einen Moment auf seinem trainierten Oberkörper ruhen, bevor ich mich dazu überwand, ihm das Shirt auszuziehen. Nils küsste mich wieder und schnappte mit den Zähnen nach meiner Unterlippe, die ich ihm sofort entzog, woraufhin er meinen Hals mit kleinen, aber feurigen Küssen übersäte. Er hob mich hoch und setzte mich aufs Bett, auf dem ich mich zurücklehnte und ihn auf mich zog. Wieder küssten wir uns und trennten unsere Münder erst, als ich es nicht schaffte, seine Hose zu öffnen, da ich meine zittrigen Finger nicht unter Kontrolle hatte. Wir lachten darüber und er half mir dabei, seinen Gürtel zu lösen und den Knopf seiner Jeans zu öffnen, aber eigentlich wollte ich am liebsten in einem schwarzen Loch im Boden versinken.

»Hey, alles in Ordnung!«, sagte Nils, noch immer lachend, als er sich die Hose abstreifte. Ich nickte zaghaft, noch immer das peinlich berührte Grinsen auf meinen Lippen, und zog seinen Kopf schnell zu mir, um ihn zu küssen. Seine Hände streichelten über meine kleinen Brüste und er glitt mit seinen Fingern spielerisch über meine Brustwarzen. Als er mit seiner Hand unter meinen Rock fuhr, hörte ich mich leise seufzen und sah, wie ein zufriedenes Lächeln über Nils' Gesicht huschte. Er hielt sich nicht lang mit Kleinigkeiten auf und befreite mich von meinen übrig gebliebenen Kleidungsstücken, bevor er sich auch seine eigenen Shorts auszog. Nun wird es also ernst, dachte ich und wieder überkam mich eine Welle der Panik, die ich mit aller Kraft zu unterdrücken versuchte. Was, wenn ich mich komplett blamieren würde? Und die beliebteste Frage aller Jungfrauen: Tut es so weh, wie alle sagen?

Doch Nils gab sich alle Mühe, um es mir so angenehm wie möglich zu machen. Er küsste mich innig, hauchte mir noch einen sanften Kuss auf den Hals und flüsterte dann: »Letzte Chance! Wenn du nicht möchtest, können wir es auch lassen.« Abermals schüttelte ich den Kopf. Das kam gar nicht in Frage! Ich war schließlich nicht so weit gekommen, um dann den Schwanz kurz vor der Ziellinie einzuziehen!

»Auf gar keinen Fall!«, hauchte ich und wieder lachte er. Er ließ kurz von mir ab, kramte in der Schublade seines Nachttisches und zog sich ein Kondom über. Dann kam er zurück zu mir. Langsam drang er in mich ein und entlockte mir ein lustvolles Stöhnen. Ja, es tat weh. Aber es war ein wohliger Schmerz, der einen hungrig nach mehr werden ließ. Angespornt durch meine Lustlaute wurde Nils langsam schneller und küsste mich am Hals und auf meine Brustwarzen, während ich mich mit meinen Armen an seinem Rücken festhielt. Ich konnte Nils ansehen, wie sehr er sich zurückhalten musste, und dass ich meine Fingernägel in seinen Rücken grub, machte es kaum besser. Hin und wieder keuchte er laut auf und sein heißer Atem auf meiner Haut bescherte mir eine Gänsehaut. Seine Stöße nahmen an Stärke zu und ich stöhnte immer lustvoller. Es dauerte nicht sonderlich lang, bis Nils in mir kam, aber ich konnte mich nicht beschweren. Mein erstes Mal war wesentlich besser gewesen, als ich es mir ausgemalt hatte. Nach Atem ringend legte Nils legte sich neben mich und sah mich neugierig an. Statt ihm auf die offensichtliche Frage zu antworten, küsste ich ihn und kuschelte mich an seinen aufgeheizten Körper.

Das alles ist nun vier Jahre her und ich möchte diese Nacht um nichts auf der Welt missen. Mittlerweile sind Nils und ich verlobt und werden dieses Jahr noch heiraten, im Kreis unserer Liebsten. Da soll noch mal jemand sagen:

»Den Ersten heiratet man nicht!« Ich kann mir keinen besseren Mann für mich vorstellen als Nils. Und genau deswegen bereue ich es nicht, so lange gewartet zu haben. Er ist der erste Mann für mich: im Bett, in der Ehe – und wenn es das Leben so will, wird er auch der einzige bleiben.

Carolin Jablonski / 29 / Krefeld

Ein Swimmingpool zu viel

»Nun mach schon, Mel, du kommst noch zu spät!« Lisa trieb mich schon den ganzen Tag wie in einer Folge von *Shopping Queen* vor sich her. Erst in ihre Lieblingsboutique, um das verführerische Kleid zu kaufen, das mir laut meiner Freundin wirklich vorzüglich stand – ein Traum in dunklem Rot mit einem Rückenausschnitt fast bis zum Po –, dann in ihren Lieblingsschuhladen, um mich mit dem passenden Schuhwerk für den Abend auszustatten – pechschwarze Peep-Toes mit unverschämt hohen Pfennigabsätzen –, und zum krönenden Abschluss zu ihrem Lieblingsfriseur, der aus meinem etwas vernachlässigten Haar der Marke Straßenköter ein dunkelblondes Kunstwerk schuf. Nun stand ich vor dem Spiegel und war nervös wie ein Teenager vor dem ersten Date.

»Vielleicht kommt er ja gar nicht«, sagte ich, während ich mit dem Abdeckstift die letzten Unzulänglichkeiten meines Gesichts zu verbergen versuchte.

»Ach was! Warum sollte er nicht kommen? Es ist endlich mal an der Zeit, dass du an den Richtigen gerätst.« Lisa hatte gut reden. Seit ihrer Heirat mit Andreas lief alles bei ihr fantastisch. Ich mochte ihn nicht besonders, seine

»Mein Haus, mein Auto, mein Boot!«-Attitüde ging mir gehörig auf die Nerven. Aber vielleicht war das einfach der Preis, den man – also in diesem Fall Lisa – für Annehmlichkeiten wie eine Eigentumswohnung an der Alster, ein Mini-Cabriolet und ausgedehnte Karibikurlaube zahlen musste. Mich selbst hatte dieser Abend, noch bevor er überhaupt begonnen hatte, bereits vierhundert Euro gekostet. Fast einen halben Monatslohn. Ich konnte nur hoffen, dass Nico tatsächlich mein weißer Ritter würde.

Ich hatte ihn – wie das heute so üblich ist – auf Facebook kennengelernt. Er war sehr charmant, Mitte dreißig, ein gut situierter Anwalt und optisch echt ein Leckerbissen. Zumindest falls man seinen Bildern trauen konnte. Bisher hatten wir nämlich nur nächtelang gechattet und einige Stunden miteinander telefoniert. Heute sollte die Nacht der Nächte werden. Nico war beruflich in der Stadt und wir hatten uns in seinem Hotel verabredet. Fünf Sterne und die Bar auf dem Dach mit Aussicht über den Hamburger Hafen. Der Blick auf die dort liegende Queen Mary 2 war atemberaubend. Eine perfekte Kulisse für ein erstes Date.

Mittlerweile war es halb zehn. Ich saß an der Theke und bestellte bereits den zweiten Swimmingpool. Nico war schon dreißig Minuten zu spät! Das fing ja gut an. Das war wieder mal so typisch für mich. Warum konnte nicht einfach mal irgendwas reibungslos klappen? Kein Mann mit Stil ließ eine Frau dreißig Minuten lang warten! Noch dazu, ohne Bescheid zu geben – und beim ersten Date schon gar nicht! Na, der würde vielleicht was zu hören bekommen! Ich beschloss, mir für die geplante Standpauke noch etwas mehr Mut anzutrinken. Als ich beim Barkeeper meinen dritten Cocktail bestellte, bemerkte ich, dass das hochtoupierte Kunstwerk auf meinem Kopf inzwischen bereits etwas weniger kunstvoll wirkte. Auf der Toilette, die fast so groß wie mein Wohnzimmer war, betrieb ich Schadensbegrenzung und zog mir vor dem mannshohen Spiegel die Lippen nach. Dann bewunderte ich mein Dekolleté, das in dem neuen Kleid super zur Geltung kam. Du bist eine tolle Frau, Melanie! So!

Viertel vor zehn. Ich hatte die Hoffnung noch nicht aufgegeben, mich heute von meinem weißen Ritter retten zu lassen, aber meine Zweifel wuchsen von Drink zu Drink. Nur in einem war ich mir sicher: Ganz egal, wie gut Nicos Entschuldigung auch ausfallen würde – heute Nacht würde ich nicht mit ihm ins Bett gehen. Strafe muss sein! Am besten rief ich ihn an. Ja, das war eine gute Idee … Ich wählte seine Nummer, aber alles, was ich hörte, war die Ansage, dass der Teilnehmer im Moment nicht zu erreichen war. Meine Laune sank noch tiefer als die Titanic. Daran änderte auch der herrliche Ausblick von der Hotelterrasse auf den Hamburger Hafen mit seinem Industriecharme nichts. Inzwischen gänzlich ohne Hoffnung setzte ich mich zurück an die Bar und bestellte den vierten Swimmingpool.

»Bonsoir, Mademoiselle.« Hm? Wer war er denn? Ein etwas zu kurz geratener und ziemlich fülliger Mann säuselte mich auf Französisch an. Das hatte mir gerade noch gefehlt! »Je suis Gérôme«, fuhr er fort.

»Und ich spreche kein Französisch!«, herrschte ich ihn an.

»Oh, pas de problème, isch spresche ein wenig allemand.«

»Passen Sie mal auf: Ich bin hier verabredet, okay? Seien Sie mir nicht böse, aber ich bin nicht zum Flirten hier.«

»Sie sind schon seit über einer Stunde 'ier. Und Ihre Begleiter kann isch nischt entdecken, non.«

In diesem Augenblick war mir nicht klar, was mich wütender machte. Das säuselnde Deutsch-Französisch von Gérôme oder die Tatsache, dass Nico noch immer nicht aufgetaucht war.

Gérôme gab nicht auf. »Vielleischt kann isch Ihr Begleiter sein 'eute Nacht? Was muss isch Ihnen bezahlen, um diese Nacht mit Ihnen verbringen zu dürfen, werte Dame?«

Was?! Hat dieser hässliche kleine Franzose gerade wirklich gefragt, für wie viel Geld er mit mir ins Bett dürfte? Ich war fassungslos, beleidigt und wütend zugleich.

»Was erlauben Sie sich eigentlich?« Mein Herz schlug mir bis zum Hals. »Halten Sie mich etwa für eine Prostituierte?!«

»Pardon, Mademoiselle, Sie sind allein 'ier und von da'er dachte isch ...« Mein angewiderter Blick brachte ihn zum Schweigen und er ging mit hängenden Schultern zurück an seinen Tisch.

Dachte dieser Typ tatsächlich, dass ich eine Nutte war? Nein, oder? Obwohl, ganz so abwegig war der Gedanke ja nicht ... Eine Frau, die seit geraumer Zeit allein in der Bar eines Fünf-Sterne-Hotels saß und einen Cocktail nach dem nächsten schlürfte – da konnte man schon mal auf dumme Gedanken kommen. Was für ein beschissener Abend das war! Tränen schossen mir in die Augen und ich versuchte vergeblich, ein Schluchzen zu vermeiden. Plötzlich kam ich mir unendlich lächerlich vor. Diese absurde Frisur, das übertriebene Kleid, die Schühchen, die vierhundert Euro, die ich investiert hatte in die Hoffnung, heute Abend den Mann meines Lebens zu treffen. Wie alt war ich eigentlich? Zwölf? Was hatte ich geglaubt? Dass das Märchen von Aschenputtel Wirklichkeit werden würde? Supermarkt-kassiererin heiratet reichen Anwalt und reitet mit ihm in den Sonnenuntergang? Sicher, Lisa war mehr als optimis-tisch gewesen, dass Nico nicht nur ein toller Mann war, sondern bereits an meinem Haken hing. Immerhin war es bei Andreas und ihr ähnlich abgelaufen. Dabei hätte ich es mir doch denken können. Es klang einfach zu schön, um wahr zu sein! Statt mit Nico Pläne für unsere gemeinsame Zukunft zu schmieden, saß ich verheult und betrunken an dieser beschissenen Bar mit dem gegelten Barkeeper, der mich nicht einmal ansah, während er meinen nächsten Drink mixte.

Und plötzlich, ganz plötzlich, begann ich, ernsthaft über Gérômes Angebot nachzudenken. Immerhin war ich schon mal mit einem Dicken im Bett gewesen und es gab Schlimmeres. Aber nicht für Geld ... Ich war doch keine Hure! Dabei klang das Wort »Hure« irgendwie anders als »Nutte«. Es klang erhabener, selbstbestimmter. Sollte ich es wagen? Das Geld konnte ich auf jeden Fall gut gebrau-chen. Aber was, wenn Nico doch noch kam? Das war jedoch eher unwahrscheinlich. Quatsch, sogar unmöglich! Es war bereits kurz nach elf. Niemand kam zwei Stunden zu spät zum ersten Date. Ich sah mich um.

»Gérôme!« Ich lockte ihn mit meinem Zeigefinger herbei. Eine Geste, die mir in meinem betrunkenen Zustand unheimlich lasziv vorkam. Ich war der festen Überzeugung, er würde mich ignorieren. Doch das Gegenteil war der Fall. Es schien, als hätte er auf mich gewartet, und er wirkte keinesfalls verärgert. »Sie dürfen misch Melanie nennen, Gérôme.« Ich konnte nicht anders, als seinen französischen Akzent nachzuäffen, und musste lachen. Wahrscheinlich des vielen Alkohols wegen. Gérôme lächelte zurück und rückte seinen unförmigen Körper in einer grotesk anmutenden Verrenkung näher an mich heran. Ich musste wieder an Nico denken und fand mittlerweile sogar Gefallen an dem Gedanken, wie er mich in der Begleitung eines Mannes sah, dem ich offensichtlich ein paar Drinks wert war. Das würde ihm recht geschehen!

»Nehmen Sie noch einen Drink, Mademoiselle?«

»Sehr gern!«

Wir bestellten in immer kürzeren Abständen neue Drinks. Hin und wieder lachten wir über Nico, der noch immer nicht aufgetaucht war. Und irgendwann sagte ich diesen einen Satz, der mein Leben verändern sollte:

»Es kostet tausend Euro für eine Nacht, Gérôme!« Ich sah ihn an und war ziemlich sicher, dass er ablehnen würde. »Und du bezahlst die Drinks!«

»Abgemacht. Isch 'abe eine Suite hier, nur eine Etage tiefer. Trinken wir noch aus?«

Mist! Mir wurde schlecht. Natürlich wollte ich austrinken und war mehr als froh, dass mein Glas noch fast voll war.

»Garçon, die Reschnung, s'il vous plaît.«

»Für die Dame auch, Monsieur?«

»Bien sûr, für die bezaubernde Dame auch.«

Er holte eine Geldklammer mit einer Menge Hunderteuroscheinen heraus, bezahlte und sah mich triumphierend an. Am Geld würde es also nicht scheitern. Mir wurde wieder übel.

Trotz meiner Zweifel folgte ich Gérôme wortlos in den Fahrstuhl, als wir ausgetrunken hatten. Seine Suite hatte Fenster von der Decke bis zum Boden und draußen sah ich wieder die Queen Mary 2 an den Docks liegen. Ich ließ mich auf der breiten Couch in der Mitte des Zimmers nieder und versuchte, noch etwas Zeit zu gewinnen. Gérôme holte indes zehn Hunderter heraus, die sein Bündel kaum schmaler werden ließen, und legte sie auf den Beistelltisch. Ich griff zu. Für tausend Euro würde ich jetzt den Rest der Nacht mit einem übergewichtigen Franzosen verbringen.

Gérôme verschwand in der Dusche und ich überlegte kurz, einfach abzuhauen. Aber es reichte, dass ich mich zu einer Hure machen ließ – eine kriminelle Hure wollte ich nicht sein. Ich saß noch immer auf der Couch, die gemachten Nägel im weichen Velours vergraben, als Gérôme, nur mit einem Handtuch bekleidet, zurück aus dem Badezimmer kam. Als ich sein Lächeln sah, überkam mich der Ekel. Eine Bauchfalte ragte über das Handtuch und ich fragte mich, ob er überhaupt seinen Penis sehen konnte. Die vereinzelten Haare auf seiner Brust standen senkrecht empor und widerten mich an. Als er sich zur Minibar drehte, sah ich auf seinen Hintern und wusste, dass ich mir von da an über Cellulite keine Gedanken mehr zu machen brauchte.

Nachdem Gérôme uns Drinks eingegossen hatte, setzte er sich zu mir auf die Couch und fing an, mich zu befummeln. Er öffnete den hinteren Reißverschluss meines Kleides und schob die Träger herunter. Dann küsste er meinen Hals und ich versuchte mit verkrampften Bewegungen, seine fettige Haut zu streicheln. Seine dicken Finger schoben sich unter meinen BH und massierten meine Brustwarzen. Er gab sich wirklich Mühe, doch ich blieb teilnahmslos. Ich zwang mich, seinen inzwischen steifen, aber nicht sehr großen Schwanz zu ertasten. Dann drückte er meinen Kopf nach unten. »Komm schon, Chérie, mach es mir mit dem Mund.«

Ich ging hinunter auf die Knie, schob sein Handtuch beiseite und seine Bauchfalte nach oben, schloss meine Augen und fing an zu blasen. Gérôme stöhnte, während er mit seiner linken Hand meine Frisur durcheinanderbrachte. Er murmelte etwas auf Französisch, das ich nicht verstand, und drückte dabei meinen Kopf so fest gegen seinen Schoß, dass ich würgen musste. Na wunderbar! Eigentlich blies ich gern, aber Gérômes Teil im Mund zu haben und gleichzeitig mein Gesicht in sein weiches Fleisch gedrückt zu bekommen, war einfach nur widerlich. Außerdem war Oralverkehr für mich viel intimer als richtiger Sex. Normalerweise blies ich einem Typen nie einen beim ersten Mal. Sex war okay, aber gleich seinen Schwanz in den Mund zu nehmen, das war ein No-Go.

Ich beschloss, die Initiative zu ergreifen, und richtete mich auf. Dann zog ich mein Kleid aus, entledigte mich meiner Unterwäsche und holte ein Kondom aus meiner Handtasche. Ich stand vor ihm und sah ihn auffordernd an.

»Lass uns ins Bett gehen, Gérôme. Schlaf mit mir!«

Gérôme wackelte vor mir her ins Schlafzimmer. Das Queensize-Bett war unberührt. Er legte sich darauf und bat mich mit einer winkenden Armbewegung zu sich. Ich packte das Kondom aus und zog es ihm über den Schwanz.

»Wie willst du es?«

»Von 'inten, ma chère.«

Als ich mich positionierte und er in mich eindrang, bemerkte ich, dass ich ziemlich trocken war. Es tat sehr weh, was Gérôme augenscheinlich nicht weiter störte. Immer wieder stieß er mit seinem Bauch gegen meinen Hintern und schwitzte bereits nach wenigen Augenblicken so heftig, dass seine Hände von meiner Taille abrutschten. Er begann zu stöhnen und ich hoffte, dass es möglichst schnell vorbeigehen würde.

»Na, das gefällt dir, du beschissene Nutte, was?«

Was? Wo war sein französischer Akzent und warum kam mir seine dunkle Stimme plötzlich so bekannt vor?

»Nico?« Ich war wie gelähmt. Das war eindeutig Nicos Stimme! Der Typ, der mich gerade vögelte, war Nico! Während ich noch immer völlig perplex war, zog er seinen Schwanz aus mir heraus, streifte das Kondom ab und spritzte mir sein Sperma auf den Rücken. Dann fing er laut an zu lachen.

»Du bist wie all die anderen Frauen, Melanie.«

»Wa-warum?« Mein Hals schnürte sich zu und ich blickte ihn ungläubig an.

»Weil ihr alle nur auf das eine aus seid. Auf mein Geld. Und das hast du doch bekommen, oder?«

Ich begann zu weinen. Die Tränen liefen über mein Gesicht und ich konnte kaum fassen, was gerade geschehen war. Gérôme war also Nico und hatte mich in das Hotel gelockt und mir tausend Euro bezahlt, um mit mir zu schlafen. Doch das Warum erschloss sich mir nicht. Völlig verstört raffte ich meine Sachen zusammen, warf mir mein Kleid über und versicherte mich, dass ich die tausend Euro eingesteckt hatte. Während ich im Begriff war, die Suite so schnell wie möglich zu verlassen, rief Nico mir lachend hinterher, dass ich nur eine von vielen Schlampen sei, die auf sein Profil hereingefallen waren.

Später fragte ich mich noch manchmal, was wohl mit Nico schiefgelaufen war. Vielleicht war es seine unansehnliche Gestalt, die ihn davon abhielt, ehrlich mit Frauen umzugehen? Ich sollte es nie erfahren – und das wollte ich auch gar nicht. Doch obwohl der Sex mit ihm der furchtbarste meines Lebens war, hatte er mich unabhängig gemacht. Ich habe jetzt auch ein Mini-Cabrio und eine schicke Eigentumswohnung. Gemeinsam mit Lisa jogge ich jeden Morgen um die Alster und ich bin weiterhin Kundin bei ihrem Friseur. Den Job im Supermarkt habe ich gekündigt und mich stattdessen mit meinem Körper selbstständig gemacht. Ich möchte kein Loblied auf die Prostitution singen, aber eines ist sicher: So einen respektlosen Kunden wie Nico hatte ich seitdem nie wieder! Und wer weiß? Vielleicht lerne ich ja irgendwann doch noch meinen weißen Ritter kennen. Es kann doch nicht sein, dass *Pretty Woman* nur ein Märchen war!

Melanie Schröter / 28 / Hamburg

Groupie Forever

Meine Geschichte beginnt im Juni 2005 mit einem Konzertbesuch bei Mark Knopfler in der Kölnarena. Es war mein erstes Date mit einem Mann, der damals noch verheiratet war. Er hatte gerade eine Professur für Physik in Mönchengladbach bekommen und lebte unter der Woche in einer Einliegerwohnung bei meinen Nachbarn. Michael liebte Musik. Stundenlang erzählte er mir von Fender-Gitarren oder warum Mark Knopfler, den er für den begnadetsten Gitarristen der Welt hielt, mit den Fingern und nicht mit einem Plektrum – dieses kleine Plastikscheibchen – die Gitarrensaiten zupfte. Ich dagegen wusste noch nicht mal, wer Mark Knopfler war, aber Musik liebte ich ebenfalls – und Musiker.

Das Konzert war großartig. Und obwohl Michael fast zwanzig Jahre älter war als ich, hatte ich kein Problem damit, ihn zu den Klängen von *Sultans of Swing* leidenschaftlich zu küssen. Anfangs hatten wir nur eine Affäre. Ich hasste die Wochenenden, an denen er nach Hause fuhr, um bei seiner Familie zu sein. Doch irgendwann klingelte er an meiner Tür und strahlte mich mit seinen eisblauen Paul-Walker-Augen an.

»Ich habe mich von Christiane getrennt, Kathrin. Diesmal endgültig.«

In den nächsten zwei Jahren besuchten wir unzählige Konzerte zusammen und jedes Mal wusste Michael, warum die Gitarren so klangen, wie sie eben klangen. Auch wenn ich den Eindruck hatte, dass er mit mir zwanghaft alles nachholen wollte, was er bisher aufgrund seiner zielstrebigen Karriere versäumt hatte, fühlte ich mich glücklich. Michael war der erste Mann, der mir nicht wie ein Arschloch vorkam. Er war klug, gebildet und der Mann, den ich einmal heiraten sollte.

Als wir zehn Jahre später ein altes Haus kauften, war unsere Liebe bereits ausgebrannt. Nach meiner Schwangerschaft im Jahr zuvor hatten wir vielleicht dreimal miteinander geschlafen. Michael war inzwischen Mitte fünfzig und ich begann, mir Sorgen um seine Libido zu machen. Immer häufiger sperrte er sich in seinem Musikzimmer ein und dudelte alte Mark-Knopfler-Songs vor sich hin, die mich vor zehn Jahren begeistert hatten, mich heute aber nur noch langweilten. Irgendwann dachte ich: Wenn ich nie wieder das Gitarrenriff von *Money for Nothing* hören muss, werde ich als glückliche Frau sterben!

An Michaels 55. Geburtstag lernte ich endlich seinen Sohn kennen, zu dem er aufgrund familiärer Streitigkeiten einige Jahre lang keinen Kontakt gehabt hatte. Nun hatten sich die beiden aber wieder zusammengerauft. Daniel hatte einige Jahre in den USA studiert und war vor ein paar Monaten zurück nach Deutschland gezogen. Als ich ihm die Tür öffnete, klopfte mein Herz vor Nervosität. Würde er mich mögen? Oder würde er mich hassen, weil ich seiner Mutter den Mann weggenommen hatte?

Doch Daniel lächelte mich an.

»Hey, du musst Kathrin sein.«

Das klang freundlich.

»Und du bist sicher Daniel!«

Ich lächelte zurück und wir scherzten darüber, dass er seine Mutter – wenn auch nur seine Stiefmutter – mit 27 zum ersten Mal sah. Wir lachten beide etwas verlegen.

»Daniel, schön dich zu sehen!«

Vater und Sohn fielen sich in die Arme und Michael zeigte Daniel stolz sein Gitarrenzimmer mit dem selbst gebauten Verstärker.

»Michael, Daniel! Die Gäste sind da!«

»Oh, ich hol noch meine Sachen aus dem Auto, Papa!«

Natürlich hatte Daniel eine Gitarre dabei. Doch im Gegensatz zu seinem Vater spielte er nur auf Akustikgitarren.

»Ich bin mehr so der Passenger-Typ«, sagte er und zwinkerte mir zu. Anscheinend hatte er tatsächlich kein Problem mit mir.

Im Laufe des Abends saß meine beste Freundin Pia auffallend oft und besonders auffallend eng an Daniels Seite.

»Pia, der Kleine ist noch keine dreißig!«

»Ja, und? Aber er ist heiß.«

Pia hatte recht. Daniel war verdammt heiß. Die etwas längeren Haare, die er beim Spielen auf der Gitarre hin und wieder mit einer fließenden Kopfbewegung nach hinten warf, das markante Kinn mit dem Dreitagebart und die stahlblauen Augen, die er seinem Vater zu verdanken hatte, machten aus Daniel so etwas wie einen Michael in jung, sportlich und attraktiv.

Daniel und Pia schienen sich zu verstehen. Sie lachten zusammen, tranken ein Bier nach dem anderen und irgendwann raunte Pia mir zu, ob ich kurz zusammen mit den beiden zum Auto kommen wollte. Daniel hätte was dabei.

Daniel lehnte an der Motorhaube seines orangefarbenen BMW aus den Siebzigern und drehte einen Joint. Er wirkte in seiner Lässigkeit so unfassbar sexy, dass ich gar nicht anders konnte, als mitzurauchen. Er hielt die Luft lange in seiner Lunge, legte den Kopf in den Nacken und atmete langsam den Rauch in den sternenklaren Himmel aus.

»Dass ich mal mit der Frau meines Vaters einen durchziehen würde, hätte ich auch nicht gedacht. Weiß Papa das?«

»Bist du verrückt? Der dreht schon durch, wenn ich zu nah an der Terrassentür rauche.«

»Spielst du uns was vor, Daniel? Bitte, bitte, bitte!« Pia mal wieder. Sie war immer so aufdringlich.

»Was wollt ihr denn hören, Mädels?«

»Ach, spiel einfach irgendwas!« Pia wieder. Sie war immer so anspruchslos.

»Kennt ihr den Song *Pia* von Rainald Grebe?« Na toll! Jetzt widmete Daniel ihr auch noch einen Song! Das hatte sie doch überhaupt nicht verdient.

»Nein! Spiel mal vor, spiel mal vor!«

»Ich bin bei dem Song nicht so textsicher, aber ich versuch's mal, okay?«

»Jaaa!« Oh Mann, Pia! Wer war sie? Goldie Hawn in *Groupies Forever*?!

»Okay, also denn, eins, zwei, drei ... Pia, Pia, Pia, du bist dünn wie eine Dia, Pia, Pia, Pia, wie ein Abfahrtskier, die Mutti ist schlau und der Vater tüchtig, Pia hat Pickel und ist magersüchtig ...«

Kreisch! Dazu muss man sagen: Pia hatte zwar keine Pickel mehr, aber sie war auch nicht die schlankeste Frau der Welt. Um es mal freundlich zu formulieren. Aber natürlich ließ sie sich nichts anmerken.

»Weiter weiß ich leider nicht.«

»Egal! Das war super, Daniel, einfach super!« Pia!

Super, Daniel! Super, super, Daniel! Ich bekam einen Lachflash. Klar. Das Gras begann zu wirken. Nicht nur bei mir. Auch Pia und Daniel konnten sich kaum noch halten und glucksten und gackerten wie Kindergartenkinder. Meine Augen tränten und ich musste mich an Daniels Schulter festhalten. Er legte seinen Arm um mich und seine Hand glitt wie zufällig auf meinen Po. Ein Schauer jagte durch meinen gesamten Körper. Am liebsten hätte ich ihn sofort geküsst!

Dann ging Pia in die Offensive. Doch sie scheiterte wie immer an ihrer plumpen Anmache. Sie versuchte, Daniel zu küssen, was mich ein bisschen eifersüchtig machte, doch Daniel befreite sich.

»Hey, du bist echt süß, aber ich bin gerade nicht so in Stimmung, okay?«

Pia war zu angeschickert, um sich ihren peinlichen Auftritt zu Herzen zu nehmen. Ich hoffte, dass Daniel nur nicht in Stimmung für sie war, denn ich bekam meine schmutzigen Gedanken nicht mehr aus dem Kopf. Das Gras verstärkte das Verlangen, das sich seit Daniels Berührung in mir ausbreitete, nur noch.

Wir gingen zurück ins Haus. Die Party lief wie in Zeitlupe vor mir ab und ich beobachtete Daniels Lachen und die Blicke, die er mir hin und wieder zuwarf. Sein auffforderndes Lächeln verunsicherte mich, nahm mir aber auch die Angst, ich könnte etwas Falsches denken.

Pia vergnügte sich währenddessen mit unserem Nachbarn Stefan, der, ähnlich betrunken wie sie, ziemlich hemmungslos an ihr rumbaggerte. Er steckte ihr seine Zunge in den Hals und wirkte beim Betatschen ihres Hinterns dermaßen unbeholfen, dass ich lachen musste. Auch Daniel schien das zu amüsieren.

Michael lag inzwischen auf unserer Hollywoodschaukel und schlief. Aus seinem Mund drangen Schnarchgeräusche, gemischt mit dem Duft von irischem Whiskey und dunklem Düsseldorfer Bier. Irgendwann waren Pia und Stefan verschwunden und Daniel und ich saßen allein auf der alten verwitterten Holzbank in unserem Garten. Daniel sang *Passengers Let Her Go* und sah noch immer umwerfend aus.

»Wollen wir noch einen rauchen?«

»Ich weiß nicht, ob das gut ist, Daniel.«

»Ach, komm schon, was spricht dagegen?«

Eigentlich nichts. Wieder standen wir vor seinem Wagen und als Daniel das Blättchen zusammenrollte und über den Klebestreifen leckte, wurde mir bewusst, dass gleich etwas zwischen uns passieren würde. Jedes Mal, wenn Daniel mir den Joint in die Hand gab, berührten sich unsere Hände. Nicht zufällig. Daniel hielt ihn so, dass ich seine Hand berühren musste. Wir lehnten diesmal gemeinsam an der Motorhaube. Der Arm, mit dem er sich abstützte, wanderte immer näher an meinen Hintern, bis er mich schließlich berührte. Nachdem Daniel den Joint zu Boden geworfen und ihn ausgetreten hatte, legte er den Arm um meine Taille, spreizte ein wenig die Beine und zog mich vor sich. Er drückte mich fest an sich heran, beide Hände auf meinem Po, und ich spürte sein hartes Teil durch meine Hose.

»Mein Dad hat einen ausgezeichneten Geschmack, Kathrin!«

Dann küsste er mich. Mitten auf der Straße in unserem kleinen Dorf. Scheiße, wenn das auch nur ein einziger Nachbar durch seine Gardinen sah, war ich erledigt! Doch genau dieser Gedanke törnte mich noch mehr an. Ich zog Daniel zu mir heran, führte seine Hände an meine Brust und erwiderte seinen Kuss. Seine Zunge tanzte durch meinen Mund wie die Finger von Mark Knopfler über seine Gitarre.

»Lass uns reingehen, Daniel!«

Während ich die Haustür aufschloss, stand mein Stiefsohn – ich betone: mein Stiefsohn – eng hinter mir und seine Hände glitten an der Rückseite meiner Oberschenkel hinab und an meinen Innenschenkeln wieder hinauf, bis sie meine Scham berührten. Meine Knie sackten ein wenig ein und ich brauchte viel zu lange, um die Tür zu öffnen.

Im Flur küssten wir uns weiter, bis uns das Klappern der Terrassentür unterbrach. Michael! Ich hörte ihn rufen, legte meinen Zeigefinger auf meine Lippen und bedeutete Daniel, zu bleiben, wo er war.

»Ich geh jetzt ins Bett«, lallte Michael, während er sich am Geländer die Treppe hochzog. Ich half ihm dabei, die ersten Stufen zu überwinden, und wartete, bis sich die Schlafzimmertür schloss. Sturmfrei! Na ja, fast. Daniel und ich küssten uns weiter und ich forderte mit meiner Zunge seine leidenschaftlichen Berührungen heraus.

»Gästezimmer!«, stöhnte ich und zog ihn an seinem Gürtel um die Ecke. Immer wieder diese Küsse und diese Berührungen. Daniel brauchte ein wenig Führung. Er war zwar offensiv, doch jeden weiterführenden Schritt musste ich einleiten. Ich schob seine Hand erst unter meine Bluse, dann unter meinen BH. Er wusste genau, wie er meine Brustwarzen berühren, streicheln und kneifen musste, um meine Lust immer mehr zu steigern.

Ich öffnete seine Hose, ließ sie zu Boden fallen und sank auf meine Knie. Langsam zog ich seine Shorts über seinen Schwanz, der sich bereits deutlich abzeichnete. Als ich ihn in den Mund nahm und die Augen schloss, wollte ich ihn nur noch verschlingen. Mein Gott, war ich ausgehungert! Ich wollte ihn schmecken und riechen und drückte meinen Kopf gegen seinen Schoß, bis er mich nach oben zog. Hastig streifte er mir Hose und Tanga herunter und warf mich aufs Bett. Nun kniete er vor mir und ich genoss diesen Anblick so sehr – vielleicht war es das Schönste, was ich jemals gesehen hatte. Ich schaute ihn fordernd an und richtete mich auf, doch er drückte mich wieder nach unten. Er führte zwei Finger in mich ein, krümmte sie nach oben und fingerte mich so hart wie kein Mann zuvor. Mit seiner anderen Hand drückte er fest auf meinen unteren Bauch. Was zur Hölle machte Daniel da?! Ich hatte keine Ahnung, aber ich konnte mich kaum noch gegen das, was sich da in meinem Körper abspielte, wehren. Nur was genau passierte da eigentlich? Ich versuchte, mich mit den Händen zu befreien, doch sie gehorchten mir nicht. Ich wimmerte und flehte, doch Daniel schien kein Erbarmen zu kennen. Wieder und wieder stocherte er hart zu und drückte dabei seine Hand immer fester auf meinen Bauch. Plötzlich entlud sich meine gesamte Anspannung in einem Höhepunkt, der ganz anders als die anderen Orgasmen war, die ich bis dahin gekannt hatte. Es fühlte sich unheimlich gut an. Explosionsartig ergoss sich ein Schwall Flüssigkeit aus meinem Inneren über Daniels Bauch und seinen Schwanz.

Moment mal, was war da bitte gerade passiert?!

»Was war das da eben, Daniel?«, fragte ich ungläubig.

»Du hast gesquirtet, Baby!«

Was auch immer das bedeuten sollte. Ich verstand gar nichts mehr. In mir brach alles zusammen, doch Daniel schien längst noch nicht fertig mit mir zu sein. Er spreizte meine Beine und drang in mich ein. Schon nach ein paar Stößen spürte ich, wie ein erneuter Höhepunkt – diesmal ein richtiger Orgasmus, wie ich ihn kannte – in mir heraufzog. Auch Daniel wirkte so, als würde er gleich kommen.

»Gib's mir, los, komm schon!« Es gab Dinge, die musste man Männern nicht zweimal sagen. Er kam. Ich kam. Wir kamen. Und wie! Wow!

Verschwitzt lagen wir aufeinander, außer Atem und befriedigt. Aber wir küssten uns nicht mehr. Plötzlich fühlte ich mich schmutzig. Hatte ich gerade wirklich mit dem Sohn meines Mannes geschlafen? Und hatte ich dabei den Orgasmus meines Lebens erlebt?

»Ich geh jetzt ins Bett, Daniel.«

»Oh, okay. Ähm ... war echt toll, Kathrin. Das bleibt aber unter uns, oder?«

Ich antwortete ihm nicht, sondern sah ihn einfach nur an.

Als ich unter der Dusche stand und mir den Geruch von Sex und Sperma von der Haut wusch, bemerkte ich, was am Sex mit diesem jungen Kerl anders gewesen war. Es war kein Sex aus Liebe. Ich hatte mich niemandem hingegeben, weil ich Gefühle für ihn hatte. Ich hatte mir etwas genommen, weil ich es wollte. Ich wollte einfach nur vögeln. Einen verschwitzten Körper auf mir spüren, der mich aus meiner sexuellen Lethargie befreite.

Während Michael weiterhin seine Gitarrensammlung hegt und pflegt, habe ich mir auch ein Hobby zugelegt. Ich sammle jetzt Männer. Junge Männer. Am liebsten Musiker.

Kathrin W. / 37 / Mönchengladbach

155

Bad Lieutenant

Unerträgliche Hitze. Der künstliche Wind hat keine Chance gegen die neuen Röhren, die Cindy mir verschwiegen hat. Erbarmungslos brennen die Strahlen in mein Gesicht, es kommt mir vor, als sei ich eines dieser Insekten, die Kinder im Sommer unter einer Lupe schmoren. Rot leuchtet die Zahl dreizehn auf der Anzeige über meinem Kopf. Wie soll ich die verbleibenden sieben Minuten rumbekommen? Ich spreize leicht die Beine, spiele an meinem Kitzler, lasse es wieder sein – seit dieser Sache kann ich mich nicht mehr richtig konzentrieren, da ist immer diese Unruhe. Mein Schweiß hat sich unter mir gesammelt, die Geräusche schmatzen und nachher, wenn ich aufstehen will, werde ich mit den Arschbacken festkleben und es wird »Plopp!« machen, als würde ich den Saugknopf eines Handtuchhakens abziehen.

»Erst bist du heiß, dann bist du kalt, erst bist du drin, dann bist du draußen, erst bist du oben, dann bist du unten!«, übersetze ich Katy Perrys neuesten Hit, der aus den Boxen links und rechts meiner Ohren schallt. Klingt wie der Soundtrack meines Lebens.

»Jenny?«

»Ja?«

»Komm mal raus, bitte!«

»Raus? Ich hab noch sieben Minuten, Diana!«

»Egal, du musst jetzt rauskommen! Es ist was passiert, es ist wirklich dringend!«

Was kann so dringend sein? Oh, mein Gott, hoffentlich nichts mit Lara! *Hot n Cold* läuft immer noch, als ich die Kabinentür hinter mir schließe. »Was machst du denn für eine Action, Diana, was ist los?«

»Ein Wasserrohrbruch in deiner Wohnung. Du sollst sofort nach Hause kommen!«, ruft Cindy, die kaugummikauend hinterm Tresen sitzt.

»Wer sagt das, Cindy?«

»Irgend so ein Typ von den Wasserwerken hat hier angerufen.«

»Hä? Woher weiß irgend so ein Typ von den Wasserwerken, dass ich unter der Sonnenbank liege?«

»Was weiß denn ich, Jenny, ich habe ihn nicht gefragt!«

Ich wende mich an meine Freundin Diana: »Kommst du mit? Ich könnte vielleicht deine Hilfe gebrauchen ...«

»Ja, schon, aber ich muss gleich Nägel machen ... Pass auf, ich guck mal, ob ich den Termin verlegen kann – wenn das klappt, komm ich nach, okay?«

»So machen wir's.«

Sehr mysteriös. Hoffentlich ist es wirklich ein Wasserrohrbruch und nicht ... Ich mag gar nicht daran denken. Keine zehn Minuten später parke ich meinen Wagen ein. Im Rückspiegel sehe ich eine junge Frau und einen älteren Mann vor meiner Haustür stehen. Also wie Handwerker sehen die mir nicht aus. Aber er ist es schon mal nicht. Gott, bin ich erleichtert!

»Wollen Sie zu mir?«

»Sind Sie Jennifer Mangold?«, fragt der Mann.

»Ja, wieso?«

»Schönen guten Tag, Ankenbrandt, Kripo Dinslaken. Meine Kollegin, Hauptkommissarin Aksoy. Wir würden uns ganz gern mal Ihre Wohnung anschauen, Frau Mangold.«

»Und warum, wenn ich fragen darf?«

Die Kommissarin überreicht mir einen Schrieb vom Amtsgericht, von dem ich nur die ersten paar Zeilen lese.

»Ermittlungsverfahren? Durchsuchungsbeschluss? Ich verstehe nicht...«

»Wollen wir das nicht lieber drinnen besprechen, Frau Mangold?«

»Ja, natürlich. Kommen Sie rein!«

Gemeinsam stiefeln wir in meine Wohnung. »Möchten Sie einen Kaffee, Tee, irgendetwas anderes – ach ja, und wo genau ist jetzt noch mal der Wasserschaden, weswegen Sie mich hergerufen haben?«

»Nein, vielen Dank, Frau Mangold.« Die Beamtin lächelt, ihr Partner übernimmt: »Ach, der Wasserschaden, also den müssen Sie entschuldigen, der war nur ein alter Taschenspielertrick. Erfahrungsgemäß beeilen sich die Menschen, mit denen wir uns gern mal unterhalten wollen, bei einem Wasserschaden ganz besonders.«

»Na, Sie sind mir ja ein Fuchs! Okay, und worum geht es nun? Was hoffen Sie, bei mir zu finden?«

»Na ja, von hoffen kann gar keine Rede sein, Frau Mangold. Glauben Sie es oder glauben Sie es nicht, aber bei einer jungen Mutter wie Ihnen, die sozial noch gefestigt zu sein scheint, wäre es mir ehrlich gesagt lieber, wir würden nichts finden.«

»Das ist ja sehr lieb von Ihnen, aber was genau wollen Sie denn bei mir nicht finden?«

»Es geht um Drogen, Frau Mangold, harte Drogen – Amphetamine, Ecstasy, Kokain.«

»Drogen? Bei mir?!«

»Sie haben sich eine Weile, vielleicht immer noch – das weiß ich nicht –, mit den falschen Leuten umgeben und ... Leyla, fängst du bitte schon mal im Kinderzimmer an, danke dir! ... Und es besteht der Verdacht, dass diese Leute ihre Ware zumindest in Teilen bei Ihnen gebunkert haben.«

»Bei mir? Und dann auch noch im Zimmer meiner kleinen Tochter? Für wen halten Sie mich?!«

»Ich möchte Ihnen nicht zu nahe treten, Frau Mangold, aber Sie glauben ja nicht, was wir schon alles gesehen haben ... So, würden Sie mir jetzt bitte Ihr Schlafzimmer zeigen?«

Na großartig! Und wofür habe ich mich bitte damals hingegeben? Dafür, dass der Mann, dessen Namen ich nie wieder aussprechen werde, mich nun doch verpfiffen hat? Das kann doch nicht wahr sein! Während der Kommissar meinen Kleiderschrank durchwühlt, rast die erste Nacht mit jenem Mann im Schnelldurchlauf an mir vorbei. Ich bin noch nicht wieder bei klarem Verstand, als ich frage:

»Und? Was soll ich jetzt Ihrer Meinung nach tun, hm? Wieder die Beine breit machen?«

»Wie meinen Sie das, Frau Mangold?«

»Sie haben mich schon verstanden.«

»Ja, habe ich. Aber was genau meinen Sie mit ›wieder‹? Wieder die Beine breit machen? Wollen Sie damit andeuten, dass Sie das schon einmal getan haben? Entschuldigen Sie meine Ausdrucksweise, aber es sind ja Ihre Worte – also, wollen Sie behaupten, Sie haben für einen Polizisten schon einmal die Beine breit gemacht, Frau Mangold?«

Mist! Nun sitze ich in der Falle. Wieder einmal. Was soll ich sagen? Und woher soll ich wissen, ob er nicht auch dazugehört? Ich greife nach dem ungeöffneten Kippen-päckchen, das auf dem Nachtschränkchen neben meinem Bett liegt, befreie es hektisch aus seiner Zellophanhülle, zünde mir eine Zigarette an und inhaliere so tief ich kann. Ich kann dem Mann nicht in die Augen schauen, deshalb drehe ich ihm den Rücken zu und blicke aus dem Fenster ins Leere.

»Frau Mangold…?«

»Kennen Sie den Film *Cop Land*?«

»Natürlich. Scheiße, ich bin ein Cop! Einer meiner Lieblingsfilme – und ich glaube, ich weiß auch, worauf Sie hinauswollen. Aber Frau Mangold, mit Verlaub, was immer Ihnen passiert sein mag, nun übertreiben Sie doch bitte nicht die Lage! Dinslaken liegt an der Ruhr, nicht in New Jersey. Mag ja sein, dass es hier alle Jubeljahre mal einen korrupten Polizisten gibt, aber deshalb ist doch nicht gleich die ganze Stadt korrupt. *Cop Land*, Frau Mangold, das ist doch nur ein Film!«

»Nur ein Film, hm?«

»Frau Mangold, hatten Sie jemals Kontakt zu einem Beamten namens Andreas Reichert?«

Andreas. Reichert. Der Klang dieses Namens reicht, um mir die Kehle zuzuschnüren. Ich drehe mich langsam um und versuche, dem Kommissar in die Augen zu schauen. Ich schaffe es nicht, mein Blick fällt zu Boden; ich versuche, ihm wenigstens zu antworten, aber auch das gelingt mir nicht, es kommt kein Laut aus meinem Mund.

»Leyla!«

»Ja, Martin?«, schallt es aus der Küche zurück.

»Wir brechen hier ab.«

Als wir den Kiesweg vor unserem Haus betreten, kommt uns Diana entgegen. Es ist das erste Mal, dass ich in einem Polizeiwagen sitze. Niemand spricht ein Wort. Seitdem Martin die Bestürzung in meinen Augen gelesen hat, wirkt er niedergeschlagen – huch, nun nenne ich ihn schon Martin! Das muss wohl an der Dankbarkeit liegen, die ich gerade für ihn empfinde. Er brach die Durchsuchung genau in dem Moment ab, als ihm klar wurde, dass es um Wichtigeres geht als alltägliche Drogengeschäfte. Und auch wenn die beiden bei mir nichts gefunden hätten, rechne ich ihm das hoch an. Ich vertraue ihm. Obwohl es jetzt er ist, der es nicht schafft, mir in die Augen zu schauen. Er scheint sich für den Mann, dessen Namen ich nie wieder aussprechen werde, zu schämen, dabei habe ich ihm doch noch gar nicht erzählt, was dieser mir angetan hat. Martin blickt während der Fahrt stoisch nach vorn, dafür dreht sich Leyla immer wieder zu mir um und schenkt mir ein aufmunterndes Lächeln. Ich vertraue beiden. Die Angst, dass es sich um eine große Verschwörung handeln könnte, ist verschwunden. Dinslaken ist wohl doch nicht Cop Land.

Auf der Wache, einem dreistöckigen Flachbau mit weißer Fassade und hellblauen Fensterrahmen, die genauso gut an diese Straßenecke passt wie ich in diesen Polizeiwagen, teilt mir Martin mit, dass sich nun ein paar Spezialisten um meinen Fall kümmern werden.

»Oh nein, bitte nicht!«, flehe ich.

Martin schaut mich gütig an. »Warum nicht? Was meinen Sie, Frau Mangold? Sprechen Sie es ruhig aus, ich bin ja da, um Ihnen zu helfen.«

»Ich würde – wenn überhaupt – gern mit Ihrer Kollegin sprechen – von Frau zu Frau, verstehen Sie?«

»Ach, wenn's darum geht, Frau Mangold, da machen Sie sich mal keine Sorgen, selbstverständlich wird in dem Spezialistenteam auch eine Frau dabei sein!«

»Das allein ist es nicht, Frau ... äh, wie war ihr Name noch mal?«

»Aksoy. Hauptkommissarin Aksoy.«

»Genau! Also ich ... sie ist nett, ich mag sie, ich würde meine Aussage gern bei ihr machen. Wäre das möglich?«

»Ich denke schon. Warten Sie bitte einen Moment, ich schaue mal, was ich tun kann.«

Der Vernehmungsraum sieht nicht so aus wie im Tatort. Die Wände sind weiß und kahl und es fehlt auch der große Spiegel, hinter dem die Vernehmung beobachtet wird. Er sieht eher aus wie ein ganz normales Büro. Ein Schreibtisch, ein Computer und ein vergittertes Fenster zum Innenhof.

Leyla bietet mir einen Becher Kaffee an, den ich gern annehme. Ob ich auch rauchen darf? Bestimmt nicht.

»Hier ist Rauchen verboten, richtig?«

»Eigentlich ja, aber wissen Sie was, Frau Mangold? Ich rauche einfach eine mit, dann gleicht sich das wieder aus!« Leyla zwinkert mir zu, lächelt verschwörerisch und hält die Flamme ihres Feuerzeugs an meine Zigarette. Nachdem sie sich selbst eine angezündet hat, sagt sie: »So, Frau Mangold, vorab möchte ich Ihnen sagen, dass ich Ihre Entscheidung, eine Aussage zu machen, sehr mutig finde. Bedenken Sie aber bitte, dass Sie sich nicht selbst belasten müssen. Sie können sich, wenn Sie mögen, auch erst einmal mit einem Rechtsanwalt beraten.«

»Lieb, dass Sie das sagen, aber das wird nicht nötig sein. Ich meine, ich habe ja nichts getan, ich bin das Opfer, wissen Sie? Aber sagen Sie, wie kommt es, dass Ihr Kollege sofort wusste, um welchen Polizisten es sich handelt?«

»Bitte haben Sie dafür Verständnis, Frau Mangold, dass ich Ihnen über unsere Ermittlungen nichts sagen darf.«

»Hm, okay. Aber was ist mit meinem Kind?«

»Was soll mit Ihrem Kind sein, Frau Mangold?«

»Das nehmen Sie mir doch nicht weg, oder?«

»I wo! Sehe ich etwa aus wie der Rattenfänger von Hameln? Aber mal wieder im Ernst, Frau Mangold, wieso sollten wir Ihnen Ihr Kind wegnehmen?«

»Na ja, darum dreht sich doch die ganze Geschichte – um Lara, meine kleine Tochter!«

»Frau Mangold, vergessen Sie nicht: Sie kennen die Geschichte, ich kenne sie nicht, deshalb wäre es wohl das Beste, Sie würden sie mir nun in aller Ruhe erzählen. Okay?«

»Ja, gut.«

An einem Sommerabend irgendwann im letzten Jahr ging ich mit ein paar Freunden in das Düsseldorfer Stone. Dort rempelte ich aus Versehen eine Frau an, die torkelnd durch den Laden lief. Ich entschuldigte mich, aber das schien der Frau nicht zu reichen – vielleicht hatte sie meine Entschuldigung in ihrem betrunkenen Zustand auch nicht gehört, ich weiß es nicht. Wie auch immer, plötzlich stürzte sie sich wie eine Furie auf mich, riss mich zu Boden und schlug mir mit der Faust ins Gesicht. Ich wehrte mich so gut ich konnte, bis uns Timo, der Türsteher – mein Exfreund –, voneinander losriss. Nach diesem Vorfall erklärte mir die gesamte Familie der Frau den Krieg. Ich weiß bis heute nicht, warum.

Das Stone war mein Lieblingsladen, doch nach dieser Nacht traute ich mich nicht mehr hin. Ein paar Wochen später rief mich Timo an und fragte, warum ich mich nicht mehr blicken ließ. Nachdem ich ihm den Grund genannt hatte, meinte er, er kenne da einen Polizisten, der bestimmt etwas für mich tun könne. Zwei Tage später saßen Timo und dieser Mann auf meiner Couch.

»Entschuldigen Sie, dass ich Sie unterbreche, Frau Mangold, aber mit ›diesem Mann‹ meinen sie Kriminalhauptkommissar Andreas Reichert?«

»Ja. Ich spreche seinen Namen ungern aus, wissen Sie?«

»Das verstehe ich natürlich, Frau Mangold. Das müssen Sie auch nicht, ich weiß ja nun, wer gemeint ist. Erzählen Sie bitte weiter…«

Er spielte den Vorfall herunter und sagte, es wäre am besten, ich würde die Familie komplett ignorieren. Kein besonders hilfreicher Tipp in einer Kleinstadt wie Dinslaken, aber ich gab mich damit zufrieden. Ein halbes Jahr später traf ich den Mann zufällig auf der Straße wieder. Wir machten Small Talk, das übliche Blabla, und er fragte mich, ob wir uns nicht mal treffen wollen, etwas trinken und so weiter. Warum eigentlich nicht, dachte ich mir. Er war nicht unattraktiv: groß, breite Schultern, guter Job. Ich hatte mich gerade von meinem Mann getrennt, es sprach also nichts dagegen, ihm meine Telefonnummer zu geben. Er rief noch am selben Abend an. Was mich ein wenig überraschte. Dass er mich in meiner Wohnung besuchen und nicht, wie sonst üblich, in einem Café oder einer Bar treffen wollte, kam mir zwar etwas seltsam vor, aber ich dachte mir: Er ist Polizist, dein Freund und Helfer – was soll schon passieren?

Und dann kam er. Die ersten Minuten verhielt er sich vollkommen normal. Wieder der übliche Small Talk – was Männer beim ersten Date halt so reden. Er machte sogar einen netten, einen zuvorkommenden Eindruck. Es saß auf meinem Sofa, ich mixte uns Drinks und setzte mich zu ihm.

»Prost, meine Liebe, auf dich!«

Pling!

Dann legte er seine Hand auf meinen Oberschenkel. Viel zu früh, dachte ich noch und wollte sie gerade wegschieben, als er sagte: »Du verkehrst mit den falschen Leuten, Jenny. Ich weiß genau, wer hier ein und aus geht. Junkies, Dealer, und ich weiß noch mehr, ich weiß, was du an deinen Wochenenden treibst, dass du Drogen nimmst, harte Drogen ...«

»Ich? Harte Drogen? Wie kommst du auf so was? Und was soll der ganze Scheiß überhaupt?! Was willst du von mir?« Ich schob seine Hand von meinem Schenkel, er legte sie wieder drauf.

»Nur die Ruhe, Jenny, nur die Ruhe, ich will doch nur dein Bestes. Wir werden schon eine Lösung finden.«

Ich sprang auf. »Was denn für eine Lösung?! Ich frag dich noch mal: Was zur Hölle willst du von mir?«

»Setz dich wieder hin!«

Ich gehorchte. Er machte mir Angst. Er wirkte mit jeder Sekunde irrer. Und wieder legte er seine Hand auf meinen Oberschenkel und begann nun auch noch, ihn zu streicheln. Ich wollte sie wieder wegstoßen, fühlte mich aber wie gelähmt.

»Du hast doch eine Tochter, Jenny, wo ist die überhaupt? Na, egal. Also, was glaubst du, wie das Jugendamt reagieren wird, wenn ich denen erzähle, dass du ein Junkie bist, hm?«

»Aber ich bin doch überhaupt kein Junkie, was redest du denn da?«

»Ach komm, mir kannst du nichts vormachen! Es spielt auch überhaupt keine Rolle, ob du jeden Tag konsumierst oder nur mal am Wochenende, das Einzige, was zählt, ist, was ich dem Jugendamt erzähle. Begreifst du das endlich?«

Ich gab auf. Er hatte ja auch ein bisschen recht mit dem, was er sagte. Ich feierte tatsächlich an manchen Wochenenden, an denen meine Kleine bei ihrem Vater oder meiner Mutter war; nicht wild, nur mit Alkohol und vielleicht zwei, drei Linien Speed, nicht mal Kokain. Von einem Junkie war ich also weit entfernt. Aber auch seine Andeutung über die falschen Leute, die bei mir ein und aus gingen, war nicht aus der Luft gegriffen. Mein damaliger Freund dealte. Aber ob das ausreichte, um mir mein Kind wegzunehmen? Woher sollte ich das denn wissen? Ich wusste nur eins: Neben mir saß ein Polizist, der damit drohte, mir mein Ein und Alles wegzunehmen. Ich hätte alles getan, um dem zu entgehen. Wenn er gesagt hätte: »Häng dich nackt an einen Baum!«, hätte ich nur gefragt: »An welchen?«

»Jenny! Begreifst du das?«

»Ja.«

Er küsste mich. Ich erwiderte den Kuss. Etwas, was mir noch zum Verhängnis werden sollte. Er zog mich aus und hatte Sex mit mir. Ohne Gewalt. Ganz normal.

»... Mehr möchte ich darüber nicht erzählen.«

»Das verstehe ich, Frau Mangold, aber bei der Staatsanwaltschaft werden Sie ins Detail gehen müssen.«

»Aber nicht mehr heute, oder? Mir fällt es eh schon schwer, über diese Sache zu sprechen ...«

»Natürlich. Nein, nicht heute, keine Sorge. Wie ging es weiter? Hat er sich danach noch mal bei Ihnen gemeldet?«

»Ja. Etwa zwei Wochen später. Per Handy.«

»Andreas hier. Bist du zu Hause?«

Ich schwieg.

»Ob du zu Hause bist, habe ich gefragt.«

»...«

»Also ja. Gut, ich bin gleich da.«

Fünf Minuten später stand er vor meiner Tür. Ich ließ ihn herein. Was blieb mir auch anderes übrig? Er sagte kein Wort. Noch nicht einmal Hallo. Er packte mich an der Hüfte, drängte mich ins Schlafzimmer, zog mich aus, drückte mich aufs Bett, nahm mich von hinten, spritzte in mich hinein, zog sich wieder an und ging. Und all das, ohne auch nur ein einziges Wort zu sagen. Es war noch demütigender als beim ersten Mal.

So konnte es nicht weitergehen. Die Vorstellung, dass diese Sache kein Ende finden würde, machte mich fast wahnsinnig. Ich musste mir etwas einfallen lassen. Nur was? Ich grübelte die halbe Nacht, aber fand keine Lösung. Am nächsten Tag traf ich mich mit Diana. Nach unserem obligatorischen Sonnenbankbesuch gingen wir einen Kaffee trinken.

»Du, ich brauche mal einen Rat von dir, Süße.«

»Gern, schieß los!«

»Es gibt da so einen Typen, der ..., der ...« Sollte ich ihr alles erzählen? Ich musste endlich mit jemandem darüber reden!

»Ja?«

»Ach, der belästigt mich, will sich unbedingt mit mir treffen, ruft dauernd an, du kennst ja diese Typen vom Stamme ›Extrem nervig‹ ...« Ich konnte ihr nicht alles erzählen. Ich konnte es einfach nicht. Die Angst war zu groß, dass sie mich dazu drängen würde, zur Polizei zu gehen.

»Oh ja, nur zu gut! Wo hast du den denn kennengelernt?«

»Ach, unwichtig, ich will eigentlich auch nicht groß darüber reden. Ich brauche einfach nur einen Tipp von meiner Freundin.«

»Hm ... Warum machst du es nicht einfach wie ich neulich, als mich der Holländer gestresst hat, und besorgst dir eine neue Nummer?«

»Gute Idee!« Darauf hätte ich eigentlich auch selbst kommen können. Aber ob es etwas bringen würde? Er war schließlich Polizist und meine neue Nummer herauszubekommen, würde ihn höchstens ein Achselzucken kosten. Aber einen Versuch war es wert.

Er war sogar Gold wert. Ich hörte nie wieder etwas von ihm. Das war's also.

»Mir fehlen so ein bisschen die Worte, Frau Mangold. Ich habe schon viele Geschichten dieser Art gehört, das können Sie sich ja vorstellen, aber niemals war ein Kollege involviert. Ich ... ich schäme mich, dass es einer von uns war.«

»Dann sind wir schon zwei. Ich schäme mich nämlich auch.«

»Sie? Aber wofür denn? Sie haben doch nichts getan! Es gibt keinen Grund, sich zu schämen, Frau Mangold, wirklich nicht.«

»Das sagen Sie so einfach, aber Scham lässt sich leider nicht wegreden, auch nicht abwaschen. Ich habe es versucht, ich stand nach beiden Malen stundenlang unter der Dusche ...«

Leylas Augen werden wässrig. Zum Abschied nimmt sie mich in den Arm und drückt mich ganz fest. Es hat so gutgetan, mir diese Sache endlich einmal von der Seele reden zu können.

Am nächsten Tag bekomme ich wieder Besuch von der Polizei. Ich soll meine Aussage bei der Staatsanwaltschaft wiederholen. Ich weiß nicht, wohin mit meiner Kleinen. Weder ihr Vater noch meine Mutter oder Diana können sie nehmen, was die Polizisten überhaupt nicht interessiert. Und so muss ich meine Aussage mit meiner dreijährigen Tochter auf dem Schoß machen! Worte wie Penis oder Vagina darf ich auslassen. Wie gütig. Als ob es mir mit der ganzen Sache nicht schon beschissen genug geht. Nun nötigt man mich schon wieder, Dinge zu tun, die ich nicht machen will – zum Beispiel mit meiner Tochter auf dem Schoß darüber zu reden, dass er mich ohne Gummi gefickt hat. Ich muss mich so sehr zusammenreißen, damit ich nicht in Tränen ausbreche, dass es an ein Wunder grenzt, dass es mir wirklich gelingt. All die Kraft, die mir das Gespräch mit Leyla gegeben hat, ist verflogen. Dabei brauche ich sie doch so sehr. Für meine Kleine und für die bald kommende Gerichtsverhandlung. Für Letztere vielleicht sogar am meisten ...

Es ist von außen betrachtet ein ganz normaler Dienstagmorgen. Aber für mich fühlt es sich an, als würde ich noch mal vergewaltigt werden. Die Verhandlung musste in den größeren Schwurgerichtssaal des Landgerichts verlegt werden – die Besucherbänke sind bis auf den letzten Platz gefüllt. Dank meines Anwalts weiß ich in etwa, was auf mich zukommen wird, aber eben nur »in etwa«. Aus den Akten kenne ich die absurden Geschichten, die der Mann, dessen Namen ich nie wieder aussprechen werde, abgezogen hat; sie aber zu hören, ihn dabei zu sehen, mit seiner selbstgefälligen Art, all das trifft mich vollkommen unvorbereitet.

Er behauptet doch glatt, der Vergewaltigungsvorwurf sei nichts weiter als ein Racheakt der örtlichen Drogenmafia, zu der ich selbstverständlich gehöre. Alles also nur eine große Verschwörung gegen einen pflichtbewussten Polizeibeamten, der sich in 24 Jahren Dienst nichts zuschulden hat kommen lassen. Logisch! Dass ich seinerzeit gar nicht rachsüchtig zur Polizei ging, die Sache also nur durch einen Zufall herauskam, beweist allerdings, dass seine hanebüchene Verteidigungsstrategie mit Logik nicht viel zu hat. Langsam drehe ich mich in Richtung Saaltür – in der Hoffnung, die Männer in den weißen Kitteln würden ihn direkt abholen. Doch die Tür bleibt zu.

Er hat sich kaum verändert. Selbstgefällig und siegessicher sitzt er auf der Anklagebank und während der Staatsanwalt spricht, tuschelt er immer wieder mit seinem Anwalt. Dann darf er seine Aussage machen.

Mich kennt er – na klar – gar nicht wirklich. Zwar gibt er das Treffen mit mir und dem Türsteher zu, auch dass wir uns danach noch einmal zufällig auf der Straße gesehen haben, aber sonst?

»Ich hatte zu keiner Zeit sexuellen Kontakt zu Frau B., weder mit noch gegen ihren Willen. Das schwöre ich beim Leben meines Sohnes!«

Du mieses Schwein! Ziehst auch noch deinen Sohn mit rein! Es würde mich nicht wundern, wenn du überhaupt keinen Sohn hast, sind die Gedanken, die mir durch den Kopf gehen.

Bei den beiden Gesprächen, die er zugibt, soll ich ihm von meinem exzessiven Drogenkonsum erzählt haben. Natürlich! Und obwohl ich ihm ja angeblich gestanden habe, je Woche den Drogenbestand von halb Dinslaken zu konsumieren, kam er natürlich nicht auf die Idee, mich anzuzeigen. Und warum nicht? Auch dafür hat er die passende Erklärung parat: »Ich bot ihr zweimal an, als Informantin für die Polizei zu arbeiten, aber sie hat sich daraufhin nicht mehr gemeldet.« Genau! Wer soll dir das abkaufen?! Das einzig Gute ist: Je länger seine Aussage dauert, desto siegessicherer werde ich.

Nun bin ich an der Reihe. Dr. Gust, mein Anwalt, hat glücklicherweise durchgesetzt, dass die Öffentlichkeit ausgeschlossen wird, während ich meine Aussage mache. Die Hölle ist es dennoch. Fast zwei Stunden lang prasseln Fragen auf mich ein. Fragen wie: »Hatte er bereits die Hand auf ihrem Oberschenkel, als er das Jugendamt ansprach?« Am Ende weiß ich kaum noch meinen Namen.

Danach ist eine Pause. Dr. Gust und ich sind zuversichtlich.

»Das haben Sie gut gemacht, Frau Mangold, machen Sie sich keine Sorgen, das wird schon«, sagte er.

Aber es wird nicht.

Der Staatsanwalt, der den Fall ja erst ins Rollen gebracht hat, plädiert plötzlich auf Freispruch. Ich bin wie in Trance, bekomme kaum noch etwas mit. Noch nicht einmal den Freispruch des Richters. Ich wache erst wieder auf, als das Schwein »Yeah!« schreit und sich von seiner neuen Schnalle, die mich den ganzen Prozess lang von oben herab beäugt hat, umarmen lässt.

Raus hier! Nichts wie raus hier!

Als ich am nächsten Tag die Zeitung aufschlage, traue ich meinen Augen nicht. Ich muss den Artikel dreimal lesen und verstehe ihn immer noch nicht. Vor allem diese Passage:

Staatsanwalt Breitling: »Wir haben es mit einem typischen Fall Aussage gegen Aussage zu tun.« Er finde die Zeugin sehr glaubwürdig, ihre Betroffenheit habe nicht wie Schauspielerei gewirkt. Allerdings sah der

Staatsanwalt den Vorwurf der Nötigung als nicht gegeben an. Dafür hätte der Angeklagte durch Drohung Druck auf die Zeugin ausüben und sich dessen bewusst sein müssen, dass die junge Frau nur aufgrund der Drohung mit ihm geschlafen habe. »Man kann beim besten Willen nicht sagen, dass er seine Stellung als Polizist missbraucht hat«, so Breitling.

Dennoch hielt Richter Messner fest, dass das Gericht sowie die Staatsanwaltschaft der Überzeugung seien, dass der Geschlechtsverkehr stattgefunden habe. »Wir sind durchaus davon überzeugt, dass die Zeugin die Wahrheit gesagt hat«, so der Vorsitzende.

Immer wieder lese ich den Satz: »Wir sind durchaus davon überzeugt, dass die Zeugin die Wahrheit gesagt hat.« Ich lese ihn leise und ich lese ihn laut: »Wir sind durchaus davon überzeugt, dass die Zeugin die Wahrheit gesagt hat.« Aber ich verstehe ihn beim besten Willen nicht. Wie können der Staatsanwalt und der Richter davon überzeugt sein, dass ich die Wahrheit gesagt habe, und den Angeklagten im gleichen Atemzug freisprechen? Ich kann es mir nicht erklären.

Der Anwalt der Gegenseite stellt mich als drogensüchtige Hobbyhure dar. Ich hätte es doch gewollt, heißt es. Ich hätte doch seinen Kuss erwidert, heißt es. Und den Sex, den habe ich doch schließlich zugelassen, nicht ein Mal gesagt, dass ich ihn nicht möchte.

All das stimmt sogar. Aber warum ließ ich es zu? Doch nur meinem Kind zuliebe! Weil ich Angst hatte, es zu verlieren! Wie oft muss ich das denn noch sagen? Augenscheinlich interessiert es niemanden.

Für mich ist die Sache damit abgeschlossen. Ein für alle Mal. Ich habe nicht nur verloren, ich fühle mich auch wie eine Verliererin. Nicht nur in meinem Prozess. Wieder einmal habe ich mich nackig gemacht – für nichts und wieder nichts!

Dr. Gust hingegen dreht nun erst richtig auf. »Das lassen wir uns nicht gefallen, Frau Mangold, das kann ich Ihnen direkt sagen! Wo sind wir denn hier?! Wir gehen in Berufung, darüber brauchen wir uns gar nicht weiter zu unterhalten!«

Ich will das alles nicht noch einmal durchmachen müssen. Doch ich bin zu schwach zum Widersprechen. Dazu kommt: Dr. Gust ist ein kleines Schlitzohr – nein, ein großes! Er sagt, ich müsse mir keine Sorgen machen, die Berufung würde im Vergleich zum ersten Prozess ein Kindergeburtstag, ich müsse kaum etwas sagen, ich hätte ja eh schon alles gesagt. Und so weiter. Das ist geschwindelt. So was von geschwindelt.

Aber trotzdem suche ich wieder einen Babysitter, beruhige Diana am Telefon und ziehe das unauffälligste Outfit an, das ich besitze.

Gerüchte, dass es außer mir noch andere Opfer gibt, zwitschern schon lange durch unser Städtchen. Ob die stimmen, kann ich nicht sagen. Ich könnte es mir schon vorstellen, aber was ich mir vorstellen kann, spielt sowieso keine Rolle. Letztendlich zählt nur, dass kein weiteres Opfer gegen ihn aussagt. Doch dann setzt sich »Dynamit

Harry« in den Zeugenstand. Harald Leitner betreibt den örtlichen Puff und hat Spannendes zu berichten:

»Also wenn Sie mich fragen ...«

»Das tue ich ja gerade, Herr Leitner, also fahren Sie bitte fort.«

»Gut. Also wenn Sie mich fragen und mich nicht wieder unterbrechen, kann ich Ihnen sagen, der Reichert, das ist ein Wahnsinniger.«

»Herr Leitner«, unterbricht ihn der Richter, »Sie sind Bordellbetreiber, kein Psychologe, bitte halten Sie sich also mit Einschätzungen über den Geisteszustand des Beklagten zurück.«

»Gut. Also der Reichert trat bei uns auf wie Harvey Keitel in *Bad Lieutenant!*«

»Herr Leitner«, unterbrach ihn Dr. Gust erneut, »Sie können nicht davon ausgehen, dass Sie es hier mir lauter Cineasten zu tun haben. Also, wie verhielt sich Harvey Keitel in *Bad Lieutenant* oder anders gefragt: Wie verhielt sich Herr Reichert in Ihrem reizenden Etablissement?«

»Oh, das haben Sie aber nett gesagt, Dr. Gust. Sie haben uns ja auch schon lange nicht mehr beehrt, kommen Sie doch mal wieder vorbei!«

Jeder andere wäre wohl vor Scham im Boden versunken. Nicht so Teufelskerl Gust. Der grinst nur und sagt: »Danke für die Einladung, Herr Leitner, vielleicht mache ich das sogar. Vielleicht sogar schon bald, ich bin ziemlich sicher, dass ich zeitnah etwas zu feiern haben werde. Aber nun zurück zum Thema und dann lassen Sie uns bitte auch beim Thema bleiben.«

»Gut. Was genau war noch mal das Thema? Ich hatte eine lange Nacht, müssen Sie wissen.«

»Das Thema war, wie sich der Angeklagte in ihrem Laden aufgeführt hat.«

»Ach so, ja, das sagte ich doch schon – wie ein Wahnsinniger!«

»Herr Leitner, so kommen wir doch nicht weiter!«, sagt der Richter. »Bitte bleiben Sie beim Thema.«

»Gut. War ja auch nur ein kleiner Scherz. Also, der Reichert benahm sich bei uns wie Graf Koks von der Gasanstalt.«

»Herr Leitner! Beim nächsten Mal verhänge ich eine Ordnungsstrafe!«

»Um es auf den Punkt zu bringen: Er erpresste mich.«

»Womit?«

»Er sagte wortwörtlich: ›Es ist ein neuer Sheriff in der Stadt. Und sein Name ist Andreas Reichert!‹«

»Das klingt für mich nach Eddie Murphy.«

»Richtig, in *Nur 48 Stunden*.«

»Und das hat er wirklich gesagt?«

»Wortwörtlich. Wie gesagt.«

»Ja gut, aber der Diebstahl von Zitaten ist ja nun noch keine Erpressung. Nun kommen Sie doch endlich zum Punkt, Herr Leitner!«

»Gut. Die Erpressung ging so: Entweder ich stelle ihm die Damen des Hauses kostenlos zur Verfügung oder er wird dafür sorgen, dass mein Laden geschlossen wird. Und wissen Sie was? Die Damen gehören mir doch überhaupt nicht! Sehe ich etwa aus wie ein verschissener Zuhälter?

Ich war es also, der die Damen bezahlen musste, damit der werte Herr Reichert seinen Spaß hatte! Das müssen Sie sich einmal vorstellen!«

»Ja, ja, Herr Leitner, mein Mitleid hält sich arg in Grenzen. Dennoch danke ich Ihnen sehr für Ihre Aussage.«

Bei der Urteilsverkündung will ich nicht dabei sein. Ein mögliches weiteres »Yeah!« würde ich nicht verkraften.

Ich sitze gerade auf einer Bank auf einem Spielplatz und sehe meiner Kleinen beim Klettern zu, als mein Handy klingelt.

»Ja?«

»Frau Mangold?«

»Ja?«

»Gust hier, sitzen Sie?«

»Äh ... ja.«

»Gute Nachrichten: Wir haben gewonnen!«

»Wirklich?«

»Aber ja doch! Die nächsten drei Jahre wird der olle Reichert Tür an Tür mit genau den Leuten schmoren, die er einst eingebuchtet hat! Und wenn die auch noch mitbekommen, dass er wegen Vergewaltigung einsitzt, werden die ihm das Leben zur Hölle machen, da können Sie sich sicher sein, Frau Mangold!«

»Das klingt doch gut, Herr Gust.«

»Herrlich, oder?«

»Ja. Ich muss mich jetzt um meine Kleine kümmern, Herr Gust. Wir hören voneinander, okay?«

»Machen Sie das, Frau Mangold, machen Sie das und kommen Sie bitte die Tage mal in meiner Kanzlei vorbei.

Ich habe da eine Idee, wie wir noch ein bisschen Kapital aus der Sache schlagen könnten.«

»Mach ich, Herr Gust.«

Zeit, um vor Freude in die Luft zu springen. Doch mir ist nicht danach. Ich empfinde keine Genugtuung, ich fühle mich noch nicht mal erleichtert, ich fühle mich einfach nur leer. Es ist wohl noch zu früh, um klare Gedanken zu fassen oder Emotionen zuzulassen. Nach ein paar Tagen legt sich meine Anspannung. Das Wissen, dass der Spuk nun ein Ende hat, tut mir gut. Aber Genugtuung spüre ich noch immer nicht und das werde ich wohl auch nie.

Dr. Gust versucht, mich davon zu überzeugen, dass es eine gute Idee sei, dem Mann über eine Zivilklage »den Rest zu geben«, wie er sich ausdrückt. Noch einmal vor Gericht? Ein paar Euro wegen? Ich will das nicht. Ich will, dass es endlich vorbeigeht. Doch ich lasse mich überreden. Schon wieder. Ein Fehler. Dr. Gust hat gesagt, es würde diesmal alles nicht so schlimm werden. Er irrt sich. Es ist exakt die gleiche Tortur wie in den ersten beiden Prozessen. Und als ob das alles nicht genug wäre, lässt mich mein Anwalt vor Gericht im Stich und schickt eine Kollegin – er ist sich wohl zu sicher. Dr. Gust hat stets Schneid bewiesen, er war hartnäckig und clever – all das fehlt der Anwältin. Beinahe teilnahmslos sitzt sie da und guckt zu, wie ich im Zeugenstand wieder einmal auseinandergenommen werde. Wieder wird mir vorgehalten, nicht Nein gesagt zu haben, wieder wird nicht verstanden, warum ich nicht Nein sagen konnte. Es ist zum Heulen und das tue ich vor Gericht auch, ich heule.

Das Ende dieser traurigen Ballade: Er wird nicht verurteilt und ich sehe keinen Cent.

Der Prozess ist nun fast sieben Jahre her. Drogen habe ich seitdem nie wieder genommen. Der Preis, den ich für ein paar Augenblicke des Rausches zahlen musste, war einfach zu hoch. Ich versuche, diese Sache so gut wie möglich zu verdrängen. Aber das klappt nicht immer. Das Geschehene lässt sich durch keine Strafe dieser Welt ungeschehen machen. Es war ja nicht nur der ungewollte Sex, es war vor allem diese Entwürdigung – währenddessen, später vor Gericht, in der Presse, in den Blicken der Menschen –, die auch heute immer noch in mir wohnt. Er ist längst wieder draußen, wohnt nur ein paar Kilometer entfernt. Immer wenn ich ein Auto des gleichen Modells sehe, das er damals fuhr, stockt mir der Atem. Die Menschen in meinem Städtchen wissen alle Bescheid und lassen mich das auch spüren. Für sie bin ich eine Schlampe, die einem ehrbaren Polizisten den Job gekostet hat.

Als ich meine Geschichte für dieses Buch erneut erzählt habe, brach alles wieder aus mir heraus. Nächtelang konnte ich kaum schlafen; die Scham, die ich in meinen schwachen Momenten noch immer so intensiv spüre, als wäre das Ganze erst gestern passiert, hat mich wieder in ihren Klauen.

Aber ich will nicht jammern. Ich will vor allem kein Opfer sein. Ich will leben. Für mich. Und vor allem für meine kleine Tochter.

Jennifer Mangold / 28 / Dinslaken

Drei sind einer zu viel

Vorsichtig stecke ich den Schlüssel ins Schloss unserer Wohnungstür. Ich bin einen Tag früher als geplant von meiner Geschäftsreise zurück und will meinen Schatz überraschen. Im Flur schlüpfe ich behutsam aus meinen High Heels und schleiche in Richtung Schlafzimmer. Es ist kurz nach Mitternacht. Vielleicht sieht er gerade fern, vielleicht liest er ein Buch oder vielleicht schläft er auch schon. All das weiß ich nicht, als ich die Tür aufreiße und »Überraschung!« schreie.

Es ist eine Überraschung. Allerdings nicht nur für meinen Schatz.

Es gibt Bilder im Leben, die brennen sich so fest in dein Hirn, dass du sie nie wieder vergisst.

»Ähm, Marc, magst du mal kurz kommen?«

»Äh, ja, klar. Moment, ich zieh mir nur kurz was an.«

»Brauchst du nicht, ich kenne dich nackt ganz gut, schon vergessen? Hi Björn, alles gut bei dir?«

»Ja, Marie, so weit, so weit ... Auch wenn mir die Situation hier gerade etwas unange...«

»Braucht sie nicht, Björn, braucht sie nicht. Marc sollte sie unangenehm sein.«

Marc nimmt mich an der Hand und zieht mich aus dem Schlafzimmer in unsere Wohnküche. Mitten im Raum stehen wir uns gegenüber. Ich in meinem Businesskleid, er mit freiem Oberkörper und in verwaschenen Jeans. Er umfasst mit seinen Händen meine Wangen und versucht, mich zu küssen.

»Sag mal, geht's noch?!« Ich stoße ihn von mir weg.

»Nun hab dich doch nicht so!«

»Ich soll mich nicht so haben? Mein Gott, Marc, ich fasse es einfach nicht! Was hatten wir abgemacht? Wie lautete unser Deal? Hä?«

Unser Deal. Obwohl wir beide sexuell sehr offen sind, haben wir uns gegen eine polygame Beziehung entschieden. Wir glauben einfach nicht daran, dass das mit der Liebe ohne Schmerz funktionieren kann, wenn weitere Partner im Spiel sind. Stattdessen gehen wir ein-, zweimal im Monat gemeinsam swingen. Das Stichwort ist gemeinsam! Er und ich als Team. Das, was ich eben gesehen habe, hat mit Team in etwa so viel zu tun wie Tischtennis mit Mannschaftssport. Dieses Bild – oh mein Gott, dieses Bild: Mein Mann in der 69er-Stellung mit einem anderen Mann! Ah! Blumenwiesen, Blumenwiesen, Blumenwiesen! Doch egal, wie sehr ich mich auch anstrenge, ich bekomme das Bild nicht mehr aus meinem Kopf.

»Es tut mir leid, Baby, okay?«

»Ach, schieb dir dein ›Okay‹ sonst wo hin, Marc. Du weißt genau, wie ich zu dieser Sache stehe! Wie konnte es überhaupt dazu kommen?«

Ich bin für gewöhnlich das, was man eine starke Frau nennt; es dauert, bis ich die Fassung verliere. Aber nun... Tränen der Wut und des Schmerzes schießen aus mir heraus.

»Ach, ich weiß auch nicht... Ich war mit den Jungs aus, wir haben hart gefeiert, eins kam zum anderen, du weißt doch, wie das ist, Baby!«

»Nein, ich weiß eben nicht, wie es ist, Marc! Ich weiß nicht, wie es ist, wenn man den Menschen, den man vorgibt zu lieben, betrügt.«

»Na ja, betrügen... Es war doch nur der gute alte Björn, Baby.«

»Es war doch nur der gute alte Björn?! Ist das dein Ernst? Du bist so ein Schwachmat, ganz ehrlich!«

Marc grinst. Er sieht schon wieder so unverschämt gut aus, wie er da mit verschränkten Armen an unserem amerikanischen Kühlschrank lehnt und fragt: »Schwachmat? Dein Ernst?«

Nun muss ich lachen. Auch das noch! Das gehört nun wirklich nicht zum Plan – ich bin ihm doch eigentlich böse!

»Komm mal her, Süße!« Marc zieht mich zu sich heran und drückt mich ganz fest. »Mensch, Baby, ich liebe dich doch, das weißt du doch ganz genau, oder?«

»Ja, schon, aber warum tust du dann so was? Reicht dir das, was wir gemeinsam erleben, nicht mehr?«

Ein Geräusch. Die Haustür, die ins Schloss fällt.

»Ist Björn gegangen?«

»Scheint so.«

»Och nö, das wollte ich jetzt auch nicht! Holst du ihn zurück?«

»Willst du das denn wirklich, Baby?«

»Na ja, ich würde schon gern mit dir allein sein, aber ich möchte auch nicht, dass Björn unter unserem Stress leidet. Er kann ja nichts dafür ... Obwohl, warte mal, wessen Idee war es denn, hm? Komm schon, sag's mir!« Ich knuffe Marc mit einem Grinsen auf dem Gesicht in die Seite, als ich ihm die Frage stelle. Im Grunde ist es mir gar nicht wichtig. Ich kenne ihn ja schon ein paar Tage, meinen Marc, und weiß, wie er ausrasten kann, wenn er mit seinen Jungs unterwegs ist.

»Ich würd's dir sagen, aber es ist schon wieder so lange her, ich weiß es echt nicht mehr, Baby!«

»Ach, du Spinner! Und nun geh schon und hol ihn zurück!« Ich kann Marc nie lange böse sein. Ganz egal, was er auch anstellt. Na, wenigstens hat er mich noch nicht betrogen. Obwohl: Die Sache mit Björn ist ganz ohne Zweifel ein Betrug gewesen. Es spielt doch keine Rolle, ob Mann oder Frau – Sex ist Sex! Männer glauben ja gern, sie könnten uns mit der »Ach, das hatte doch alles überhaupt nichts zu bedeuten!«-Nummer besänftigen. Sie irren. Wie so oft. Es mag ja sein, dass Männer Liebe und Sex problemlos trennen können. Das bedeutet aber noch lange nicht, dass diese Tatsache unseren Schmerz lindert. So, und nun brauche ich etwas zu trinken!

»Wir sind wieder da, Baby!«

»Das ist gut! Wo ist der Wodka?«

»Ist alle!«

»Das ist jetzt nicht euer Ernst!«

»Doch. Der Russian Standard zumindest, aber da muss noch irgendwo eine Flasche Jelzin sein, trink doch den!«

»Sag mal, wollt ihr mich ver…«

»Nur Spaß, Baby! Im Eisfach liegt noch eine Flasche!«

»Gut für dich und deine Umgebung!«

»Auf uns! Und auf einen schönen Abend!«

Björn scheint die Sache immer noch peinlich zu sein, er kann mir beim Zuprosten am Küchentisch nicht mal in die Augen schauen.

»Brrr, ist der stark! Das ist ja mehr Wodka als Cranberrysaft!«

»Du stellst dich aber auch immer an. Björn, hol Marie bitte mal den Saft aus dem Kühlschrank!«

Ohne ein Wort zu sagen, holt Björn den Saft und gießt ihn mir ein.

»So! Jetzt noch mal: auf uns! Und auf einen schönen Abend!«

»Ob dieser Abend noch zu retten sein wird – na, ich weiß ja nicht«, erwidere ich.

»Logo! Oder was sagst du, Björn?«

»Ähhh …«

»Siehst du! Björn glaubt auch dran!«

»Was sollen wir denn machen? Wollen wir noch losgehen?«, frage ich.

»Ach was! Wir waren doch schon unterwegs. Nee, als Erstes sollten wir uns mit einem kleinen Näschen erfrischen, damit wir wieder klar sehen. Korrekt, Björn?«

»Also von mir aus müsste das jetzt nicht unbedingt sein...«

»So! Das liebe ich an Björn, er ist immer meiner Meinung!«

»Und dann?«, frage ich.

»Na, dann sollten wir genau da weitermachen, wo wir vorhin unterbrochen wurden, nur eben mit deiner Unterstützung! Oder, Björn, alte Peitsche?« Marc gibt seinem besten Freund einen kräftigen Klaps auf die Schulter.

»Hm.«

»Noch eine Sache, die ich an Björn so mag: seine Begeisterungsfähigkeit!«

»Marc, ich sag dir, wie es ist: Im Moment kann ich mir das überhaupt nicht vorstellen. Ich bin auf einem ganz anderen Level als ihr. Ich bin stocknüchtern, hab einen harten Tag hinter mir und hatte mich eigentlich auf einen ruhigen Abend eingestellt. Möglicherweise ändert sich das noch, aber...«

»Äh, entschuldige, dass ich dich unterbreche, Marie – aber vielleicht ist es doch besser, wenn ich ge...«

»Das ist das Einzige, was ich an dir nicht so mag, Björn: Du redest einfach zu viel! Lass Marie doch bitte aussprechen.«

Oh Mann, manchmal tut mir Björn echt leid. Ständig diese Späße auf seine Kosten. Dabei ist Marc eigentlich überhaupt kein Arschloch, er hat nur dieses Dauerbedürfnis, sich über alles und jeden lustig zu machen.

»Ja, sorry, ich fühl mich nur nicht ganz wohl im Moment«, sagt Björn.

»Dafür gibt es keinen Grund, Björn. Ich bin dir nicht böse.« Zum ersten Mal an diesem Abend sehe ich Björn lächeln, wenn auch etwas gequält. »Aber zurück zum Thema: Sollte sich meine Stimmung nicht ändern, dann ist das halt so. Setzt mich bitte nicht unter Druck, okay?«

»Ich eh nicht!«, sagt Björn.

»Und ich schon mal gar nicht! Ein Dreier unter Druck – der würde eh nicht funktionieren. So! Will irgendjemand keine Nase?« Schweigen.

»Na, dann streu mal auf, Björn!«

»Für mich bitte nur eine kleine!«

»Für mich bitte nur eine große.« Marc bekommt einfach nie genug.

Björn hebt mit seiner Chipkarte der Volksbank (Slogan: »Wir machen den Weg frei!«) ein Häufchen des weißen Pulvers auf unseren zerkratzten Koksspiegel und beginnt, es fein zu hacken. Wir bedienen uns und nach ein paar Minuten setzt die Wirkung des Kokains ein. Wer es nicht kennt: Koks fühlt sich an wie ein Erfrischungsdrink fürs Hirn. Ein Zehntel Gramm hat ungefähr die gleiche Wirkung wie hundert Liter Kaffee. Das Beste an der Droge ist aber, dass sie mich unsagbar scharf macht und mich jegliche Hemmungen verlieren lässt.

»So, Jungs, gute Nachrichten! Ich könnte mir nun doch vorstellen, mit euch beiden Süßen ein bisschen Spaß zu haben.«

Hab ich zu viel versprochen?

Zehn Minuten später: Ich hocke auf Knien in unserem Bett. Nackt. Marc zu meiner Linken, Björn zu meiner

Rechten. Sie verwöhnen mich nach allen Regeln der Kunst. Sie küssen und streicheln mich; ihre Münder, Hände und Finger sind überall. Von mir aus könnte es ewig so weitergehen. Aber das wäre egoistisch von mir. Nach einer Weile bitte ich die beiden deshalb, sich aufzurichten. Ich nehme Marcs Ding in den Mund und schaue Björn lustvoll an. Er wirft mir einen gierigen Blick zurück. Während ich weiter an Marcs Riemen lutsche, massiere ich Björns Eier.

»Willst du seinen Schwanz nicht auch mal in den Mund nehmen, Baby?«

»Nichts lieber als das!«

Björns Schwanz steht nur zu drei Vierteln, was vielleicht am Kokain, vielleicht an seiner Aufregung liegt, aber es tut seiner Lust keinen Abbruch. Ich schließe die Augen. Als ich sie wieder öffne, sehe ich, wie Björn meinen Marc küsst. Das sieht zwar ziemlich erotisch aus, fühlt sich aber irgendwie nicht so an. Dummerweise lässt jetzt auch die Wirkung der Droge nach, sodass ich plötzlich keine Lust mehr habe.

»Wollen wir noch eine ziehen?«, frage ich.

»Logo! Streudienst, Björn!«

Wir pausieren einen Moment, bis das Kokain abermals seinen Auftrag erfüllt und mich scharf macht. Noch schärfer als zuvor. Nun ist alles möglich.

Der Sex wird härter. Ich knie auf allen Vieren und lutschte an Björns inzwischen prall gewordenem Ding, während Marc mich von hinten nimmt.

»Björn, alte Peitsche, wie sieht's aus? Bock, mich zu ficken? Natürlich nur, wenn Marie damit kein Problem hat.«

»Tu es, Björn, ich will es sehen! Los, mach schon!«

Bin tatsächlich ich es, die das gerade gesagt hat? Nein. Natürlich nicht. Es ist das Kokain, das aus mir spricht. Die Legende besagt, dass Robert Louis Stevenson seinen 1886 erschienenen Roman *Der seltsame Fall des Dr. Jekyll und Mr. Hyde* in nur acht Tagen unter der Wirkung von Kokain schrieb. Das ergibt Sinn. Und auch wenn Stevenson es in seinem Buch nicht explizit benennt, es ist das Kokain, das aus dem guten Dr. Jekyll den bösen Mr. Hyde macht.

Am nächsten Tag geht es mir schlecht. Ich habe das Gefühl, das viele Menschen nach einem Koksrausch überkommt. Dieses »Oh mein Gott, was hast du da nur getan?«-Feeling.

Knapp drei Monate später verlasse ich Marc. Das ist mir sehr schwer gefallen. Schließlich ist meine Liebe noch längst nicht erloschen. Und es gab eine Zeit, in der ich ihn sehr liebte. Er war mein Mann und ich war seine Frau – auch wenn wir nicht verheiratet waren. Woran es gescheitert ist? Einzig an dem Bild jenes Abends, das ich nicht mehr aus meinem Kopf bekam. Es mag vielleicht nicht politisch korrekt klingen, aber in dem Augenblick, als ich sah, wie Marc an Björns Ding lutschte, war es für mich vorbei. Natürlich habe ich nichts gegen Männer-liebe. Überhaupt nicht! Aber dieses Bild, das ich nicht mehr loswurde, änderte auch das Bild, das ich von meinem Liebsten hatte. Marc, der immer so groß und stark und selbstsicher war, verlor an diesem Abend in meinen Augen seine Männlichkeit. Ich weiß natürlich nur zu gut, dass das töricht ist und dass Männlichkeit nichts damit zu hat, ob man mit Frauen, Männern oder Transsexuellen schläft. Wäre ich eine Maikäfer-Larve, würde ich aus meiner Haut schlüpfen und meine Meinung einfach abstreifen, aber es ist nun mal, wie es ist. Und das Schlimme ist: Niemand ist darüber trauriger als ich.

Marie Vollmer / 33 / Nürnberg

50 Shades of Bielefeld

Vor mir stand Diether Eikenbusch. Der rundliche und eigentlich als freundlich bekannte Unternehmer aus Herford, der sich im Musikerviertel unterhalb der Sparrenburg eine zweigeschossige Villa kaufen wollte, war außer sich.

»Das ist eine Un-ver-schämt-heit, Frau Hilker! Diese Schrottimmobilie können Sie sich – mit Verlaub – an den Pöter tackern!«

Noch bevor ich etwas erwidern konnte, verließ er fluchend und mit hochrotem Kopf mein Büro.

Eikenbusch war schwierig, das wusste ich. Wie ein Patriarch leitete er seine kleine Röhrenfabrik und war es gewohnt, dass alle nach seiner Pfeife tanzten. Genau deswegen hatte ich Alexander mit diesem Kunden betraut. Und jetzt hatte er einen Zweieinhalb-Millionen-Euro-Auftrag zum Platzen gebracht.

Ausgerechnet Alexander! Der beste Verkäufer in meinem Team. Alexander zeigte den Interessenten die Häuser nicht einfach. Er präsentierte sie, als wäre genau dieses Haus für genau diesen Kunden gebaut worden. Seine Abschlussquote lag bei über achtzig Prozent.

»Wilkenhöner! In mein Büro! Sofort!«

Ich stand noch immer völlig fassungslos vor dem Fenster und blickte auf den Adenauerplatz. Alexander räusperte sich kurz, als er mein Büro betrat.

»Ich hab's versaut, Nadine. Tut mir leid.«

»Du hast es versaut, Alexander?« Noch immer stand ich mit verschränkten Armen am Fenster und hatte ihm den Rücken zugewandt. »Du warst vier Monate an Eikenbusch dran! Vier Monate! Es war alles klar und er wollte heute unterschreiben.« Ich drehte mich um und stützte meine Hände auf den Schreibtisch. »Wie in drei Gottes Namen hast du das denn noch versauen können?«

Alexander versank in dem Ledersessel vor meinem Schreibtisch und schien nach Worten zu ringen. »Er hat doch gesagt, es sei eine Schrottimmobilie.«

»Alexander! Du weißt doch ganz genau, dass das nicht stimmt. Da muss doch noch irgendwas vorgefallen sein.«

»Ich ... ich kann dir das nicht sagen.«

»Das musst du aber, wenn du morgen früh immer noch hier arbeiten willst.«

»Das ist etwas delikat, Nadine.«

»Delikat?«

Ich ließ mich in meinen Schreibtischstuhl fallen und strich mir die Haare aus dem Gesicht. »Okay, Alexander. Letzte Chance. Was ist passiert?«

»Na ja«, räusperte er sich, »du kennst doch Eikenbuschs Frau ...?«

Natürlich kannte ich sie. Sophie Eikenbusch war gut dreißig Jahre jünger als ihr Mann und etwa einen Kopf größer. Und sie war verdammt attraktiv.

»Du hast was mit seiner Frau gehabt? Bist du irre?«

»Nein ... also jedenfalls nicht bei dem Termin heute.«

Ich rang nach Luft. Alexander Wilkenhöner hatte eine Affäre mit der Frau eines wichtigen Kunden? Das hätte ich nicht erwartet. Alexander war zwar nicht unattraktiv und unter seinem Anzug hatte er einen durchaus passablen Körper, aber er war nicht der Typ Mann, mit dem eine unbefriedigte Dreißigjährige aus der ostwestfälischen High Society ihren Mann betrog. Zu Alexander passten eher eine Sozialpädagogin und drei verzogene Kinder.

»Ich hab keine Affäre mit Sophie. Ich kenn sie aus 'nem Klub. Und als ich sie fragte, wann sie das nächste Mal wieder dort sei, hat das der Alte eben mitbekommen.«

»Wie bitte?«

»Sie ist meine Sub, Nadine. Ich kann sie das überall fragen. Und ich hab den Eikenbusch einfach nicht gesehen. Echt nicht.«

»Deine Sub?«

»Ja, das ist so 'ne SM-Geschichte, Nadine. Nicht weiter wichtig.«

»Wie auch immer. Deine Provision für diesen Monat kannst du dir, um es in Eikenbuschs Worten zu sagen, an den Pöter tackern, Alex!«

»Okay. Sonst noch was?«

»Ja. Freu dich, dass du deinen Job behältst. Und jetzt raus hier!«

Alexander Wilkenhöner vögelte Sophie Eikenbusch. Das Bild, das sich mir dazu in meinem Kopf darbot, war so

193

absurd, dass ich mir für einen kurzen Moment ein lautes Lachen nicht verkneifen konnte.

Als ich im Auto saß, dachte ich noch einmal über seine Worte nach. »Sie ist meine Sub, Nadine. Ich kann sie das überall fragen.« In diesem Moment hatte er seltsam herablassend geklungen. Nicht respektlos oder verachtend. Er hatte Macht ausgestrahlt.

Am nächsten Morgen wartete Diether Eikenbusch bereits in meinem Büro.

»Frau Hilker, also, ich habe nochmal mit meiner Frau gesprochen. Wir werden das Haus trotzdem kaufen.«

»Das freut mich, Herr Eikenbusch. Und was Herrn Wilkenhöner angeht …«

»Ich bin ein erwachsener Mann, Frau Hilker«, unterbrach er mich, »von solchen Kinkerlitzchen lasse ich mich nicht von einem guten Geschäft abhalten.«

Nachdem er den Vorvertrag unterschrieben und ich einen Termin mit unserem Notar vereinbart hatte, rief ich sofort Alexander an.

»Eikenbusch kauft das Haus doch. Deine Provision behältst du aber nur, wenn du mir erzählst, was zwischen dir und der Eikenbusch gelaufen ist.«

»Nadine, ich weiß nicht, ob das richtig ist.«

»Du weißt, was du für den Eikenbusch-Deal bekommst?«

»Okay, okay. Aber nicht im Büro. Sagen wir um acht im Bernstein? Ich bin eh noch den ganzen Tag unterwegs.«

Alexander hatte uns bereits einen Tisch auf der Dachterrasse ausgesucht. Als er mich entdeckte, stand er auf und schob mir den Stuhl zurecht.

»So hast du die Eikenbusch rumgekriegt?«

»Ne, ganz im Gegenteil. Mit Zucht und Ordnung.«

Während Alexander mir erzählte, wie er Sophie zum ersten Mal getroffen hatte, bekam ich keinen Bissen herunter. Ich hatte SM immer nur mit diesen alten, aus der Form geratenen Menschen verbunden, die jeden Donnerstagabend auf RTL II ihre Fantasien zur Schau stellten.

Wieder strahlte Alexander Macht und Sicherheit aus. Meine eigenen sexuellen Erfahrungen beschränkten sich auf das, was die meisten tun, wenn sie miteinander schlafen. Ich mochte zwar dominante Männer, aber mehr, als in der Hündchenstellung ein paar leichte Schläge auf den Po zu bekommen, hatte ich bisher noch nicht ausprobiert. Doch die Art, wie Alexander über Sophies Ausgeliefertsein sprach, und das Kopfkino, das sich dazu bei mir anschaltete, ließen mich feucht werden.

»Ich will das auch!«, platzte es aus mir heraus. Alexander sah mich kurz an und trank einen Schluck aus dem mächtigen Rotweinglas, so als würde er an dem zweifeln, was ich gerade gesagt hatte. Dann schob er den Teller mit dem Forellenfilet von sich weg und stützte sich mit verschränkten Armen auf den Tisch.

»Was du willst, ist mir vollkommen egal, Nadine!«

»Alex!«

»Ich sag's nur noch ein Mal, Nadine: Was du willst, ist mir vollkommen egal.«

Seine Stimme war bestimmt, sein Blick fixierte mich und das angedeutete Lächeln strahlte eine teuflische Güte aus. Ich schaute verlegen auf meinen Teller.

»Es geht doch, Nadine.«

Er rief den Kellner herbei, zahlte und bedeutete mir aufzustehen. Wieder schob er den Stuhl zurück; seine Höflichkeit war offensichtlich nicht verloren gegangen.

Als wir im Fahrstuhl standen, traute ich mich noch immer nicht, ihn anzusehen. Was ich hier tat, war ja auch völlig verrückt. Jahrelang hatte ich erfolgreich das No-Sex-on-the-Job-Prinzip gelebt und jetzt stand ich ausgerechnet mit Alexander Wilkenhöner im Lift des Bernstein und wusste, dass ich heute damit brechen würde. Das war aber auch alles, was ich wusste. Ich wusste nicht, wo wir jetzt hinfahren würden, und ich wusste nicht, was er dort mit mir anstellen würde. Mir wurde schwindelig.

»Wir nehmen meinen Wagen«, sagte Alexander, ohne mich anzuschauen, als ich meinen Schlüssel aus der Handtasche holen wollte. »Deinen kannst du später abholen.«

Wo fahren wir hin? Alex! Wo fahren wir hin? Ich saß auf dem Beifahrersitz, die Hände in meinen Schoß gelegt, und verhandelte mit mir selbst, ob ich diese Frage laut stellen sollte. Alexander hatte eine Hand am Steuer und die andere lässig auf der Mittelarmlehne platziert und schien sich seiner Sache absolut sicher zu sein. Nicht ein einziges Mal schaute er zu mir herüber. Selbst wenn er beim Abbiegen nach rechts schauen musste, streifte mich sein Blick nicht. Die Stille, nur unterbrochen durch das gelegentliche Klicken des Blinkers, roch nach etwas Verbotenem. Meine rechte Hand fuhr wie von selbst von meinem Schoß zwischen meine Beine. Ich begann, vorsichtig meine Vagina zu streicheln, die immer feuchter wurde.

»Lass das. Ich habe dir das nicht erlaubt.«

Ich erschrak. Wieder würdigte mich Alexander keines Blickes. Und wieder brachte ich kein Wort heraus.

»Ich sage dir, wann und vor allem ob du dich belohnen darfst.«

Als wir die beiden Tankstellen auf der Brackweder Straße passiert hatten, bog Alexander links ab. Wir fuhren zu ihm!

Die kleinen Steinchen in der Einfahrt knackten unter den Reifen seines Audis und als wir endlich zum Stehen kamen, konnte – nein, wollte ich mich nicht bewegen. Ich war mir unsicher, ob ich nicht wieder etwas falsch machen würde. Alexander lief um seinen Wagen herum, öffnete meine Tür und reichte mir seine Hand.

»Komm.«

Wieder lag diese teuflische Güte in seinem Lächeln.

Du kannst das jetzt einfach abbrechen, Nadine! Du kannst einfach gehen und so tun, als sei nichts geschehen. Aber ich wollte nicht.

»Geh ins Wohnzimmer und zieh dich aus«, sagte Alexander und verschwand in der Küche. Ich tastete mich vorsichtig durch den Flur ins Wohnzimmer und schaltete das Licht an. Stumm stand ich mitten im Raum und schaffte es lediglich, meine Schuhe auszuziehen.

»Warum bist du nicht ausgezogen, Nadine?«

Alexander hatte eine Flasche Rotwein und ein Glas in der Hand. Sein Sakko hatte er ausgezogen, die beiden oberen Knöpfe seines Hemdes waren geöffnet.

»Ich mag es nicht, wenn du nicht tust, was ich dir sage. Hast du das vergessen?«

Ich hatte seit über eineinhalb Stunden kein Wort gesprochen. Meine Zunge war trocken. Wenn ich doch nur einen Schluck Wein haben könnte.

»Nein«, sagte ich leise.

»Nein, was?«

»Nein, Herr?«

»Warum bist du dann nicht ausgezogen?«

»Ich ... ich weiß es nicht, Herr.«

»Ich weiß es aber. Du bist nicht folgsam! Und das gefällt mir nicht. Zieh dich aus!«

Trotz seines Befehlstons lag in Alexanders Stimme keine Aggressivität. Er klang geduldig und unverschämt sexy. Die Art, wie er mit übereinandergeschlagenen Beinen auf dem Sofa saß, sich den Wein einschenkte und mich beobachtete, ließen mich beinahe die Beherrschung verlieren. Möglichst sexy versuchte ich, meine Bluse und den Rock auszuziehen, was ihm offensichtlich missfiel.

»Du sollst dich ausziehen, Nadine. Nicht strippen. Willst du mich verärgern?«

»Nein, Herr.«

Und dann stand ich nackt vor ihm. Ich schämte mich ein wenig. Nicht weil ich nackt war und er noch immer seine Klamotten trug und einige Meter entfernt auf dem Sofa saß. Nicht weil er mich beobachtete, während er einen Schluck Wein trank. Sondern weil ich mich hilflos fühlte. Ich wusste einfach nicht, was ich tun sollte.

»Knie dich hin. Den Po auf die Fersen, die Hände auf die Schenkel.«

Diese Stellung war bequem und befreite mich ein wenig von meiner Scham. Ich drückte den Rücken durch und präsentierte meine Brust. Bereits jetzt war ich so erregt, dass meine Brustwarzen steif wurden. Und Alexander saß einfach nur da. Er lehnte sich auf dem Sofa zurück und stützte seinen Kopf in die Hand. Nichts an ihm verriet, ob er gerade ebenso erregt war wie ich oder im nächsten Moment laut loslachen würde. Ich, seine Chefin, die ihn bezahlte, saß einfach nur da und wartete. Nackt.

»Sehr schön.«

Endlich stellte er das Weinglas ab und stand auf. Dabei schwang er die Reitergerte, die er neben dem Sofa hervorgeholt hatte, in seiner Hand. Meine Angst mischte sich mit Neugier. Alexander lief zweimal um mich herum. Noch immer traute ich mich nicht aufzusehen, obwohl ich es so sehr wollte. Ich wollte herausfinden, ob sich unter seiner Hose sein Penis abzeichnete. Vergeblich.

Dann blieb er vor mir stehen. Er hielt die flache, eichenblattförmige Spitze der Gerte unter mein Kinn und drückte meinen Kopf damit nach oben.

»Du machst das schon sehr gut, Nadine. Aber das reicht mir nicht.«

Die Gerte schoss an meine Brustwarze. Dieser Schmerz! Automatisch beugte ich meinen Oberkörper nach vorn und stöhnte vor Schmerz und vor Lust auf.

»Ich habe nicht gesagt, dass du dich bewegen sollst.«

Wieder dieser Schmerz! Erneut wanderte die Gerte unter mein Kinn.

»Du wirst jetzt darüber nachdenken, was du falsch gemacht hast, Nadine.«

»Ja, Herr!«

Ich schrie fast vor Erregung. Die Abdrücke, die seine Schläge auf meiner Haut hinterlassen hatten, waren deutlich zu sehen und meine rechte Brust brannte. Aber dieses Mal blieb ich standhaft und bewegte mich nicht.

Wortlos verließ Alexander das Wohnzimmer und schloss die Tür. Ich wurde unsicher. Wo war er? Stand er hinter der Tür und beobachtete mich? Sollte ich aufstehen? Auch wenn ich gern wollte, war ich mir sicher, er würde genau in dem Moment wieder hereinkommen und mich erneut bestrafen.

Wie lange saß ich hier schon? Eine Minute? Eine Stunde? Ich war noch immer erregt und spürte, wie die Feuchtigkeit meine Schenkel erreichte. Doch ich zwang meine Hände, an Ort und Stelle zu verharren. Dabei musste ich meine Finger doch nur ein kleines Stück bewegen, nur kurz meine Klitoris berühren, um ein wenig von diesem irren Druck loszuwerden, dem ich schon im Auto ausgeliefert gewesen war. Er war schließlich nicht da. Er konnte es gar nicht sehen.

Ich schloss die Augen und ließ meine Hand ganz langsam zwischen meine Beine gleiten. Nur kurz, Nadine!

»Was machst du da?«

Ich zuckte zusammen, spannte meinen gesamten Körper an und ersehnte den nächsten Schlag auf meine Brust.

»Du hast deine Geilheit nicht im Griff, Nadine. Das ist schlecht.«

Ich ließ die Gerte nicht aus den Augen. Wieder wippte sie in seiner Hand. Er streichelte mir damit über meine Brüste, die Schultern und den Hals.

»Disziplinierung scheint bei dir nicht zu helfen.«

»Doch, Herr!«

»Offensichtlich nicht, Nadine!«

Er ging zurück zum Sofa und holte eine etwa sechzig Zentimeter lange Stange mit je einer Lederfessel an ihren beiden Enden hervor. Doch anstatt sie mir sofort anzulegen, setzte er sich erneut hin und trank einen Schluck Wein. Er ließ die Stange zwischen seinen Fingern kreisen, so als ob er überlegen würde, was er damit anstellen könnte.

»Diese Fesseln werden dir eine Hilfe sein.«

»Ja, Herr. Das werden sie.«

Das Gefühl, meine Arme nicht bewegen zu können, trieb meine Erregung ins Unermessliche. Ich versuchte sogar, mit meinen Waden an meine Vagina zu gelangen, doch das merkte Alexander sofort. Selbst während er das Glas zu seinem Mund führte, war sein Blick auf mich gerichtet. Ich konnte mich kaum beherrschen. Warum fickt er mich nicht einfach? Ich gehöre doch ihm!

»Steh auf, Nadine. Komm her.«

Als ich auf ihn zulief, öffnete er seinen Reißverschluss und präsentierte mir seinen Schwanz. Endlich fickt er mich!

»Knie dich hin.«

»Ja, Herr.«

Er stand auf und hielt mir seinen Penis vors Gesicht. Wie schön er war und wie gut er roch! Zaghaft öffnete ich meinen Mund. Er griff in meine Haare und schob meinen Kopf immer weiter zu sich heran. Ich bekam kaum Luft und meine Augen fingen an zu tränen.

»Sieh mich an, Nadine.«

Er bestimmte den Rhythmus. Wie lange ich es aushalten musste, seinen Schwanz tief in meinem Rachen zu spüren. Wie lange mir Zeit zum Luftholen blieb. Ich konnte es nicht erwarten, sein Sperma zu schmecken. Gierig fing ich an zu saugen, doch Alexander verlor weder die Kontrolle über sich noch über mich.

Noch bevor er kam, ließ er von mir ab. Ich hoffte so sehr, dass er nun endlich mit mir schlafen würde. Meine Waden und Schenkel waren schon mit meiner Nässe bedeckt und noch immer waren meine Hände gefesselt. Ich wollte mich endlich befreien.

»Das hast du gut gemacht, Nadine!«

Dankbarkeit. Für das Lob und für die Güte, mit der er mich wieder ansah. Dann befreite er mich von den Fesseln.

»Du darfst dich jetzt belohnen.«

Ich verstand sofort. Ich legte mich auf den Rücken und spreizte die Beine so, dass er genau dazwischensehen konnte. Meine Finger glitten von meiner Vagina zu meinem Kitzler. Immer weiter steigerte ich mich in meine Ekstase hinein. Mit der rechten Hand stimulierte ich meine Klitoris und drang mit den Fingern der linken immer wieder in mich ein. Und dann kam ich endlich. Ich stöhnte laut auf, mein Körper verkrampfte sich und meine Schenkel pressten sich gegen meine Hände. Wie eine Welle bewegte sich der Orgasmus durch meinen Körper. Ich begann zu weinen.

»Alles okay, Nadine?«

Alexander klang anders.

»Ja ... ja, alles okay.«

Wir blieben eine Weile Arm in Arm auf seinem Sofa sitzen. Die Stimmung zwischen uns war so vertraut, dass ich nicht wie sonst üblich das Bedürfnis hatte, mich anzu- ziehen und zu verschwinden.

Die nächsten Wochen führte mich Alexander immer tiefer in seine Welt ein. Heute ist seine Welt unsere Welt. Wir sind ein Paar, ich gehöre ihm. Natürlich nur im Bett. Draußen sind wir mittlerweile gleichberechtigt und führen meine Firma gemeinsam. Das hat er sich verdient. Nicht nur weil er mein bester Verkäufer ist.

Nadine H. / 37 / Bielefeld

Eine Nacht, intensiver als das ganze Leben

Bevor ich ihm zum ersten Mal gegenüberstand, hatte ich ihn schon so intensiv betrachtet, dass ich glaubte, ihn bereits zu kennen. Ich hätte ihn gern gemalt. Wahrscheinlich hätte das Bild meine Gefühle auf den ersten Blick verraten. Doch mittlerweile zeichnete ich schon nicht mehr. Ich bewarb. Tütensuppen, Weichspüler, Slipeinlagen – Werbung eben. Mich reizte die schillernde Blase, die so viele aus meiner Generation anzieht: Hauptsache irgendwas mit Medien. Der Rest war egal und sowieso oftmals viel schriller Lärm um nichts. Image war alles. Als Kind habe ich gern gemalt und es war mir völlig egal, was andere darüber dachten. Ich malte, weil malen mich glücklich machte. Kinder sind manchmal schlauer als Erwachsene.

Inzwischen schämte ich mich dafür, wenn man meine Gefühle sehen konnte. Ich wollte nicht rot werden. Ich wollte mich nicht gehen lassen. Ich musste mich zusammenreißen. Ich hatte mich einmal ganz und gar auf etwas eingelassen und dabei verloren. Wie das so ist: die erste Liebe, die scheitert. Seitdem trug ich eine Rüstung um mein Herz. Meine Kleidung war meine Uniform. Edel, aber nicht auffällig: schwarzer Rock, Bluse, Nylons, High Heels. Mein Leben war ein einziges Geklackere. Schritt für Schritt – klack-klack, klack-klack –, doch wohin ich ging und vor allem warum, wusste ich nicht. Mein Alltag fühlte sich wie eine Leihgabe an, wie ein Schuh, der mir nicht wirklich passte und ehrlich gesagt auch gar nicht so gut stand. Insgeheim sehnte ich mich nach Veränderung. Ich war durstig nach Leben. Aber wie so viele Menschen hatte ich es mir in meiner Unzufriedenheit bequem gemacht. Nie hätte ich geglaubt, dass jemand meine Mauern in nur einer Nacht einreißen könnte. Aber Zeit spielt keine Rolle, wenn ein Sturm aufzieht. Denn dann gibt es nur noch die wirbelnden Kräfte und rohe Gewalt der Natur.

Ich kannte sein Gesicht aus dem Kino, aus dem Fernsehen. Von den vielen kleinen Fluchten vor meinem grauen Alltag. Er hatte etwas Melancholisches an sich, das ihn unglaublich anziehend machte. Ein großes Fragezeichen, das ihn zu einem Suchenden machte – auf der Suche nach einer Antwort, die guttat. Uns trennen Welten, dachte ich. Ich wollte ihn von dem Moment an, als ich ihn zum ersten Mal sah. Damals war ich 17 und schaute einen Krimi im Fernsehen. Mit einem Knall erschien er auf der Leinwand. Ich war getroffen. Wollte mit ihm durchbrennen. Dabei mochte ich eigentlich gar keine Krimis. Aber für die eine Ausnahme werfen wir unser Herz ins Feuer. Er war berühmt, ich war noch nicht einmal berüchtigt. In meinem Leben gab es keine große Leidenschaft, nur ein stetes Plätschern der Gefühle. So ist dieses »Erwachsenwerden« eben, redete ich mir ein. Bis zu jener Nacht des Erwachens.

Ich war mit Freunden essen; das Restaurant war schicker, als es mein Kontostand erlaubte. Doch mein Schwager feierte Geburtstag und dieser hatte zu Geld eine gesunde Beziehung: »Wenn es da ist, wirf es wieder in die Bahn. Geld zieht Geld an, aber nur wenn man es nicht festhält.« Ich war umgeben von Menschen, aber hatte das Gefühl, gar nicht zu ihnen zu gehören, sondern nur eine Beobachterin zu sein. Verbannt auf den Reporterplatz. Dabei lag mir nicht mal etwas an Erkenntnissen. Ich wollte Gefühle. Etwas, das größer war als ich. Doch damals war ich zu feige, mir das einzugestehen. Ich hatte es mir in meinem Kokon gemütlich gemacht. Ein bisschen depressiv waren doch alle. Und Glück glich sowieso dem Betrachten eines Sonnenuntergangs am Horizont: schön anzusehen, doch niemals zu erreichen. Aber eben auch herzerwärmend. Und verlockend. Verdammt! Die Runde stieß mit ihren Getränken an, wir lachten an den richtigen Stellen und ich fragte mich die ganze Zeit, ob die anderen auch bloß ihre Rollen spielten oder ich die Einzige war, die nur vortäuschte. Aber so was traut man sich ja nicht laut zu fragen.

Doch dann wendete sich das Blatt. Das Universum zwinkerte mir zu und mein Blick verfing sich an einem fremden Rücken. Ich erblickte einen Mann auf seinem Weg durch das Lokal. Obwohl ich ihn nur von hinten sehen konnte, wurde mir gleichzeitig heiß und kalt. Gänsehaut! War das wirklich er? Der Schauspieler meiner Träume und die einzige Versuchung, seit es Schokolade gibt? Alles wies darauf hin: schwarze Haare, breite Schultern und ein Gang, als sei er in ständiger Habachtstellung. Immer bereit, sekundenschnell zu reagieren. Plötzlich hatte ich *Black Magic Woman* von Fleetwood Mac im Ohr. »*Don't turn your back on me baby. You're messin' around with your tricks.*« Ich wollte so sehr, dass er sich umdrehte, und zugleich fürchtete ich mich davor. Draußen prasselte der Novemberregen aufs Pflaster. Plötzlich mochte ich diesen Abend, diese Szenerie und meine Freunde, die mich hierhergebracht hatten. Ich erkannte, dass da doch noch so viele Möglichkeiten schlummerten. Mein Körper erwachte aus dem Winterschlaf. Mir wurde warm, mein Herz stolperte hilflos und dennoch beinah verwegen vor sich hin. Das musste er sein! Schnell blickte ich zu der Freundin, die neben mir saß. Jetzt nur nicht wieder einen Sturm heraufbeschwören, nur nicht von etwas schwärmen, das ich eh nie berühren könnte. Nicht schon wieder verpuffte Hoffnung. Als ich das nächste Mal zu ihm hinsah, hatte er sich umgedreht und schaute direkt in mein Gesicht. Er war es tatsächlich! Bevor ich seinen Namen auch nur denken konnte, war mein gesamter Wortschatz aus meinem Hirn verschwunden und ich fing an, wie angeknipst zu lächeln. In jenem Moment war es ganz egal, dass er berühmter war als der ganze Laden zusammen. Er war ein Mann. Er hatte Augen. Ich war eine Frau. Ich hatte Augen. Und was man damit alles anstellen konnte … Ich spürte, wie mir warm ums Herz wurde. Strahlen. Mein Sonnenaufgang. Ich hatte ganz vergessen, wie sich das anfühlte.

Meine letzte Beziehung war eine Willens- und Vernunft-entscheidung gewesen. Wir hatten uns gut verstanden und ich dachte: Warum kann das denn nicht genug sein? Sicherheit, DVD-Abende inklusive Sofakuscheln, gemeinsame Urlaube an der Ostsee. Ja, warum nicht? Vielleicht weil er nicht meine Heimat war, deshalb. Irgendwann bestraften wir uns dafür, dass der andere so war, wie er schon immer gewesen war. Dass er sich nicht verwandelte. Wir waren enttäuscht und verbittert, alle beide. Am meisten war ich jedoch enttäuscht von mir selbst. Weil ich einfach nicht satt wurde, obwohl ich nicht mal hungern musste. Am Anfang war unser Sex neu und aufregend gewesen, so wie alles Unbekannte. Doch er verwandelte sich schnell in ein Pflichtspiel, das ein Thomas Müller launig folgendermaßen kommentieren würde: »Solche Spiele müssen einfach nicht sein.«

Doch nach dieser langen Zeit der Dürre war da nun dieser bekannte, aufregende Mann, der mich anstarrte, als hätte er eine Pfütze in der Wüste entdeckt. Ich tauchte ein in seine Augen. Viel zu lange war ich nicht am Meer gewesen. Er zog eine Augenbraue hoch. In diesem Moment wäre ich um ein Haar aufgestanden und wie ferngesteuert zu ihm hingelaufen. Doch meine Freundin Lisa hatte andere Pläne. »Nora, was ist los mit dir? Hast du etwa einen Wolf gesehen? Jetzt guck nicht so erschrocken, stoß lieber mit mir an! So jung kommen wir nicht mehr zusammen.«

Als ich mich wieder umwandte und ihn mit meinen Blicken suchte, war er verschwunden. Doch meine Unruhe blieb, wie um mir zu beweisen, dass ich wach war und nicht träumte. Ich entschuldigte mich für einen kurzen Moment. Als ich durch den Raum ging, brannte mein Gesicht. Es war rosenrot. Ich ahnte, dass er in der Nähe war. Aus dem Augenwinkel sah ich ihn an der Bar stehen, inmitten einer Gruppe von Freunden oder Bewunderern. Im besten Fall ja gar kein so großer Unterschied. Jetzt oder nie. Leben, wirklich leben oder Leben erträumen? Ich musste mutig sein. Ich musste springen.

Ich ging zur Bar und bestellte einen Martini, obgleich an unserem Tisch mehr als genug Getränke auf mich warteten. Scheinbar flüchtig sah ich zu ihm herüber. Er stand etwa zwei Meter von mir entfernt. Gestikulierte, lachte. Ganz plötzlich sah er zu mir hin. Sah wieder weg. Der Barkeeper grinste, als wüsste er Bescheid. Barkeeper haben gewiss schon Balztänze aller Art beobachtet. Was zur Hölle machte ich hier? Ich versuchte, einen bekannten Schauspieler dazu zu bringen, mit mir zu flirten, und ließ deshalb meine Freunde allein. Ich war größenwahnsinnig. Schluss, und zwar schnell! Ich nahm meinen Martini und wollte zurück zu unserem Tisch gehen. In dem Moment spürte ich eine Hand an meinem Arm. Jemand hielt mich fest. Nicht schroff, aber auch nicht zögerlich. »Ich muss dir was sagen.« Seine Stimme. Mir wurde leicht schwindelig, aber auf die gute Art. Seine Worte summten in meinem Ohr. Meine Nackenhaare stellten sich auf. »Wenn du in einer halben Stunde noch hier bist, kann ich für nichts garantieren.«

Er ließ mich los und ich wandte meinen Blick verlegen von ihm ab. Ich konnte nicht antworten, so etwas hatte ich noch nie erlebt. Er war eine Naturgewalt. Er zog mich an wie ein Magnet. Zwei Magnete auf Abwegen. Nora, bleib vernünftig, redete ich mir ein. Ich lächelte schief und ging zurück zu unserem Tisch. Meine Schuhe klackerten bei jedem Schritt. Klack-klack, klack-klack. Plötzlich fühlte ich mich so sexy wie nie zuvor. Ich spürte seine Blicke auf meinem Hintern, meinen Beinen, meinen Pumps. Ich fühlte mich wie eine Göttin, begehrt und verrucht. Kurz vor der Abfahrt »Abenteuer« auf der Autobahn. Und das Beste: Keiner aus meiner Runde hatte etwas mitbekommen. Die Mädels wären ausgeflippt: »Was will der denn von dir?« Ja, was eigentlich? Aber in diesem Augenblick war ich viel zu glücklich, um an mir zu zweifeln. Ich presste meine Beine zusammen, rieb die Oberschenkel aneinander. Ich wurde feucht. Und ich wollte noch einmal an ihm vorbeigehen. Warum? Weil ich es konnte!

Ich ging auf die Toilette und ließ mir kaltes Wasser über die Handgelenke laufen. An meiner Bluse knöpfte ich zwei Knöpfe auf. Meine Brüste kamen mir praller vor als sonst, weiblicher. Meine Augen strahlten wie die Kerzen an einem Weihnachtsbaum. Ich zog meinen Lippenstift nach, erdbeerrot, und fuhr mir über meine Kurven. Ich hatte plötzlich so gute Laune, dass ich mich beinahe selbst mit »Hey, schöne Frau« im Spiegel angeredet hätte. Wenn ich nur an ihn dachte, seinen herben Geruch, seinen Fünf-Ta-ge-Bart, seine Haut, die Wangenknochen und Unterarme... Dieses Kopfkino war besser als jede Stripeinlage in *Magic Mike*. Beim Gedanken daran, wie er in mich eindringen würde, pochte meine Pussy. Ich schaute mich um und schob meine Hand unter meinen Rock. Langsam, ganz langsam Richtung Mitte. Ich dachte an seine Zunge und berührte meinen Kitzler. Ich war so erregt, dass es mir fast egal war, ob jemand hereinkam. Contenance! Ich wusste nicht mehr genau, was ich tat, aber es kümmerte mich auch nicht groß. Genau in dem Moment ging die Tür auf und meine Freundin Lisa betrat die Toilette. Mit meinem Zeigefinger fuhr ich schnell meinen Hals lang. Ich duftete nach Sex.

»Was machst du denn stundenlang hier? Geht's dir nicht gut?«, fragte Lisa.

»Doch doch.« Das Blut rauschte in meinem Körper.

»Wir trinken noch 'nen Grappa und Espresso. Und warten auf dich.« Ihr Blick prüfte mich im Spiegel. »Irgendwas an dir ist heute anders.«

»Quatsch, das ist nur das neue Rouge!«, sagte ich schnell und eilte hinaus. Mein Lächeln hatte mich beinahe verraten. Und dann wurde mein Leben mit einem Mal noch eine Spur verrückter.

Er stand an unserem Tisch! Unsere Gruppe schaute ihn an, als sei er Brad Pitt, Angelina Jolie und George Clooney in einer Person. Männer wie Frauen waren verzückt. Eine Fata Morgana für betrunkene Großstadtkinder. Doch er sah mich nur an und sagte: »Deine Freunde sind lustig.«

»Kennt ihr euch?«, fragte Philipp. Bewunderung lag in seiner Stimme.

»Ja«, antwortete er und »Nein« ich. Überraschend synchron.

»Hat Nora uns ja noch gar nicht erzählt!« Lisa stieß mich von der Seite an. Nach diesem Abend würde ich mir noch einiges anhören dürfen.

Er stellte sich mit seinem Namen vor und einige am Tisch kicherten. »Wissen wir.« Er grinste.

»Woher kennt ihr euch denn jetzt?«, fragte Lisa.

»Aus einer Bar«, antwortete er und sah mich gefühlt drei Herzschläge an. »Nora und ich haben etwas Wichtiges zu besprechen. Darf ich sie entführen?« Er sah zu dem fleckigen, zerwühlten Tisch hin. »Oder verpasst sie was?«

»Geht!«, rief Lisa. Und mir raunte sie zu: »Ruf mich morgen an!«

Er nahm meine Hand und wir verließen den Laden. Ich wusste, dass uns alle anstarrten. Mir war klar, dass sich jeder hier im Laden fragte: »What the fuck?! Wer ist sie? 'ne Hübsche, ja, aber hat er nicht 'ne Freundin?« Stand doch in der Gala. Und das nicht erst seit gestern. Aber das war mir gerade egal. Diese Nacht gab es nur ihn und mich. Die Zeit verging schneller als sonst in meinem Leben und doch nahm ich jeden Moment so intensiv wahr wie nie zuvor. Wären wir in einer Weichspülerwerbung gewesen, hätte ich jetzt an Handtüchern und Blumen geschnuppert, aber zum Glück wurde gerade nur um eins geworben: um die Nähe dieses Mannes und um seine Hand auf meiner Haut. Er winkte an der Straße ein Taxi heran.

»Lass dich fallen, Schöne, bei mir kannst du das. Ich hab dich schon so lange gesucht.« Seine Augen blitzten. »Diese Nacht gehört nur dir und mir.«

»Warum ich?«

»Weil es mir vorkommt, als ob ich dein Gesicht schon ewig kenne. Den kleinen Leberfleck neben der Lippe. Deine Locken, deine Wangenknochen, dein Lächeln. Deine Bernsteinaugen. Diese Mischung aus schüchtern und abgeklärt. Ich kenne dich. Woher, ist mir egal.«

Er sprach mir aus der Seele. Im Taxi beobachtete ich die Lichter der Stadt im tanzenden Regen. Meine Hand lag noch immer in seiner. Er streichelte sie.

»Hast du eine Freundin?«, fragte ich ihn.

»Ja«, sagte er, »aber ich bin nicht glücklich. Ich bin immer auf der Suche. Ich jage den vollendeten Moment, verstehst du, was ich meine?«

Ich glaubte ihm und gleichzeitig glaubte ich ihm nicht. Aber das war nun einerlei. Wir saßen nebeneinander und ich war nur noch Körper und Gefühl. Geilheit und Gier. Ich drehte meinen Kopf zur Seite und er zögerte keine Sekunde. Er nahm mein Gesicht in seine Hände und küsste mich. Wild. Salzig. Rau. »Ich will dich ficken, Baby, und wie ich dich ficken will«, hauchte er in mein rechtes Ohr. Der Taxifahrer hatte seinen Spaß. Der Rückspiegel verriet deutlich sein Interesse. Ich stöhnte leise auf und fasste direkt zwischen seine Beine. Wie hart er war. Und schön groß und dick. Wahnsinn! Ich war im Himmel. Ich öffnete seinen Reißverschluss und fasste ihm in die Hose. Er atmete stoßweise. Ich schob seine Vorhaut rauf und runter, beugte mich vor und nahm ihn kurz in den Mund. Der Taxifahrer, ein junger Türke, räusperte sich. Aber er wirkte eher amüsiert, so als ob er selbst gern mitmachen würde.

»Wo fahren wir hin?«, fragte ich ihn.

»Hotel.« Natürlich. »Lass uns diese Nacht zu etwas ganz Besonderem machen. Erzähl mir nichts weiter über dich. Und ich verschon dich mit Filmangebereien und meiner Meinung zu Tatort und Fernsehspiel«, raunte er und presste seine Lippen an meinen Hals. »Heute Nacht gibt es nur uns beide. Keinen Alltag. Keine Pflicht. Dich. Mich. Ein Zimmer.«

Das Taxi hielt kurz vor dem Hotel. Diskretion konnte er, das ahnte ich. Im Foyer taten die Menschen wie schon im Restaurant gemeinschaftlich so, als würden sie nicht sehen, dass gerade einer der wenigen Stars dieses Landes in Damenbegleitung hereingekommen war. Berlin-Style. Langeweile simulieren. Das war der Voyeurismus der Hauptstadt. Er hatte die Zimmernummer 111. Viel Teppich, dezentes Protzen.

Er verband mir die Augen und zog mein Kleid aus. Ich hatte das Gefühl, er würde meine Seele gleich mit entkleiden. »Du bist so schön«, sagte er. »Wie aus einem anderen Jahrhundert. Mein Botticelli-Engel.« Er flüsterte und seine Zunge wanderte zwischen meine Beine. Er leckte sich seine und dann meine Lippen, als wäre er gierig nach Honig. Ich wollte von ihm überwältigt werden. »Auf die Knie«, sagte er dann plötzlich. Ich gehorchte und er schob mir seinen Schwanz in den Mund. »Streichele dich«, stöhnte er. Er zog meinen Kopf noch näher zu sich heran. Das gefiel mir. Meine Hand rotierte schnell zwischen meinen Beinen. Den ersten Orgasmus hatte ich nach zwei Minuten. Auf den Knien, seinen Schwanz in meinem Mund. Ich wollte mehr. Ich wollte Grenzen überschreiten.

»Ihr Frauen gebt euch nie ganz hin, lasst euch nie ganz gehen. Heute will ich, dass du deinen Verstand vergisst. Lass los.« Er hob mich hoch und warf mich aufs Bett. Sofort war er über mir. Spielte mit meinen Schamlippen, knete meine Brüste, war sanft und heftig zugleich. Er brachte mich bis kurz vor den Höhepunkt und ließ mich dann hängen. Mein Blut kochte. Ich zog mir die Augenbinde ab. Er scheuerte mir spielerisch eine und sagte: »Was erlaubst du dir, du kleine Göre?« Dann grinste er verschlagen. Ich warf mich auf ihn und rieb mich kreisend an seiner Hüfte. »Du willst gefickt werden, Baby, ich soll's dir so richtig besorgen, ja?« Er las meine Gedanken.

»Jaaa«, stöhnte ich. »Mach's mir endlich.«

Im selben Moment zog ich seine Boxershorts herunter, setzte mich auf ihn und ließ seinen Schwanz in mich hineingleiten. Ich benutzte ihn, zwang ihm mein Tempo auf. Dass er schön war, dass er berühmt war, das alles spielte jetzt keine Rolle. Es gab nur meine Lust und die Jagd nach dem Höhepunkt des Jahrhunderts. Er nahm meine Brustwarzen in den Mund, seine Hände umfassten meinen Arsch. Ich hatte mich noch nie so frei gefühlt. Das hier war eine völlig neue Liga. Ich spürte, dass der nächste Orgasmus im Anmarsch war und lehnte meinen Kopf zurück. Sein Zeigefinger rieb meine empfindlichste Stelle. Er war ein Meister im Dirty Talk. »Du geile Drecksau«, stöhnte er. Und dann waren da nur noch Zucken, Explodieren, Wegtreiben. Es war himmlisch. Herb und süß zugleich. Als ich wieder zu mir kam, hockte er mit seinem Schwanz über mir und holte sich einen runter. »Mach deinen Mund auf, ja, so ist gut.« Er stöhnte. Ich war ein braves Mädchen.

Die ganze weitere Nacht konnten wir nicht genug voneinander bekommen. Einmal stöhnte er: »Fuck, ich liebe dich.« Im Morgengrauen schlief ich ein. Weltsatt und glücklich. Als ich aufwachte, war es hell. Neben mir stand ein Tablett mit Milchkaffee, Zucker und Croissants. Daneben lag ein Zettel: »Manche Nächte sind intensiver als ein ganzes Leben. Danke.« Ich lächelte. Mein Winter-schlaf war vorbei. Der Kaffee war noch heiß. Ich auch.

Nora S. / 31 / Berlin

Camera Silence

Er war mir gleich aufgefallen. Seine Präsenz und die Ruhe. Er war der Mittelpunkt des Raums, die anderen nur Satelliten, die um ihn kreisen, ob Mann oder Frau, und jeder von uns wusste das.

In Großstädten gab es viele Männer, die so sein wollten wie er, die gern über das verfügen wollten, was er besaß. Aber es war naturgegeben, man konnte es nicht erwerben, nicht erlernen – das war unmöglich. Und so blieben sie lediglich Schauspieler, einer Rolle verschrieben, die sie nie richtig spielen konnten. Am Ende der Nacht war man mit einem Klischee ins Bett gegangen.

Ich traf ihn gleich nach meinem Umzug, in der einzigen Bar, deren Namen ich von da an nie wieder vergessen wollte. Es war das erste Wochenende allein in meiner neuen Wohnung und ich hielt es nicht aus. Ich hatte keine Angst, allein zu sein, das war es nicht – der freie Raum erdrückte mich einfach, diese Leerstellen überall um mich herum. Die Jahre davor hatte ich in einer Metropole gelebt, und das nie für mich, sondern immer in WGs, beengt, verschwitzt, laut. Die Gegenwart anderer, im Grunde völlig fremder Menschen war ein stetiges Nebengeräusch in meinem Leben. Ich hatte ein Studium begonnen und es wieder abgebrochen. Dann hatte ich in den Tag hineingelebt, bis mir alles zu den Ohren heraushing. Irgendwann wurde ich dieser Art des Lebens überdrüssig und brauchte etwas Erdung. Und ja, es fühlte sich an wie eine Niederlage, als ich in meine Heimatstadt zurückkehrte. Nur ein Kaff, dachte ich damals, als ich sie verließ, und ich dachte es auch noch, als ich wieder zurückkehrte.

Reden taten wir nicht viel. Es gab keinen Flirt, keinen Small Talk. Männer wie er mussten sich damit nicht lächerlich machen, sie brauchten keine Werkzeuge, um zu beeindrucken. Sie selbst waren der Magnet. Man spürte, dass er noch nie viele Worte gebraucht hatte. Ich kann mich erinnern, wie wir zusammen Espresso und einen Sambuca tranken. Über sich erzählte er nichts, sondern ließ mich einfach reden. Irgendwann spürte ich, dass wir das nicht mehr brauchten, dass die Worte nur eine Fassade für etwas anderes waren, etwas, das dahinterlag. Dann legte er seinen Zeigefinger über meine Lippen und nahm meine Hand.

Mit ihm bekam ich das Gefühl, dass die Stadt noch etwas für mich bereithielt, etwas Neues, etwas Fremdes, etwas, das ich noch nicht tausendmal gesehen hatte. So hatte sich in meinen Vorstellungen eine Großstadt immer angefühlt: gefährlich, unergründlich, chaotisch, unkontrollierbar. Doch in den großen Städten, in denen ich gewesen war, hatte ich dieses Gefühl nie gehabt. Doch jetzt, in dieser kleinen Stadt, mit ihm, da fühlte es sich genauso an wie in meiner Vorstellung. Jeder Moment unverbraucht und echt, jede Sekunde einzigartig. Das machte mir ein wenig Angst, aber diese Angst fühlte sich nicht falsch an, nicht verkehrt, es war ein gutes Gefühl, es war sexy. Ich war feucht, bevor wir uns das erste Mal küssten.

Wir nahmen Schleichwege, überquerten dunkle, verlassene Kreuzungen – und irgendwann waren wir am Ziel. Er schloss die Tür auf und wir gingen hinein. Geblieben ist mir heute nur noch das Bild einer dunklen Höhle, besser kann ich es nicht beschreiben. Aber das Auge und das Sehen spielten sowieso keine Rolle, nur wusste ich das zu diesem Zeitpunkt noch nicht.

Es stand hinter mir, umfasste meinen Hals und lenkte mich. Ich spürte sofort, dass an diesem Raum etwas anders war, aber erst sehr viel später habe ich verstanden, was genau es war. Man sah die Hand vor Augen nicht, so dunkel war es, dunkel wie eine Nacht in der Kindheit, schwarz, tief, unheimlich. Und zuerst war da nur unser Atem. Er war alles, was ich hörte, sonst nichts. Die Geräusche waren überall um mich herum, ich vernahm sie nicht beiläufig, ich nahm sie konzentriert und bewusst wahr. Mein Atem, dachte ich, es ist nur mein Atem. Er blieb hinter mir stehen, legte die Hände auf meine Hüften, zog mich an sich; ich hörte Herzklopfen, mein Herzklopfen, intensiv, direkt, laut, eine Klangschale inmitten meines erregten Körpers. Seine Finger waren lang und schlank und er fand die raue Stelle in mir sofort.

Ich wollte etwas tun – ihn küssen, den Reißverschluss seiner Hose öffnen, irgendetwas –, aber er gab mir zu verstehen, dass es so nicht laufen würde. Die meisten

Männer wollten Machos sein, sie wollten bestimmen, führen, sie waren von sich und ihrer Ausstrahlung überzeugt, aber im Grunde vertrauten sie nur dem kleinen Stück Fleisch zwischen ihren Schenkeln. Sie glaubten, dass darin der Unterschied läge, dass es da ein Geheimnis gäbe, das die Frauen sehnsüchtig entdecken wollten, jede von ihnen jedes Mal aufs Neue. Doch so war es nicht. Und er wusste das. Bevor er mich fickte, war er in meinem Kopf – das Geheimnis war nicht sein Schwanz. Es war der Klang, der Klang unserer Lust. Er stand hinter mir und ich konnte seine Finger und seine Zunge hören, bevor sie mich tatsächlich berührten. Dann konnte ich mich selbst hören, jedes Muskelzucken, jedes Atmen, jedes noch so kleine Geräusch, das mein in Wollust geratener Körper produzierte. Wir waren eine Symphonie: das feuchte Hinein- und Hinausgleiten, Speichel, der im Mund zusammenfloss, Fingernägel, die über nackte Haut fuhren und sich festkrallten, der Kiefer, der beim Stöhnen aufgerissen wurde…

Als ich kam, war ich ein einziger verzerrter Schrei, der nicht verhallen wollte, der in meinem Kopf echote und nicht leiser wurde. Ich fühlte mich wie nach einem durchtanzten Wochenende, betäubt von der lauten Musik – aber so war es nicht. Ich war benommen von unserem eigenen Sound, wilder, ekstatischer und heißer als jede Musik, die je komponiert wurde. So richtig zu mir kam ich erst wieder auf der Straße, als ich vergeblich versuchte, mich zu orientieren in der Nacht, die plötzlich viel zu hell für meine empfindsam gewordenen Augen war. Die

Geräusche, die Geräusche dieser Nacht, sie blieben mir noch sehr lange erhalten. Man sagt, das Auge esse mit, und das stimmt sicherlich auch, aber in dieser Nacht wurde mir klar: Das Ohr war nicht nur das Tor zur Seele, sondern auch das Tor zur Lust.

Lara Lindner / 23 / Bonn

Adieu Tristesse – willkommen, süßes Leben!

»Berlin – du bist du so wunderbar!« Dieser Slogan einer bekannten Biermarke könnte von mir stammen. An jeder Ecke der Stadt kann ich ein anderes Stück unserer großen Welt entdecken. Und sei es nur kulinarisch. Der Geruch der unterschiedlichen Kulturen vermengt sich zum charakteristischen Duft dieser Stadt. Und wenn ich an einem lauen Sommerabend inmitten von Touristen aus aller Herren Länder auf dem Kreuzberg stehe und über den Viktoriapark hinweg auf meine Stadt hinabschaue, fühle ich mich frei. Endlich frei. Ich habe meine mecklenburgische Heimat und damit auch die Enge in meinem Kopf hinter mir gelassen. Das war gar nicht so schwer. Ich musste nur zulassen, mich in diese Stadt und ihre Menschen zu verlieben.

Wer hätte noch vor einem Jahr gedacht, dass mal solche Sätze aus meinem Mund kommen würden? Ich bestimmt nicht! Und alle Menschen, die mich kannten, wohl auch nicht. Vor gerade mal einem Sommer trug ich noch eine Gesinnung in meinem Herzen, die ich inzwischen nicht mehr nachvollziehen kann, ja, mehr noch, für die ich mich heute zutiefst schäme. Aber gerade deshalb ist es wichtig, dass ich meine Geschichte erzähle!

Das Mikrofasersofa im Jugendklub, auf dem wir Mädchen mit 13 oder 14 unsere Unschuld verloren, nachdem wir eine Flasche Apfelkorn getrunken und ein bisschen gekotzt hatten, war verstaubt und stank. Unsere Helden hießen Rico, Ronny oder Sandro und wer die dicksten Puschen unter seinen Golf III geschraubt hatte, führte das Rudel an. Auf dem McDonald's-Parkplatz – dem Hotspot in meiner Heimat – übten wir böse gucken, polnische Zigaretten auf Kette zu rauchen und billigen Alkohol in rauen Mengen zu schlucken. Das kleine Städtchen in Mecklenburg-Vorpommern, in dem ich aufgewachsen bin, war kein Ort, an dem man das Feuilleton einer Zeitung las, geschweige denn dieses Wort auch nur aussprechen konnte. Nein, es war einer dieser Orte, an denen man »denen da oben« die Schuld gab, wenn man in seinem Leben eine Reihe falscher Entscheidungen getroffen hatte. Die schwarz-weiß-rote Fahne über der Velourscouch, die Sandro aus der Wohnungsauflösung seiner Oma mitgebracht hatte, gehörte ebenso zu uns wie das zackige »Sieg Heil«, das wir auf unseren wöchentlichen Grillfesten vor jeder Schnapsrunde schrien. Dass die Ausländer, die hier mangels Zugegensein überhaupt niemand kannte, an der ganzen Misere Schuld hatten, versteht sich von selbst. In unserer Clique hatte ich als Einzige mein Abitur gemacht, doch trotzdem kam ich nie auf die Idee, unsere Überzeugung zu hinterfragen.

Mein Freund war Maler und Lackierer und sechs Jahre älter als ich. Ronny war so etwas wie der Sturmbannführer unserer Clique und hatte es in meinen Augen einfach drauf. Er hielt flammende Reden gegen die Verunreinigung unserer Rasse durch Schwarze, Türken und Vietnamesen und während die anderen ihn immer wieder durch »Sieg Heil!«-Rufe unterbrachen, himmelte ich ihn einfach nur an. Wenn wir auf Demos fuhren, war es Ronny, der in der ersten Reihe die Parolen brüllte.

An dem Tag, an dem ich Daniel kennenlernte, war Ronny nicht dabei. Er hatte seinen Golf mit 120 Sachen in einen Graben gesteuert und lag mit einer gebrochenen Hüfte im Krankenhaus. Aber ich hatte vor, ihn in Berlin würdig zu vertreten. An seiner Stelle würde einfach ich die Parolen brüllen und die Deutschlandfahne schwenken. Schließlich war ich sein Mädel!

Für uns waren Reisen zu Demos so etwas wie ein Trip zum Ballermann für andere Leute. Nur halt mit Ausländer scheiße Finden. Die Demo an diesem Tag schleppte sich träge durch ein Labyrinth aus ergrauten Plattenbauten am Stadtrand von Berlin. Das Glück hüpft, der Kummer schleicht – hier hüpfte niemand. Irgendwo krächzte ein Megafon, das ein Typ in der Hand hielt, der ganz fürchterlich schielte. Er redete über uns Deutsche, denen keiner mehr zuhörte. Im Grunde redete er über sich. Aktivisten der Antifa versuchen, ihn mit gellenden Pfiffen zu übertönen. Und mittendrin war die Polizei. Das Übliche also.

Nach der Demo verabschiedete ich mich von Enrico, René und Sandro, um mich mit Svenja zu treffen. In unserer

Heimat waren wir lange befreundet gewesen, bis sie mit ihren Eltern nach Berlin gezogen war. Auf der Bahnfahrt zur Warschauer Straße wurde mir ein bisschen mulmig. Ronny hatte mich eindringlich vor den vielen Ausländern in Berlin gewarnt. Aber außer dem »Amor, Amor« trällernden Zigeunerquartett in der S-Bahn belästigte mich niemand. Es war Samstagabend und Menschenmassen strömen aus dem Bahnhof in Richtung Simon-Dach-Kiez, der Partymeile für Zugezogene und Touristen.

»Huhu, Doreenchen, hier bin ich!« Ui! Svenja hatte sich aber verändert. Ihr Feather Cut war herausgewachsen, ihre Alpha-Jacke hatte sie gegen ein rotbraunes Lederjäckchen aus dem Secondhandladen getauscht und statt Martens trug sie Sneaker von Nike. Sie sah aus wie ein Hipster-Girl! Das erklärte auch, warum sie nicht mit auf die Demo wollte. Oh Mann, was hatte Berlin ihr nur angetan? Ich ließ mir allerdings nichts anmerken, schließlich freute ich mich trotz allem ungemein, sie endlich mal wiederzusehen.

»Svenja! Komm, lass dich knutschen!«

Bei Bier und Cocktails tauschten wir Klatsch und Tratsch in der Primitiv-Bar aus, danach ging es weiter ins Raumklang. Dort war es tierisch voll und um uns herum ertönte unaufhörlich ein Wirrwarr aus Englisch, Spanisch und – wer hätte das gedacht? – Deutsch. Ich wusste nun, dass Carlos gern vegan brunchte, Lydia aus ihrer WG geflogen war und Frederike eine offene Beziehung führte. Wir saßen auf der Eckgarnitur, im Hintergrund lief Gitarrenmusik. Der Sänger klang, als würde er darunter leiden, dass seine Frederike jetzt eine offene Beziehung führte und er nun nicht mehr wusste, mit wem er vegan brunchen gehen sollte. Oh, du hippe Großstadtwelt! Doch schon einige Drinks später verwandelte sich die Situation immer mehr in eine verschwommene Wattewolke aus Wohlbefinden.

Ein kurzer Blick reichte aus und mit einem beherzten Sprung sicherten wir uns den soeben frei gewordenen Kickertisch. Mitten im Spiel öffnete sich die Tür der Bar und herein kam ein Typ, der aussah, als wäre er einem Coca-Cola-Werbespot entsprungen. Auf dem Rücken trug er eine Art Seesack. Seine stahlblauen Augen leuchteten bis zu mir in den hinteren Teil der Bar. Was für ein Mann! Fehlte nur noch, dass er lauter Cola-Dosen aus seinem Sack holte, um alle Frauen hier im Laden zu beglücken. Er setzte sich an den Tresen und quatschte mit dem Barkeeper. Während ich meine Gedanken aufgeregt herumtollen ließ, spielte sich Svenja in einen Rausch und kickte den Ball im hohen Bogen vom Tisch. Obwohl es so laut war, dass man sich zur Verständigung anschreien musste, klang es, als würde ein Meteorit in die Holzdielen einschlagen. Und natürlich rollte die Kugel direkt auf den Dreamboy zu. Er hob sie auf und kam süffisant lächelnd auf uns zu.

»Ich glaub, die braucht ihr noch.« Gott, war das peinlich! »Hi, ich bin Daniel.« Okay, doch nicht. »Habt ihr Lust, 'ne Runde gegen mich zu verlieren?«

»Klar!« Ups. Hatte er »verlieren« gesagt? Egal, was Besseres wäre mir eh nicht eingefallen.

Während wir versuchten, ein ernsthaftes Spiel zustande zu bringen, redeten wir belangloses Zeug. Wo kommt ihr her, was macht ihr so? Nichts Spektakuläres. Aber dann, als wir gerade wieder in Richtung Eckgarnitur wankten, erzählte Daniel doch tatsächlich, dass er eben noch auf einer Gegendemo in Marzahn gewesen war, um den Scheißnazis zu zeigen, dass sie in Berlin nichts zu suchen hatten. Wie bitte? Daniel war eine Antifa-Zecke?! Fuck!

Svenja bemerkte meine Enttäuschung nicht. Im Gegenteil. Während Daniel uns neue Getränke holte, schob sie mir lächelnd ihren Schlüssel zu. »Ich bleib noch auf einen Drink, dann hau ich rein. Ich schlaf dann bei Markus.«

»Svenja, der Typ ist 'ne Zecke!«

»Doreen, vergiss doch mal diesen ganzen Quatsch. Schau, er ist verdammt sexy und du stehst auf ihn und er steht seinen Blicken nach zu urteilen auch auf dich, also …«

»Ich geh noch ins R19. Habt ihr Lust mitzukommen?«, fragte Daniel, während er uns unsere Longdrinks reichte.

»Nimm Doreen mit, ich geh jetzt zu meinem Freund«, sagte Svenja und trank ihr Glas fast in einem Zug leer. »War nett, dich kennengelernt zu haben, Daniel! Und pass mir gut auf meine Freundin auf, sie ist nämlich 'ne ganz Tolle!«

»Läuft«, erwiderte Daniel.

»Na, dann wünsche ich euch noch viel Spaß!« Svenja zwinkerte mir zu und verschwand im Getümmel.

Na, super. Ich hätte sie umbringen können! Jetzt saß ich hier allein mit einer Zecke. Gut, er war eine echt attraktive Zecke, aber eine Zecke blieb nun mal eine Zecke.

»Wollen wir?«

Etwas widerwillig stand ich auf und folgte Daniel hinaus in die Nacht. Eigentlich wollte ich das gar nicht, aber mich jetzt mit irgendeiner fadenscheinigen Ausrede aus der Nummer herauszureden – das war mir viel zu peinlich.

»Ich könnte was zu essen vertragen, Daniel.«

»Auf was hast du denn Hunger?«

»Gibt's hier einen McDonald's? Ich würde jetzt sterben für einen McRib!«

»McRib?! Ey, bist du hart drauf!«

»Äh, wieso?«

»Ach, lass dich nicht verarschen, ich mach nur Spaß. Aber hey: Einen McRib kannst du doch jeden Tag essen. Willst du nicht mal was Neues ausprobieren?«

»Hm, weiß nicht. Was denn?«

»Da vorn gibt's die besten Falafeln der Stadt. Die musst du unbedingt probieren!«

Oh Gott, ich hatte keine Ahnung, was Falafeln waren, aber mehr als ein »Klar!« bekam ich nicht heraus. Das schien sich heute Abend zu meinem Lieblingswort zu entwickeln. Ich betete, dass es nichts Ekliges war. Der ausländischen Küche traute ich mal so gar nicht.

Doch meine Sorge stellte sich als unbegründet heraus. Dieses Fala… Dingsbums, das wir im Gehen verputzten, war sogar äußerst lecker – wenn auch ohne Fleisch, aber ich würde es überleben. Nachdem mein Hunger gestillt war, fühlte ich mich an Daniels Seite zusehends wohler. An der Ecke Warschauer/Revaler Straße sang ein schwarzer Straßenmusiker mit Rastas und Ethnokla-motten ausgerechnet *Sweet Home Alabama!* Es war schon eine verrückte Stadt. Aber auch eine, die mir immer sympathischer wurde. Komisch. Langsam bekam ich Angst. Aber nicht mehr vor den bösen Ausländern. Eher vor mir selbst.

»Da sind wir. R19. Mein Lieblingsklub. Gefällt dir bestimmt! Du magst doch Elektro, oder?«

Ich versuchte, souverän zu nicken. Und schob noch ein »Klar!« nach. Logisch. Obwohl ich mit elektronischer Musik überhaupt nichts anzufangen wusste. Der Mann brachte mich echt durcheinander!

»Lass mich mal einen Blick in deinen Rucksack werfen!« Der Türsteher, der längst nicht so aufgepumpt war wie die Jungs vor unseren Dorfdissen, riss mich aus meinen Gedanken. Fuck! Was, wenn Daniel meinen Thor-Steinar-Kapuzenpullover sah?!

»Das geht schon in Ordnung, Shimon, sie gehört zu mir.«

»Sag das doch gleich, Diggie! Schön, dass du dich mal wieder blicken lässt. Alles chic bei dir?«

»Läuft, danke. Hoffe, bei dir auch.«

»Weißt du ja. Geht mal beide durch.«

»Danke, Mann!«

Daniel. Der Mann, der alle kannte. Das fand ich schon irgendwie sexy!

Schnell streckte ich meine Hand zum Abstempeln aus und gab den verräterischen Rucksack an der Garderobe ab. Daniel schien zu bemerken, dass ich mich etwas unsicher fühlte. Ständig vergewisserte er sich, dass es mir gut ging, oder fragte, ob ich etwas brauchte. Und das auch noch mit seinem verführerischen Lächeln. Ahhh!

»Du, ich müsste mir mal die Lippen nachziehen!«

»Du willst 'ne Line ziehen?«

»Nee, die Lippen! *Nach*ziehen!« Es war aber auch laut hier!

»Ach so! Na, ein Glück. Komm, ich zeig dir die Toiletten.«

Ich wunderte mich kurz, wer da auf mich zulief, bis ich bemerkte, dass es mein Spiegelbild war. Mist! Gut, nun galt zu retten, was zu retten war. Nur wie? Mein Schminkzeug war in meinem Rucksack. Ich hätte ihn holen können. Aber nein, das würde schon irgendwie gehen! Oder? In diesem Moment packte ein Mädchen ihr Schminktäschchen von MAC aus und begann, sich die Wimpern zu tuschen. Ob ich mir jemals so teures Make-up würde leisten können? Ich überlegte, ob ich sie fragen sollte, ob ich auch mal … nur ganz kurz …

»Aber sicher! Bedien dich!« Wow, die waren ja alle voll nett hier. Ein paar Minuten später erkannte ich endlich mein Spiegelbild wieder. Und sonst? Womit könnte ich Daniel noch beeindrucken? Mit meinen Brüsten, na klar! Gut, dass ich heute Morgen ein Tanktop unter mein langärmliges Shirt gezogen hatte. Ich zog Letzteres aus und schmiss es in den Papierkorb. Eine Investition, die sich hoffentlich lohnen würde. Schnell hielt ich noch meine Handgelenke unters kalte Wasser und ging dann wieder nach draußen. Daniel wartete bestimmt schon auf mich.

Jawoll! Der sonst so lässige Daniel hatte soeben meine Brüste entdeckt und tat nun so, als würde er sich im Raum umschauen. Ich hatte alles richtig gemacht!

»Los, wir trinken was!«

»Klar!«

Kaum hatte ich mein Glas in der Hand, schrie Daniel mir im Wettstreit mit der Musik »Los! Tanzen!« ins Ohr und nahm mich an die Hand. Oh Gott! Ich und tanzen! Aber was tat man nicht alles, um cool zu wirken! Ich versuchte, die zweieinhalb Moves, die ich drauf hatte, irgendwie sinnvoll zu kombinieren. Es schien zu klappen, zumindest fühlte es sich gut an. Daniel mit seinen langen Beinen schien weitaus mehr Probleme zu haben, den Takt zu halten. Aber er lachte. Er hatte Spaß. Und ich erst!

Ganz kurz kam mir Ronny in den Sinn. Der würde jetzt am Tresen stehen und ein Bier nach dem anderen runter- kippen. Und hin und wieder würde er nach mir sehen. Aber natürlich nur, wenn er der Meinung wäre, dass sich irgendein Typ zu nah an mich herangewagt hatte. Ich trank einen großen Schluck, um auf andere Gedanken zu kommen.

Nachdem wir noch einen Drink geleert hatten und unsere Tanzbewegungen immer unkoordinierter wurden, schlug Daniel vor, frische Luft zu schnappen. Eine gute Idee. Wie selbstverständlich nahm er mich in den Arm – natürlich nur, um mich etwas aufzuwärmen. Klar!

Endlich fühlte ich mich mal wieder so richtig glück- lich. Es war alles so aufregend! Daniel stand vor mir und sah mich mit seinen unverschämt blauen Augen an.

Ob es Kontaktlinsen waren? Egal, das war vollkommen unwichtig. Es war dieser Moment, in dem du wusstest, dass er dich gleich küssen würde. Und er küsste mich. Wie gut er das konnte und wie lecker er trotz unserer Sauferei schmeckte … Ich wollte mehr! Ich wollte mit ihm schlafen, obwohl er bei Tageslicht betrachtet ja immer noch mein politischer Gegner war. Aber *wen* interessierte das jetzt noch? Mich nicht. Nicht heute. Und morgen? Morgen interessierte mich heute auch nicht.

»Bisschen kalt langsam, hm? Wollen wir wieder rein?«, fragte Daniel.

»Ach, ich weiß nicht … Wir könnten ja auch …«

»Na, was? Irgendwo hingehen, wo's gemütlicher ist?« Er grinste.

»Ja, Mann!« Wow! Ich hatte *nicht* »Klar!« gesagt. Nicht schlecht.

Selig, wie ich mich gerade fühlte, dachte ich überhaupt nicht darüber nach, was es für Konsequenzen haben könnte, als ich an der Garderobe meinen Kapuzenpulli mit dem fetten Thor-Steinar-Logo überzog. Doch sie sollten nicht lang auf sich warten lassen.

»Doreen?«

»Ja?«

»Was trägst du denn da für einen Hoodie?«

»Hm?« Ich senkte meinen Kopf und blickte auf meine Brüste, als würde ich das Logo zum ersten Mal sehen. »Ach, weiß nicht, den hat mir ein Freund mitgegeben, falls es kalt wird, weißt du … und nun ist es ja ein bisschen kalt. Wieso fragst du?«

»Ein Freund, hm? Doreen, verarsch mich nicht. Einen Thor-Steinar-Hoodie trägt man nicht einfach nur so!«

Fuck! Na, dann eben Flucht nach vorn! »Ach, und wenn schon, ist doch egal jetzt. Wollten wir nicht irgendwo hingehen, wo es gemütlicher ist? Das war doch der Plan, oder?«

»Ja. Das *war* der Plan. Aber nun habe ich einen neuen Plan.«

»Und wie lautet der?«

»Wir müssen reden, Doreen!«

»Echt? Sagt man so was nicht eher kurz vorm Schlussmachen? Wusste gar nicht, dass wir schon zusammen sind.« Ein müder Gag, aber um die Situation irgendwie zu retten, quälte ich mir ein Lächeln heraus.

»Ich find's nicht lustig, Doreen, echt nicht.«

»Manno!«

»›Manno‹ ist zwar niedlich, bringt uns aber nicht weiter, Doreen. Komm, wir gehen in die nächste Kneipe und quatschen ein bisschen, okay?«

»Na gut.«

Gar nix war gut! Ich fühlte mich, als hätte ich gerade in der Schule richtig was ausgefressen und müsste mir nun beim Rektor Schimpfe abholen. Wäre Daniel nicht so verdammt verlockend gewesen, wäre ich einfach allein ins Bett gegangen.

Die Kneipe war eher eine kleine Bar. Daniel bestellte uns zwei Club Mate. Das war doch dieses Linken-Gesöff. Das ging ja schon mal gut los.

»Prost, Doreen!«

»Prost, Daniel!« Ich nahm einen kräftigen Schluck. »Brrr! Schmeckt ja eklig!«

»Du wirst dich dran gewöhnen. Aber nun erzähl mal, wie lang gibst du schon anderen Menschen die Schuld an deiner Misere?«

»Andere Menschen? Und welche Misere?«

»Bist du glücklich, Doreen?«

»Hm. Jetzt? In diesem Moment?«

»Nee, ganz grundsätzlich.«

»Weiß nicht ... Was ist denn Glück? Ist das nicht eher ein zeitweiliges Gefühl?«

»Natürlich. Glück kann zum Beispiel bedeuten, sich keine Sorgen machen zu müssen. Machst du dir Sorgen, Doreen?«

»Klar!«

»Worum genau?«

»Um meine Zukunft zum Beispiel, um die Zukunft meiner Freunde, um die Zukunft unseres Landes.«

»Okay, Doreen, dann möchte ich dir jetzt mal was über deine Zukunft erzählen, über die Zukunft deiner Freunde und über die Zukunft Deutschlands.«

Daniels Vortrag - es war tatsächlich einer, denn ich hörte nur zu - ging etwa eine halbe Stunde. Er erklärte mir, dass ich mir keine Sorgen um meine Zukunft machen müsse, denn ich sei doch ein kluges Mädchen, das ihr ganzes Leben noch vor sich hatte. Er sagte auch, dass meine Zukunft in meiner Hand liege und dass niemand außer mir selbst die Schuld daran trüge, wenn mir etwas misslänge –

Migranten schon mal gar nicht. Er sprach über die ganzen Zusammenhänge, die ich vorher nie begriffen hatte oder besser: nicht begreifen wollte. Ich verstand nicht alles, aber den meisten seiner Argumente konnte ich auch nichts Handfestes erwidern. Als Daniel fertig war, sagte ich nur: »Wow!«

»Wie, wow?«

»Na ja, das klingt schon alles ziemlich ... schlüssig.«

»Natürlich! Weil's die Wahrheit ist. Das war jetzt natürlich viel Input und ich erwarte nicht, dass du mir das alles sofort abkaufst, aber bitte versprich mir, dass du drüber nachdenkst und selbst recherchierst. Mach den Faktencheck! Aber möglichst nicht auf irgendwelchen rechten Seiten im Internet.«

Eine halbe Stunde später standen wir vor Svenjas Haus.

»Und du willst wirklich, dass ich mit hochkomme?« Wie rücksichtsvoll er war. Es war unfassbar.

»Klar!« Diesmal passte diese Antwort.

Ich war vorher noch nie in Svenjas Wohnung gewesen, sie hatte aber sowieso nur ein Zimmer. Das Bett zu finden, konnte also nicht so schwer sein. Doch bis dahin schafften wir es gar nicht erst. Kaum waren wir drinnen, schubste ich ihn aufs Sofa und riss ihm sein Shirt vom Leib. Wie drahtig er war. Auch das noch!

Sein Schwanz stand trotz der vielen Drinks wie eine Eins. Nichts gegen Ronny ... aber das war Neuland für mich. Ich wollte reiten! Endlich mal wieder oben sitzen und meine Finger in seine Brust krallen.

»Lass uns ins Bett gehen, Daniel, okay?«

»Klar!« Bei dieser Antwort musste ich grinsen. Ha!

Er hob mich hoch und trug mich ins Bett. Ich wiederhole: Er *trug* mich! Es war wie in *Plötzlich Prinzessin!*

Kaum waren wir im Bett, hockte ich mich über Daniel und führte seinen Schwanz ein. Es flutschte. Ganz von allein. Ganz ohne Gleitgel – wieder Neuland. Langsam bewegte ich mich auf und ab. Daniel hielt sich an meiner Hüfte fest und seine Bewegungen passten sich meinem Takt an. Wie geplant krallte ich meine Finger in seine Brust. Es fühlte sich so an, als würde ich bald kommen, wenn ich genau so weitermachen würde – was wiederum Neuland wäre, denn vaginal war ich mit Ronny noch...

»Do-Doreen! Ich komme!« Okay, damit war das Thema durch – aber dennoch war es anders als all die Male zuvor. Da war keine Ernüchterung, keine Enttäuschung, da war nur Dankbarkeit.

»Es tut mir leid, Doreen, echt. Das ist normalerweise nicht meine Art, aber es hat sich so wahnsinnig gut angefühlt, weißt du...«

Ich legte ihm meinen Zeigefinger auf den Mund und sagte: »Du wirst es mir bestimmt nicht glauben, aber es stimmt: Das war der schönste Abend meines Lebens.«

»Wie? Echt jetzt?«

»Wenn ich's dir doch sage.«

Wir legten uns unter die Decke, umschlangen uns eng und küssten uns, bis wir irgendwann selig einschliefen.

»Aufstehen, ihr Nachteulen!«

War ja klar. Ich lag nackt neben Daniel, die Decke auf dem Fußboden und Markus glotzte auf meine Brüste. Trotzdem musste ich lachen, als Svenja mir meinen BH und mein Tanktop rüberwarf.

»Na, Diggie, hast du wenigstens Schrippen mitgebracht?«, fragte Daniel.

»Klar, Mann! Komm in die Küche, wir machen Frühstück für die Ladys.«

Verwirrt blickte ich zu Svenja. Hatten die sich da gerade begrüßt wie zwei alte Freunde?

»Daniel ist ein Netter, ne?«

»Leck mich, Svenja, du kennst diesen Typen?«

»Logo! Oder meinst du, ich hätte dir sonst meinen Schlüssel mitgegeben?«

Eigentlich hätte ich tierisch sauer auf sie sein müssen. Aber ich war es nicht. Wie auch, bei den Glückshormonen, die in meinem Körper Pogo tanzten? Ich wusste nicht, ob Svenja das Ganze geplant hatte, um mich zum Nachdenken zu bringen. Ich wollte es auch gar nicht wissen. Aber eins wusste ich: Der Abend mit Daniel hatte aus mir einen anderen Menschen gemacht. Er hatte die braune Hirnwäsche, der ich Jahre zuvor erlegen war, umgekehrt. Er hatte das Schwarz-Weiß-Denken und damit den Hass aus mir genommen. Und ganz egal, ob aus uns etwas werden würde, eins war sicher: Ich war meinem ostdeutschen Heimatstädtchen in der letzten Nacht entwachsen.

Doreen S. / 20 / Berlin

Feministisch vögeln
war gestern

»Heterosexueller Sex ist ohne die Unterwerfung der Frau nicht möglich.«

Diesen Satz von Alice Schwarzer habe ich quasi mit der Muttermilch aufgesogen. Meine Mutter war eine Bilderbuchfeministin in den Achtzigerjahren des letzten Jahrhunderts – mit lila Latzhosen und allem drum und dran. Sie klärte mich früh auf – ich war zehn oder elf – und das, was sie mir über die körperliche Liebe erzählte, schien eher einem Horrorfilm entsprungen und ähnelte in keiner Weise dieser wunderschönen Sache, die Sex heute für mich ist. Doch wie viele Frösche musste ich küssen und wie viele Irrwege gehen, bevor ich es endlich genießen konnte, mich einem Mann wirklich hinzugeben ... Denn in der Hingabe liegt für mich der Schlüssel zu gutem Sex – und dabei ist es vollkommen egal, ob ich oben oder unten liege.

Noch bis zum letzten Sommer konnte ich meinen Kopf beim Liebemachen einfach nicht ausschalten. Wie auch? Schließlich gab es so viele Dinge zu beachten: Es begann damit, dass alles vorab abgesprochen werden musste.

Klingt ziemlich unerotisch, ja, das weiß ich heute auch. Und das war noch längst nicht alles! Penibel achtete ich darauf, dass auch ja keiner zu kurz kam. In der Praxis lief es so: »So, nun komm mal runter, du lagst schon drei Minuten auf mir, jetzt will ich auch mal oben liegen!« Auch Dirty Talk, den ich heute so liebe, war früher nicht drin. Einmal habe ich einem Typen eine geklatscht, nur weil er mich im Bett »Miststück« nannte. Heute klingt das alles ziemlich sonderbar für mich und ich kann selbst kaum glauben, dass ich mich damals so schräg verhielt.

Aber an einem Abend im Sommer 2013 sollte sich alles ändern. Ich hatte Lust auf ein Glas Rotwein, aber keinen mehr im Haus, was im Hamburger Schanzenviertel kein besonders großes Problem ist. Gehe ich aus meiner Haustür, falle ich praktisch direkt in unzählige Kneipen und Bars. Dennoch ging ich ein Stückchen weiter bis zu meiner Lieblingsbar. Dort setzte ich mich an den Tresen und bestellte ein Glas meines favorisierten Getränks. Neugierig ließ ich meinen Blick über die trinkfreudigen Gäste gleiten.

Für gewöhnlich ignorierte ich solche Typen. Diese selbstverliebten Gockel, die du in jeder Szenebar triffst. Ende dreißig, kettenrauchend und Gin trinkend. Er saß am anderen Ende der Theke und unterhielt sich gestenreich mit einem anderen Gast. Ich konnte nur Wortfetzen verstehen, doch als ich die Worte »*Genderwahn*« und »*Frauenquote*« vernahm, konnte ich meinen Reflex nicht unterdrücken. Ich musste mich einmischen.

Scheiße, ist der eloquent! Normalerweise vermutete man bei solchen Kneipenphilosophen nicht, dass sie wirklich etwas auf dem Kasten hatten. Aber Tom überzeugte mich vom Gegenteil. Er war präzise in seinen Aussagen und mit seinen Worten zerschlug er wie mit einem Schwert immer wieder meine Argumente. Das Siegerlächeln, das er dabei aufsetzte, und seine klaren und aufmerksam blickenden grünen Augen machten ihn darüber hinaus auch noch sympathisch. Als sein Gesprächspartner irgendwann verschwand, blieben Tom und ich allein an der Theke sitzen.

»Was trinkst du?«, fragte er, während er den Rauch seiner Luckies durch die Nasenlöcher blies und seinen Zigarettenstummel in dem hoffnungslos überfüllten Aschenbecher ausdrückte. Er sah mich wieder mit seinem Siegerlächeln an.

Was für ein Chauvi! Glaubt der ernsthaft, er kann mich mit einem billigen Drink abschleppen?

»Gin Tonic, Baby.« Er stellte mir ein Glas hin, hob seines an und sah mir in die Augen. »Cheers!«

»Ich bin nicht dein Baby!«

»Warum nicht?«

»Ich bin niemandes Baby.«

»Nein?«

»Nein!«

Für einen kleinen Moment konnte ich seinem Blick nicht widerstehen. Ich konnte nicht verhindern, dass sich auf meinen Lippen ein Lächeln breitmachte, und wandte meinen Blick ab. Es kam selten vor, dass ich mich über mich selbst wunderte, aber heute Abend war das der Fall. Ich saß mit einem fremden Typen in einer Bar, ließ mich zu einem Drink einladen, der vorzüglich schmeckte, und dachte tatsächlich darüber nach, Tom mehr als nur nett zu finden. Ich fühlte mich von seinen Blicken geschmeichelt, auch wenn sie nicht nur auf meine Augen, sondern auch auf meine Brust und meine Beine gerichtet waren. Tom war sichtlich scharf auf mich, doch es störte mich in keiner Weise. Das alles passte in etwa so gut zu mir wie Gin zu Cola. Tom schien meine innere Zerrissenheit sichtlich zu genießen. Wortlos nippte er an seinem Drink, zündete sich eine Zigarette an und musterte mich erneut mit einem Lächeln auf den Lippen.

»Also Baby, was machst du heute noch?«

»Äh, ich … also eigentlich weiß ich es noch nicht. Und du?«

»Ich werde heute mit zu dir fahren.«

Im Leben nicht! Oder doch? Warum eigentlich nicht? Na, warum wohl nicht?! Weil Tom und seine billige Anmache gegen alles verstoßen, was mir im Leben wichtig ist. Andererseits … Ach, ich weiß doch auch nicht.

Ich gab nach. Er wollte nicht, dass ich mit zu ihm kam. Vermutlich sah seine Wohnung aus wie ein Saustall. Also peilten wir meine Wohnung an. *Mein Gott, was mache ich hier eigentlich? Nehme ich diesen Typen tatsächlich mit nach Hause?* Ich hoffte inständig, dass Margit und Mona noch unterwegs waren. Meine beiden Mitbewohnerinnen würden mir diesen Typen niemals verzeihen. Und nun wollte er auch noch ein Taxi nehmen! Mir war völlig unverständlich, wieso wir die paar Meter nicht einfach zu Fuß gingen, aber irgendwie hatte die Sache auch ihren Reiz.

»Ich find's super, dass sie jetzt diese Hybridautos als Taxis einsetzen.« Zwanghaft versuchte ich, eine Unterhaltung zu beginnen. Tom sah sich kurz um und zuckte mit den Schultern.

»Die sind unbequem wie Sau. Ich hoffe, deine Bude ist gemütlicher.« Sein Arm glitt wie durch einen Zufall von der Rückenlehne auf meine rechte Schulter herab. Und dann war es da. Dieses Gefühl, das ich niemals erleben wollte. *Gewollt werden! Begehrt werden!* Dabei müsste ich doch eigentlich schreien: »Hilfe! Übergriff!«

»Hast du noch Lust auf ein Glas Wein? Ich hab aber nur noch weißen.« In meiner Küche angekommen, holte ich zaghaft eine Flasche aus dem alten und etwas schiefen Küchenregal. Tom nahm mir stumm den Wein aus der Hand, stellte die Flasche auf dem Küchentisch ab und griff mir mit der Hand um die Taille. Mit der anderen umfasste er fest meinen Nacken. Und dann küsste er mich. *Leidenschaft!* Der Griff um meinen Nacken wurde immer fester, während Tom mich entschieden gegen die Wand presste. Seine Küsse waren wie Feuer, das sich von meinen Lippen bis in den Rachen ausbreitete. Ich verschlang seine Zunge, saugte sie in meinen Mund und konnte es kaum erwarten, dass er endlich seine Hand unter meinen Rock schob. Wie von selbst drückte sich mein Becken gegen seinen Schoß. In dem Moment, als ich sein steifes Teil an meinem Venushügel spürte, konnte ich mich vor Erregung kaum mehr halten. Ich will ihn! Doch seine Hand verharrte noch immer ruhig auf meiner Taille und machte keine Anstalten, sich zu bewegen.

Plötzlich musste ich an meinen Exfreund Ole denken. Der Sex mit ihm war okay gewesen. Auch wenn er sich dabei immer ein bisschen ungeschickt anstellte, nahm er stets Rücksicht auf meine Bedürfnisse. Wir achteten darauf, dass niemand benachteiligt wurde. Aber eine große Rolle spielte das Liebesspiel in unserer Beziehung nie. Es war vielmehr das Zwischenmenschliche, das uns verband. Ich genoss seine zuvorkommende Art – wie er mir morgens das Frühstück ins Zimmer brachte und stolz erzählte, dass er für die Eier extra in den Bioladen gegangen sei.

Tom war anders. Tom wusste, was er tat – und vor allem wie. Er war leidenschaftlich und verdammt dominant. Er wusste genau, was ich wollte. Dass ich es *jetzt* wollte. Hier in der Küche. *Fick mich endlich!* Mein Hirn war wie vernebelt und ich konnte nur noch daran denken, dass ich befriedigt werden wollte. Ich wollte ihn einfach nur in mir spüren. Mich fallen lassen. Und dabei verdammt noch mal »Miststück« genannt werden! Es war, als ob Tom das riechen konnte. Er küsste meinen Hals, biss zärtlich in meine Schulter und schob endlich meinen Rock hoch, um mir meinen Slip auszuziehen. Noch vor seiner ersten Berührung bekam ich Gänsehaut am ganzen Körper und meine Arme begannen zu zittern. Ich saß auf dem Küchentisch und Erinnerungsfetzen zogen an mir vorbei. An diesem Tisch hatte ich mit Ole Schluss gemacht. Das machte mich nur noch schärfer. Ich spreizte meine Beine und präsentierte Tom, der auf dem Stuhl vor mir saß, mein Lustzentrum. Ich hoffte, er könnte sich vor lauter Erregung nicht mehr zurückhalten und würde endlich zur

Sache kommen – vergebens. Stattdessen drückte er mich in die Waagrechte und drang mit zwei Fingern in mich ein. Ich spürte, wie er sich in mir bewegte und krallte meine Finger in die Maserung des unlackierten Tisches. Nach einer Weile positionierte er seinen Kopf zwischen meinen Beinen und begann, mich zu lecken. Erst langsam, dann schnell, dann wieder zärtlich und dann heftig. Meine Sinne zerschmolzen zu einem seltsamen Mix aus Fühlen und Riechen. Sein Schweiß auf meiner Haut, seine Zunge an meiner Perle und seine Finger in mir waren nur noch ein einziges Gefühl. Es folgte ein Orgasmus, wie ich ihn schon lange nicht mehr erlebt hatte. Und dann noch einer. Ich stöhnte und schluchzte und zog Tom an seinen Haaren zu mir herauf. »Fick mich endlich!«

»Ja? Du willst gefickt werden, du kleine Sau? So richtig gefickt werden?«

Wieder dieser Blick. Wieder so ein Kuss. Tom zog sein T-Shirt aus und ich versuchte mit zittrigen Händen, seine Jeans zu öffnen. *Scheiß Knopfleiste!* Jeans und Shorts fielen zu Boden. Er packte mich fest an der Taille und drehte mich auf den Bauch. *Nicht von hinten! Ich bin doch kein Tier!* Doch ich brachte kein Wort heraus. Tom drang tief in mich ein und augenblicklich stöhnte ich lustvoll auf. Seine Hand griff nach meinen Haaren und zog meinen Kopf nach hinten. Unweigerlich drückte ich meinen Po gegen sein Becken. Dann kam der erste Klaps. Ich zuckte zusammen. Der zweite. Auf dieselbe Stelle. *Dieser Schmerz!* Doch es war nicht einfach nur irgendein Schmerz. Es war eins mit meiner Lust. Ich spürte, wie sich Toms Hand von meinem

Becken löste und ich es kaum erwarten konnte, dass er erneut zuschlug. *Schlag mich! Fick mich!* Immer wieder versuchte mein Verstand, meinen zitternden Körper im Zaum zu halten, mich davon zu überzeugen, dass das, was hier geschah, nicht richtig sein konnte. Doch mein Körper und mein Verlangen waren stärker. Viel stärker. Ich griff nach Toms Po, um seinen Körper noch näher an mich heranzuziehen. Wieder ein Klaps. Mir schossen vor Schmerz die Tränen in die Augen und dennoch wurde mein Verlangen immer größer. »Fick mich! Komm schon! Fick mich!« Ich wollte ihn spüren. Jetzt! Seine Stöße wurden schneller, sein Rhythmus raubte mir den Atem. Ich spürte, wie sich tief in mir alles zusammenzog, wie sich mein Atem beschleunigte und Muskeln in meinem Körper anspannten, die ich bis dahin noch nie gespürt hatte. Von meinem Beckenboden bis hinauf in die Bauchhöhle baute sich Spannung auf, nur um Sekunden später wieder abzuflauen, sich erneut zu verkrampfen und dann in einer Lustexplosion zu gipfeln. Während ich schreiend kam, zog Tom sein Glied aus mir heraus und führte es zu meinem Mund. Sein Sperma ergoss sich über mein Gesicht und lief mir am Kinn hinab auf meine Brüste. Ich genoss es förmlich, ihn mit meiner Zunge in den Wahnsinn zu treiben und seine zuckende Eichel zwischen meinen Zähnen zu spüren. Der Anblick von Tom, wie er mit geschlossenen Augen stöhnte und wimmerte, war unbeschreiblich. Sein ganzer Körper schien sich auf seine Mitte zu konzentrieren, während er zum Höhepunkt kam. Dann zog er mich zu sich nach oben und küsste mich.

»Lass uns ins Bett gehen, Tom.«

»Nein.«

»Warum nicht? Es ist schon spät.«

»Ich bleibe nie zum Frühstück. Auch nicht bei dir.«

Er sah mich an und ich begann, sein Siegerlächeln zu hassen. Langsam griff er nach seiner Jeans, nestelte an seiner Zigarettenschachtel und zog zwei Luckies heraus. Er sah verdammt gut aus, wie er verschwitzt und glücklich die beiden Zigaretten anzündete und mir eine herüberreichte. Das war der perfekte Bruch, den wir beide jetzt brauchten. Die Zigaretten waren wie ein Werkzeug, mit dem man die nötige Distanz wiederherstellen konnte. Niemand war mir beim Sex bisher so nahe gekommen, niemand hatte mich bis zu dieser Nacht je so gefordert und mir gezeigt, dass Sex etwas mit den Trieben und nicht mit dem Verstand zu tun hatte.

Verlieb dich nicht! Nein, das tat ich auch nicht. Tom war ein Macho, trank, rauchte und ich war sicher nicht die Einzige, die mit ihm ins Bett wollte. Wieder musste ich an Ole denken. An dem Küchentisch, an dem ich damals mit ihm Schluss gemacht und auf dem Tom mir gerade den Verstand herausgevögelt hatte, hatte sich ein Großteil unserer Beziehung abgespielt. Hier hatten wir Pläne für unsere Zukunft gemacht. Nein – eigentlich war ich es gewesen, die die Pläne gemacht hatte, und Ole hatte zugehört und mir beigepflichtet. Niemals hätte er mich beim Sex »Sau« genannt. Vermutlich hätte ich es ihm auch nicht erlaubt. Meinen Vorschlag, beim Sex regelmäßig die Stellung zu wechseln, damit wir beide gleichberechtigt wären, hatte er wortlos akzeptiert. Auch dass ich ihm nie einen geblasen hatte, weil ich das als Unterdrückung empfand, machte ihm nichts aus. Im Gegenteil, er respektierte das. Alles, was er tat, hatte nur einen Zweck gehabt: mir zu gefallen.

Tom dagegen führte in nur einer Nacht den Satz »Heterosexueller Sex ist ohne die Unterwerfung der Frau nicht möglich« ad absurdum. Er gab mir genau das, was ich wollte und endlich einmal brauchte. Weder benutzte noch unterdrückte er mich. Er sorgte lediglich dafür, dass sich mein Verstand ausschaltete und meine Triebe geweckt wurden. Er war der erste Mann, dem ich mich voll und ganz hingeben konnte – und das war wunderbar! Nach dieser Nacht wurde mir schlagartig bewusst, warum ich mich von Ole getrennt hatte. Sex spielte für mich eben doch eine Rolle. Eine sehr große sogar.

Juliane Kretschmer / 32 / Hamburg

Mein erster Rollentausch

Florians Handy lag neben dem Bett. Es war, als würde es zu mir sprechen. Schau einfach nach! Er merkt es schon nicht! Ich beugte mich vorsichtig über Florian, hielt kurz inne, als er sich auf die andere Seite drehte, und schon hatte ich es in der Hand. Es fühlte sich nicht richtig an und ich überlegte eine Weile, ob ich es wirklich tun sollte. Doch dann strich ich mit dem Zeigefinger über das Display und die Aufforderung zur Codeeingabe leuchtete auf. Noch einmal schaute ich zu Florian hinüber, um zu prüfen, ob er vom Licht des Telefons vielleicht aufgewacht war, doch er schlief tief und fest. Der Code war natürlich kein Hindernis. Natürlich hatte ich meinem Freund Dutzende Male zufällig beim Eingeben der Zahlen über die Schulter geschaut. Fünf-sechs-zwei-sieben.

Ich überprüfte WhatsApp und den SMS-Verlauf und wurde enttäuscht. Ich schämte mich, dass ich überhaupt auf eine so dämliche Idee gekommen war. Doch als ich Florians Facebook-Nachrichten überflog, blieb ich bei Vanessa hängen. Er schien alle Nachrichten gelöscht zu haben. Bis auf die letzte:

Endlich mal eine Frau, die mir im Bett das gibt, was ich brauche! Danke für die unvergesslichen Stunden, liebste Vanessa.
Auf hoffentlich bald,
Flo

Ich las die Nachricht immer wieder. Ich sprach sie lautlos nach. Mein Hals schnürte sich zu, Tränen schossen mir in die Augen. Florian war der erste Mann, den ich aufrichtig liebte. In unserer Beziehung schien alles zu stimmen. Zugegeben, unser Sexleben war nicht mehr so wild und leidenschaftlich wie in unserer Anfangszeit, wir hatten nicht mehr täglich Sex – aber war das nicht normal? Ging das nach ein paar Jahren nicht allen Paaren so?

Ich rüttelte Flo wach.

»Warum tust du mir das an, Florian? Warum nur? Warum?«

»Hä? Was ist denn los?«

»Wer ist Vanessa, Florian?«

Jetzt saß er aufrecht im Bett, blickte auf sein Handy und riss es mir aus der Hand.

»Was soll das? Was machst du mit meinem Handy?«, fuhr er mich an.

»Unvergessliche Stunden? Als ich bei meinen Eltern war? Wo habt ihr gevögelt? Hier, in unserem Bett?«

Stille.

»Sag's mir, Flo, ich will es wissen!«

»Was würde das bringen? Es tut mir leid, Kleines, ich hab Scheiße gebaut und...«

»Hast du sie in unserem Bett gefickt, Florian?!«, schrie ich.

»Nein ... nein, natürlich nicht, wir waren in einem Hotel. Es hatte auch nichts zu...«

»Du bist so ein Arschloch, Flo! So ein verdammtes Arschloch!«

Am liebsten wäre ich auf die Straße gerannt. Nur raus hier. Doch Florian nahm mich in den Arm und ließ mich nicht mehr los. Mir war nicht nach Reden zumute. Ich wollte nicht noch mehr erfahren, das war erst mal genug. Der Kampf gegen meine Tränen machte mich müde und irgendwann schlief ich ein.

»Warum hast du das getan, Flo?«, unterbrach ich die Stille am Frühstückstisch. »Reiche ich dir nicht?«

»Quatsch, Merle, das ist es nicht.«

»Was ist es dann?«

Seine Ausflüchte konnten mich nicht beruhigen. Er verschwieg mir etwas, das spürte ich. Etwas Wichtiges.

»Flo, ich frage dich jetzt zum letzten Mal: Was hat dich zu dieser Frau getrieben?«

»Scheiße, Merle, es ist mir unangenehm, darüber zu sprechen. Kannst du das nicht einfach akzeptieren?«

»Sag mal, tickst du noch richtig?! Du betrügst mich und ich soll mich damit abfinden, dass du mir noch nicht mal den Grund verraten willst? Sei froh, dass ich überhaupt noch hier mit dir sitze!«

Wieder schwiegen wir uns minutenlang an. Ich versuchte, meine Tränen unter Kontrolle zu halten, und dachte darüber nach, einfach auszuziehen und alles hinzuwerfen.

»Du hast ja recht, Merle. Pass auf, ich geh 'ne Runde mit Balu um den Block und wenn ich wiederkomme, reden wir, okay?«

»Okay. Und hey: Ich bin deine Freundin, deine Frau. Du kannst mit mir über alles reden, das solltest du eigentlich wissen.«

»Das weiß ich eigentlich auch, Kleines. Eigentlich…«

Die halbe Stunde, die Florian mit Balu draußen war, kam mir vor wie ein halber Tag. Ich grübelte und grübelte. Was konnte so schlimm sein, dass Florian es mit der Frau, die er liebte – und die ihn liebte –, nicht teilen wollte? Offenheit war der Schlüssel zu einer guten Beziehung, Sprachlosigkeit ihr Killer – das war immer unser Motto gewesen!

Sie kamen zurück. Endlich.

»Hey.«

»Hey.« Balu sprang mir auf den Schoß. Ich kraulte ihm den Nacken, um mich ein bisschen zu beruhigen. Flo goss sich einen Becher Kaffee ein, setzte sich zu mir an den Frühstückstisch und lächelte mich gequält an.

»Okay, Merle, ich werde es dir jetzt erzählen, aber du musst mir versprechen, dass du mich nicht auslachst. Deal?«

»Deal!«

»Und dass du mich nicht verlässt!«

»Du kennst mich, Flo. Du weißt, dass ich dich nicht verlassen würde, nur weil du mich einmal betrogen hast.«

Der Mann, mit dem ich bereits seit vier Jahren Tisch und Bett teilte, stand auf. »Komm mal her, Kleines.« Er zog mich zu sich hoch und umarmte mich ganz fest.

»Es hat mir das Herz rausgerissen, als ich deine Zeilen an diese Frau gelesen habe.« Dicke Tränen kullerten über meine Wangen.

»Natürlich ... Und es tut mir auch leid, so unendlich leid. Ich hasse mich dafür, dass ich dir so eine Scheiße angetan habe, Merle, glaubst du mir das?«

»Ich denke schon. Wäre ja noch schöner, wenn es nicht so wäre, oder?«, sagte ich, während ich mir die Tränen aus den Augen wischte und mich wieder setzte. »Und nun sag mir, was du mit dieser Frau angestellt hast und warum du das nicht mit mir machen konntest, Flo.«

»Nichts.«

»Wie nichts?«

»Ich habe gar nichts mit ihr angestellt, aber sie mit mir.«

»Ach. Und was heißt das? Nun lass dir doch nicht jedes Wort aus der Nase ziehen und erzähl mir endlich die ganze Geschichte!«

Florian atmete tief durch.

»Sie hat es mir besorgt, verstehst du?«

Ich sah ihn erstaunt an.

»Nicht wirklich. Was soll das bedeuten?«

»Ganz einfach, Merle. Wenn wir Sex haben, gebe immer ich den Ton an. Ich mag das ja auch. Aber ich möchte mich auch mal fallen lassen, weißt du?«

»Und dafür gehst du zu einer fremden Frau? Wie bescheuert ist das denn?«

»Ich hab halt schlechte Erfahrungen gemacht. Den Wunsch nach einem Rollentausch hatte ich schon früher. Vor gut zehn Jahren. Doch als ich damals Tina von meinen Fantasien erzählte, dachte sie, ich wollte sie verarschen. Und als sie endlich merkte, dass ich es ernst meinte, lachte sie mich aus. Das war eine unheimliche Demütigung, die ich nicht noch einmal erleben wollte. Verstehst du das?«

»Das verstehe ich, Flo. Aber ich bin nicht Tina. Ich hätte dich nicht ausgelacht, ich wäre dir auch nicht böse gewesen. Warum auch? Ich finde deine Fantasien weder lächerlich noch abartig. Eher normal.«

»Echt? Sagst du das nur so oder siehst du das wirklich so?«

Er konnte so verdammt süß sein. Es war ihm immer noch unangenehm, über seine Vorliebe zu sprechen, und er konnte mir dabei nicht in die Augen schauen. Aber langsam taute er auf. Und das konnte er auch, denn ich fand wirklich nichts Schlimmes daran, dass Florian auch mal den passiven Part im Bett übernehmen wollte. Ganz im Gegenteil sogar – je länger ich darüber nachdachte, desto reizvoller fand ich den Gedanken, im Bett auch mal die Starke zu spielen. Dafür hätte er nun wirklich nicht zu dieser blöden Vanessa gehen müssen.

Es mag blöd klingen, aber ich war erleichtert über dieses Geständnis. Keine Ahnung, was geschehen wäre, wenn sein Betrug eine tiefere Bedeutung gehabt hätte und

Gefühle im Spiel gewesen wären. Vielleicht hätte ich um ihn gekämpft, vielleicht hätte ich ihn auch verlassen – ich weiß es nicht. Die Beziehung mit Florian war die Beste, die ich je gehabt hatte. Draußen in der Welt, aber auch im Bett. Es war Flo, der mich als erster Mann vaginal zum Kommen gebracht hatte. Ich liebte ihn über alles und auch seine Liebe hatte ich nie wirklich angezweifelt. Noch nicht einmal in dem Moment, als ich die Nachricht an Vanessa las. Und weil ich ihn nie wieder in die Verlegenheit bringen wollte, sich bei einer anderen Frau etwas holen zu müssen, was er bei mir nicht bekam, ergriff ich gleich am nächsten Tag die Initiative:

»Zieh dich an, Florian!«

»Wie bitte?«

»Zieh! Dich! An!«

»Äh, wie redest du denn mit mir, Merle?«

»Ich hab gesagt, du sollst dich anziehen! Hörst du schlecht?«

Nun begriff er endlich, dass das Spiel, nach dem er sich so gesehnt hatte, begonnen hatte. Er sah mich unterwürfig an, schlüpfte wortlos in seine Schuhe und half mir anschließend in meine Jacke. Schon auf dem Weg zur U-Bahn fiel mir auf, dass nicht er mich an die Hand nahm, sondern ich ihn. Fast die ganze Zeit sah er verlegen zu Boden. Seine Schritte wirkten unsicher und er sah ein wenig ängstlich aus.

»Stell dich nicht so an, Flo.«

»Ja, Merle.«

Ich hatte ihn noch nie schwach gesehen. Es gefiel mir. Seine Unterwürfigkeit erregte mich. Hin und wieder küsste ich ihn. Nicht so zärtlich wie sonst, nein, ich fasste einfach unter sein Kinn und steckte ihm meine Zunge in den Mund.

Einen Sexshop hatte ich mir immer anders vorgestellt. Ich dachte, diese Läden wären eher etwas für einsame Männer mit schrägen Fantasien. Doch als wir den Laden betraten und ich die vielen Spielzeuge erblickte, die vor allem für Frauen gedacht waren, steigerte sich meine Erregung noch. Als wir vor dem Regal mit den Umschnalldildos standen, fing Florians Gesicht an zu leuchten. Zaghaft deutete er auf einen ziemlich real aussehenden Silikonpenis.

»396,40 Euro, bitte!« Oha! Na, was tut man nicht alles für ein erfülltes Sexleben, nicht wahr?

Als ich mich in unserem Ganzkörperspiegel im Badezimmer betrachtete, wurde ich etwas unsicher. Hatte ich es mit meinem dominanten Schulmädchen-Look übertrieben? Meine Haare waren zu einem strengen Zopf zurückgebunden, ich trug meine Nerdbrille, eine weiße, weit aufgeknöpfte Bluse, unter der ein ebenfalls weißer Spitzen-BH hervorlugte, einen Minirock im Schottenkaromuster, halterlose Strümpfe und High Heels. Und als ob das noch nicht genug wäre, hatte ich mir auch noch den Strap-on umgeschnallt.

Ich kam mir ein bisschen lächerlich vor. Doch als ich mich im Schlafzimmer Florian präsentierte und sah, wie er mich mit einer Mischung aus Gier und Unterwürfigkeit anschaute, wusste ich, dass ich alles richtig gemacht hatte.

»Los, ausziehen!«

Hastig entledigte er sich seiner Klamotten. Sein Penis stand auf halber Höhe und deutete direkt auf das Gegenstück an meiner Hüfte. Mit festem Griff packte ich Flos Schwanz und zog ihn daran zu mir heran. Dann griff ich mit beiden Händen in seine Haare und drückte seinen Kopf nach unten. Er hob meinen Rock ein wenig an und glotzte gierig auf meinen Plastikpenis. Natürlich spürte ich nichts, als er vorsichtig zu blasen begann. Aber es entstand ein Gefühl von Macht in mir, das mich augenblicklich erregte. Ich drückte Florians Gesicht immer näher an meinen Schoß, bis er würgen musste.

»Das machst du schon ganz gut! Aber das reicht mir nicht. Ab aufs Bett, Arsch nach oben!«

Ich krallte meine Nägel so fest in Flos Pobacken, dass er laut aufstöhnte.

»Das gefällt dir, was?«

»Ja! Und wie! Hör nicht auf, bitte, bitte, hör nicht auf!«

Wie seltsam seine Worte klangen. Schließlich hatte ich nie davon geträumt, meinen Mann zu dominieren. Aber wie er da wimmernd vor mir lag und den nächsten Schlag erwartete, das ließ mich verdammt feucht werden. Huch! War Florians Fetisch am Ende auch mein Fetisch?

»Was machst du da?«, fragte Flo, als ich den Ponyplug aus seiner Verpackung befreite und mit Öl einrieb.

»Das merkst du gleich!«

Vorsichtig drückte ich das kegelförmige Kunststoffspielzeug so weit in seinen Anus, bis nur noch das Ende mit den langen schwarzen Haaren zu sehen war. Flo stöhnte noch viel lauter als gerade eben und grub seine Hände in die Matratze.

»Und jetzt leck mich. Und gib dir ja Mühe, verstanden?!«

»Ja!«

Es gibt nicht viele Männer, die gut lecken können. Aber Florian gehörte dazu. Er variierte die Geschwindigkeit und die Intensität, mit der er seine Zunge über meinen Kitzler kreisen ließ, und wusste genau, welche Stelle er mit seinen Fingern in meiner Muschi stimulieren musste, damit ich einen noch intensiveren Orgasmus hatte. Dieses Mal nahm er zusätzlich immer wieder den Dildo in den Mund und kehrte dann wieder zu meinem Kitzler zurück. Als ich das erste Mal kam, steckte seine Zunge tief in meiner Vagina.

Noch bevor ich mich wieder entspannte, spürte ich seine Hände und seine Zunge erneut. Bei dem Anblick, wie er meinen Plastikschwanz blies, verlor ich für kurze Zeit die Kontrolle. Florian wollte das sofort ausnutzen und versuchte, sich auf mich zu legen.

»Das könnte dir so passen, was? Vergiss es! Nun bist du erst mal dran!«

Ich schob Flo von mir herunter, positionierte ihn auf allen Vieren, kniete mich hinter ihn und zog ihn an seiner Hüfte zu mir heran. Der Ponyplug saß noch immer tief in seinem Anus. Langsam holte ich ihn heraus. Wieder stöhnte Florian auf.

Die ersten paar Zentimeter glitt der Umschnalldildo wie von selbst hinein. Wie weit sollte ich gehen? Ich hatte keine Ahnung. Doch als Florian seinen Hintern immer weiter an mich herandrückte, bohre ich den Dildo Millimeter für Millimeter bis zum Anschlag in seinen Anus. Was für ein Anblick! Meine Bewegungen wurden schneller und härter und Flo stöhnte lauter und lauter. Die Geräuschkulisse war verdammt heiß, aber ich wollte auch sehen, wie er es genoss.

»Dreh dich um!«

Ich glitt aus Florian hinaus und er drehte sich auf den Rücken. Seine Beine streckte er senkrecht nach oben und hielt seine Kniekehlen fest. Ich steckte ihm den Strap-on erneut in den Anus, während ich nach seinem Schwanz griff. Wieder stöhnte er laut auf und schloss die Augen. Er spannte seine Bauchmuskeln an und beugte sich leicht nach vorn.

»Fick mich, Merle! Bitte, bitte, fick mich!«

Gern. Sehr gern sogar. Während ich weiter rhythmisch zustieß, verwöhnte ich seinen Schwanz und seine Eier mit meinen Händen. Schon nach ein paar Sekunden begann sein Körper zu zucken und immer wieder schlug er mit beiden Fäusten auf die Matratze. Als sein Sperma auf seinen Bauch spritzte, schrie er laut auf.

Nachdem ich ihn von dem Dildo befreit hatte, legte ich mich neben ihn. Er atmete noch immer schnell. Nur langsam konnte er sich wieder beruhigen.

»Ich bin dir so unsagbar dankbar – das war einfach unglaublich, Merle!«

»Ah ja? Unglaublicher als die Nacht mit Vanessa, hm?«

»Vanessa? Wer war noch mal Vanessa?«

Merle Stoever / 34 / Oldenburg

Schwarz auf weiß

In unserer Stadt galten George Kwakumo und Johanna von Rensburg als seltsames Paar. Nicht nur äußerlich. Johanna hatte kupfernes Haar und ihr gesamter Körper war von unzähligen Sommersprossen bedeckt. Sogar vor ihren hellrosa Lippen machten die kleinen rotbraunen Punkte nicht halt.

Georges Familie lebte seit dem späten 19. Jahrhundert in Deutschland. Doch die Kwakumos hatten sich bisher so erfolgreich gegen einen Genaustausch mit den Mitteleuropäern gewehrt, dass George so schwarz war wie sein Ur-Ur-Großvater Ngazetungue Kwakumo, als dieser mit seiner Frau Thandiwe aus Deutsch-Südwestafrika, dem heutigen Namibia, nach Bayern auswanderte.

Johanna war klein und so extrovertiert, dass sie als Kind von ihren Eltern kaum zu bändigen war. George war das genaue Gegenteil. Er überragte Johanna um fast dreißig Zentimeter, wirkte trotz seines trainierten Körpers etwas schlaksig und war, wenn er nicht am Klavier saß, meistens ziemlich still. Wenn Johanna redete – und das tat sie eigentlich immer –, blickte George sie leise lächelnd an.

Er baute die kleine Tischlerei der Kwakumos zu einer gefragten Klavierwerkstatt aus und gemeinsam bewohnten Johanna und George die verwinkelte Dachwohnung darüber. Zwei Jahre nach ihrer Hochzeit brachte Johanna Mathilda zur Welt. Und damit begann für die beiden das Unglück und für mich der aufregendste Fall meiner Karriere.

Jedes Mal, wenn ich den glänzenden dunkelblauen Linoleumboden entlanglaufe, vorbei an den schweren graublauen Eisentüren, versuche ich, mir vorzustellen, wie es ist, wenn es keinen Ausweg mehr gibt. Wenn du nicht weißt, wann oder ob du überhaupt jemals wieder das Gefühl haben wirst, frei zu sein. Selbst zu entscheiden, wann du aufstehst, was du isst, welchen Kaffee du trinkst oder wo du zu welcher Uhrzeit hingehst. Nichts davon kann ich erahnen.

Trotzdem höre ich fast jeden Tag eine andere Geschichte darüber, wie es ist, gefangen zu sein. Ich kann zuhören, verstehen und aufmuntern; fühlen kann ich es nicht. Ich kann auch nicht helfen. Jedenfalls nicht sofort. Und jedes Mal, wenn die schwere Tür hinter mir ins Schloss fällt und ich das doppelte Knacken des Schlüssels höre, fühle ich mich erdrückt. Die kargen grün gestrichenen Steinwände, denen man ihre feuchte Kälte ansehen kann, und der wackelige Holztisch mit den drei Stühlen sehen aus, als wäre hier sämtliches Leben schon vor Jahren ausgestorben. Als sich George zum ersten Mal auf den Stuhl mir gegenüber setzte und ich in seine schwarzen Augen blickte, wusste ich nicht viel mehr als sonst, wenn ich als Verteidigerin bestellt wurde. Doch die Tatsache, dass er Johanna vergewaltigt haben sollte und mich ausgerechnet seine Schwiegermutter engagiert hatte, machte diesen Fall einzigartig.

George wirkte auf mich genau so, wie ihn Frau von Rensburg bei unserem ersten Telefonat beschrieben hatte. Mir fielen seine Hände auf, die trotz seiner Körpergröße feingliedrig, ja, fast filigran wirkten, und die stoische Ruhe, die er an den Tag legte, wenn er konsequent beteuerte, Johanna nicht vergewaltigt zu haben.

»Ich habe nur Mathilda zu ihr gebracht, damit Johanna das Wochenende mit ihr verbringen konnte.«

»Stimmt, Ihre Schwiegermutter hat erwähnt, dass Sie das Aufenthaltsbestimmungsrecht für Mathilda haben.«

»Ja, dabei hat mich Elisabeth unterstützt.«

Okay, jetzt wurde es immer skurriler.

»Ihre Schwiegermutter?«

George holte tief Luft, faltete seine wunderschönen Hände und beugte sich leicht nach vorn, bevor er begann, über die Zeit nach Mathildas Geburt zu sprechen.

Er erzählte mir, dass Johanna nach der Geburt ihr seelisches Gleichgewicht verlor. Die kleine Mathilda hatte sich bei der fast 16-stündigen Geburt mit Streptokokken infiziert und musste in eine Kinderklinik. Johanna bekam Schuldgefühle, aus denen sich extreme Ängste entwickelten. Sie hatte Angst vor sich selbst, vor dem Alleinsein, vor dem Schreien des Kindes und insbesondere davor, eine schlechte Mutter zu sein. Jeder ihrer Tage war bestimmt von

Weinen, Kraftlosigkeit und Angst. George litt sehr unter den Problemen seiner Frau, doch er stand zu ihr. Er fuhr mit Johanna von Spezialist zu Spezialist, doch niemand konnte den beiden wirklich helfen. Als sich Johanna von ihm trennte, hatte George nicht nur Angst um Mathildas Leben. Gemeinsam mit seinen Schwiegereltern überzeugte er erst das Jugendamt und dann die Familienrichterin, dass Mathilda bei ihm am besten aufgehoben sei.

»Das klingt ja alles sehr rührend, Herr, ähm … Kwakumo«, unterbrach ich ihn, »aber warum haben Sie Ihre Frau dann vergewaltigt?«

»Ich sagte doch: Ich habe niemanden vergewaltigt!«

»Herr Kwakumo …«

»Nein. Nix Herr Kwakumo. Noch mal zum Mitschreiben, Frau Anwältin: Ich habe niemanden vergewaltigt!«

Seine Körpersprache änderte sich abrupt. Er verschränkte die Arme, lehnte sich zurück und musterte mich skeptisch. So als ob er prüfen wollte, ob ich ihm glaubte.

»Okay, okay. Ich hab's ja verstanden. Ich werde jetzt erst mal die Akte anfordern und dann sehen wir weiter.«

»Wann wird das sein, Frau Anwältin?«

»Ich weiß es nicht, Herr Kwakumo. Nicht länger als drei Wochen.«

Ich hatte Elisabeth von Rensburg versprochen, sie über meinen Termin bei George zu informieren. Natürlich konnte ich ihr keine Details mitteilen, aber es sprach nichts dagegen, sie über Georges Stimmung zu unterrichten. Jetzt saß sie auf dem Besucherstuhl vor meinem Schreibtisch und trank einen Schluck aus der kleinen weißen Kaffeetasse, die sie dann behutsam und leise klackernd zurück auf die Untertasse stellte. Trotz ihres leichten Übergewichtes wirkte Frau von Rensburg in ihrem pfirsichfarbenen Mantel, dem dazu passenden dezent gemusterten Halstuch und mit ihrem perfekten Make-up nicht wie jemand, der einen Schwarzen als Schwiegersohn akzeptieren würde. Doch schon unser erstes Gespräch, in dem sie mir über George und Johanna berichtet hatte, hatte das genaue Gegenteil gezeigt. Sie liebte diesen Mann, ihre Enkelin und natürlich auch ihre Tochter. Aber die Kraft ihrer Stimme und ihr Gesichtsausdruck zeigten mir, dass sie fest davon überzeugt war, dass Johanna log.

Normalerweise ist es mir egal, ob ein Angeklagter schuldig ist oder nicht. Wichtig ist, dass ich für meinen Mandanten vor Gericht das bestmögliche Ergebnis erziele. Denn als Rechtsanwältin bin ich nicht der Moral verpflichtet, sondern meinem Mandanten. Außer in Hollywoodfilmen handelt kaum ein Rechtsanwalt nach moralisch einwandfreien Grundsätzen.

Wir klagen Mieter nur wegen laut spielender Kinder aus den Häusern unserer Mandanten, schreiben Schuldnern Drohbriefe oder verteidigen eben Vergewaltiger und Mörder vor Gericht. Wir sind die Verbindung zwischen der mehr oder weniger heilen Welt der meisten Menschen da draußen und den Abgründen menschlicher Schaffenskraft.

Doch dieses Mal war es mir nicht egal. George war unschuldig. Das war kein Gefühl, das war meine innere

Überzeugung. Es mangelte nicht nur an einem Motiv für die Tat. Als ich die ziemlich dünne Akte Kwakumo das erste Mal in den Händen hielt, fiel mir vor allem das Fehlen der üblichen Verletzungen auf, die eine Vergewaltigung normalerweise mit sich bringt. George hatte zwar Kratzwunden am Oberarm und an der Schulter, Johanna war jedoch frei von Verletzungen. Sie begründete das damit, dass sie sich aus Angst nicht gewehrt, sondern den Sex mit George zugelassen hatte. Die Staatsanwältin und den Haftrichter hatte das überzeugt. Mich jedoch nicht. Ich musste mehr über Georges Charakter wissen und fuhr erneut in die JVA.

»Was ist hier passiert, Wehmeyer?«, fragte ich den Vollzugsbeamten.

»Keine Ahnung, Frau Ullrich. Hab gehört, er ist in der Dusche ausgerutscht und irgendwie blöd hingefallen. Passiert ja hier schon mal, nicht wahr.«

Es wäre nicht das erste Mal gewesen, dass ein Vollzugsbeamter die Mitgefangenen über die Anklage gegen einen Sexualstraftäter informierte. Und an seinem nervösen Wippen und dem unaufhörlichen Hantieren mit dem Zellenschlüssel erkannte ich, dass wir beide genau wussten, was geschehen war. Schwarze Vergewaltiger befinden sich in der Knasthierarchie eben noch unterhalb der Kinderschänder.

»Wann holen Sie mich hier raus, Frau Anwältin?«

George hatte trotz seiner Verletzungen seinen Stolz nicht verloren. Sein Blick war geradeaus auf mich gerichtet, seine Hände lagen flach mit den Innenflächen nach unten auf dem Tisch. Er bemühte sich, gefasst zu bleiben, trotz des geschwollenen Jochbeins, das, blaugrün gefärbt, nahtlos in sein lädiertes Auge überging.

»Was ist hier passiert, Herr Kwakumo?«

»Wie es der Beamte gesagt hat, Frau Anwältin. Ich bin hingefallen.«

Ich seufzte.

»Ich sehe die Sache so: Die Aussage Ihrer Frau steht gegen Ihre. Wir werden einen Weg finden, das Gericht von Ihrer Unschuld zu überzeugen. Das Problem ist nur, dass Sie tatsächlich bei ihr waren.«

Er stützte seinen Kopf in beide Hände und ich sah an seinen Knöcheln, dass er sich unter der Dusche gewehrt haben musste. Seine Schultern fingen an zu zucken. Erst kaum merklich, dann unkontrolliert. Seine Zweifel an allem, woran er bis heute geglaubt hatte, waren unübersehbar.

»Herr Kwakumo!« Ich versuchte, ihn aus seiner Verzweiflung herauszureißen. »Herr Kwakumo! Bitte! Ich glaube Ihnen doch!«

In diesem Moment blickte er auf. Seine Wangen waren feucht von seinen Tränen und spiegelten das Grün der Wände und das fahle Licht der Neonröhre über uns wider. In seinem Blick lag plötzlich Zuversicht und er beruhigte sich wieder. Ich griff mit meiner rechten Hand nach seiner linken. Für einen Moment drückte ich zu und erschrak. Das ist zu viel Nähe, Sandra!

»Herr Kwakumo, ich werde versuchen, Sie in eine andere JVA verlegen zu lassen. Haben Sie das verstanden?«

Er nickte und suchte noch immer den Kontakt zu meiner Hand. Er kam mir vor wie ein kleiner Junge vor seinem ersten Zahnarztbesuch.

»Sie werden mir helfen, Frau Anwältin. Oder?«

»Ja, das werde ich.«

Ich würde ihn hier rausholen!

Doch das musste ich nicht. Zwei Tage später rief mich George plötzlich an. Seine Stimme klang warm. Offensichtlich hatte er seine stoische Ruhe wiedergefunden.

»Frau Anwältin, Johanna hat ihre Aussage widerrufen.«

»Das ... das ist ja wunderbar!«

»Würden Sie mich vielleicht abholen? Ich weiß nicht, wer das sonst tun sollte und ...«

»Natürlich, Herr Kwakumo«, unterbrach ich ihn. »Ich bin in dreißig Minuten da. Ich freue mich wirklich sehr!«

Als sich die Pforte öffnete und George heraustrat, schaute er sich suchend um. Der hellgraue, leicht schimmernde Anzug und das weiße Hemd darunter standen ihm hervorragend. In dem Moment, als er mich erblickte, nahm er seine Sonnenbrille ab, unter der noch immer Spuren seiner Verletzung zu sehen waren.

»Wie geht es Ihnen, Herr Kwakumo?«

»George, nennen Sie mich George, Frau Anwältin.«

In seinen Worten schwang Freude und Erleichterung mit.

»Und ich bin Sandra, nicht Frau Anwältin, George.«

Wir schauten uns kurz an, bevor wir beide lachen mussten. Im Auto schwieg er, bis wir vor dem kleinen blauen Haus anhielten, in dem sich seine Werkstatt befand. Während der Fahrt beobachtete George die Straßen und Menschen, so als wäre er zum ersten Mal in einer fremden Stadt. Er sog seine wiedergewonnene Freiheit mit jedem Atemzug in sich auf.

»Kann ich Sie noch auf einen Drink einladen?«

Ich zögerte kurz, er war schließlich mein Mandant und wir wussten beide genau, worauf es hinauslief, wenn ein Mann eine Frau auf einen Drink in seine Wohnung einlud.

Doch er war nun ja gar nicht mehr mein Mandant!

»Okay, ein Drink!«

Etwas erschöpft ließ ich mich auf das dunkelrote Mammutsofa fallen und beobachtete George durch die offene Küchentür beim Zubereiten der Drinks. Er hatte das Sakko abgelegt und unter seinem Hemd, das er um einen weiteren Knopf geöffnet hatte, konnte ich das Spiel seiner Oberarmmuskeln erahnen. Er setzte sich neben mich, gab mir eines der zwei Gläser in die Hand und hob sein eigenes an.

»Auf die Gerechtigkeit!«

Unsere Gläser klirrten und ich nahm einen vorsichtigen Schluck. Der Hemingway Daiquiri war perfekt gemixt, nur ganz leicht schmeckte man den Havana Club heraus und trotzdem breitete sich eine wohlige Wärme in meinem Körper aus. George blickte über den Rand seines Glases unverhohlen auf meine Brüste und es schien ihm nicht einmal peinlich zu sein.

»Du bist eine wirklich hübsche Frau, Sandra.«

Dann nahm er mir mein Glas aus der Hand und küsste mich. Seine Lippen waren unfassbar weich und seine Zunge suchte sich zärtlich vortastend den Weg in meinen Mund. Ich konnte zuerst gar nicht reagieren. Wie konnte er bloß spüren, dass ich genau das jetzt wollte?

Er strich mir mit seiner Hand eine Strähne aus dem Gesicht und öffnete meine Haarspange.

»Du hast so schöne Haare, Sandra. Warum versteckst du die nur?«

Ich konnte nicht anders, als mich fallen zu lassen. Entspannt ließ ich mich treiben und genoss die immer intensiver werdenden Küsse. Zärtlich und behutsam ertasteten seine Hände meinen Oberkörper. Seine spürbare Erregung war mit der plumpen Geilheit, die mich bei meinem letzten Sex mit einem Staatsanwalt nahezu angeekelt hatte, überhaupt nicht vergleichbar. Mittlerweile lag ich mit dem Rücken auf der Couch und George kniete neben mir auf dem Fußboden. Als er mir meine Bluse und den BH auszog, sah er mich bewundernd an. Immer wieder strich er mit seinen Händen über meine Brustwarzen und küsste mich dabei, bis ich vor Lust fast verrückt wurde. Es war nicht nur die Art, wie er mich berührte. Es war die Geduld, mit der er sich um meine Erregung kümmerte. Ich zog ihm sein Hemd aus. Was für ein Anblick! Dieser Oberkörper! Ich küsste seine Brust und glitt mit meiner Hand in seine Hose.

»Steh auf, George.«

Jetzt kniete ich vor ihm und öffnete seine Hose, die sofort auf seine Füße fiel. Unter seinen Shorts zeichnete sich bereits sein Penis ab, der allerdings nicht überdurchschnittlich groß zu sein schien. Ich konnte es nicht erwarten, sein Glied mit meinen Lippen und meiner Zunge zu verwöhnen. George genoss es sichtlich, in meinem Mund zu sein. Er vergrub seine Hände in mein Haar und schob meinen Kopf immer wieder nah an seinen Körper heran. Er stöhnte und legte den Kopf in den Nacken. Kurz bevor er kam, hob er mich an und setzte mich zurück auf die Couch. Er schob meinen Rock nach oben und zog mir meinen Tanga aus. Mit seinen Fingerspitzen schob er meine Schamlippen auseinander und leckte einmal von unten nach oben durch meine nasse Spalte. Doch ich wollte jetzt mit ihm schlafen. Ihn in mir spüren. Also zog ich ihn zu mir heran, küsste ihn und hauchte ihm meinen Wunsch ins Ohr.

Wie von selbst fand sein Penis den Weg in meine Vagina. Seine Bewegungen passten sich fortwährend den meinen an. Es fühlte sich so geschmeidig an, als ob unsere schwitzenden Leiber zu einem einzigen Körper verschmolzen. George wirkte unangestrengt, obwohl er ständig seine Position änderte, nur um noch tiefer, noch intensiver in mich einzudringen. Er massierte meinen Kitzler, küsste mich, streichelte mein Haar und trieb seinen Penis immer wieder in mich hinein, bis mein Verstand in einem Orgasmus kollabierte, wie ich ihn noch nie zuvor erlebt hatte. Ich verlor völlig die Kontrolle über meinen Körper. In diesem Moment wollte ich ihn nur noch schmecken, warf ihn auf die Seite und nahm sein Glied wieder in meinen Mund. Noch immer zuckte mein Unterleib und George sorgte mit seinen Fingern dafür, dass es nicht aufhörte. Gierig saugte ich seinen Penis immer wieder in mich hinein, bis er sich endlich in mich ergoss. George stöhnte, nein, er schrie seinen Orgasmus förmlich heraus.

Ich war noch immer außer Atem, als ich meinen Kopf auf seine Brust legte. Sein Herzschlag war deutlich zu spüren. Der Geruch seines Schweißes und seiner Haut ließen mich nicht mehr los.

Nach etwa einem Jahr wollten wir zusammenziehen, der Umzugslaster war bereits bestellt. Doch im Laufe der Vorbereitungen wurde mir klar, dass George nicht der Mann war, mit dem ich alt werden wollte. So blöd es klingen mag, aber er war einfach zu nett für mich. Ich stehe auf Männer, die wissen, was sie wollen, und die sich auch mal behaupten, wenn es darauf ankommt. George wollte oder konnte das nicht. Alle Entscheidungen blieben an mir hängen, die großen und die kleinen. Dazu kam: Ich gehe gern unter Menschen, mal in ein Restaurant, in einen Tanzklub oder ins Theater. Für George war das alles nichts. Er wollte immer nur bei einem guten Glas Wein zu Hause bleiben, mir zuhören und dabei lächeln. So hart es klingen mag, aber George langweilte mich mit seiner stoischen Ruhe zu Tode. Es fiel mir leicht, mich von ihm zu trennen. Den schwarzen Körpern blieb ich jedoch treu.

Katja L. / 36 / Augsburg

Das erste Mal

Meine Eltern achten schon lange nicht mehr darauf, ob sie eine Blume im Haar haben, wenn sie nach San Francisco gehen. Aber Blumenkinder, Hippies also, sind sie noch heute. Auch wenn sie nicht mehr so aussehen. Mir war das ziemlich oft ziemlich peinlich. Vor allem dann, wenn die beiden mit mir über Sex redeten. Mit fünf wusste ich bereits, wo die Babys herkamen, und ich kann gar nicht zählen, wie oft ich die beiden in eindeutigen Situationen an den unterschiedlichsten Stellen in unserem Haus erwischt habe.

Für mich hingegen ist Sex völlig sinnfrei. Trotzdem nehme ich ihn in Kauf. In meinen Beziehungen und bei den wenigen One-Night-Stands, die ich hatte. Und nach jedem Mal frage ich mich, warum ich mir das antue. Schon mal einen Typen gehabt, der mit zu langen Fingernägeln in dir herumstochert? Oder einen, der dich besteigt, sich dreimal hin- und herbewegt, abspritzt und dann einschläft? So was passierte mir ständig. Mein Exfreund war Meister in beidem!

Ich habe auch keine erogenen Zonen. Selbst wenn ich mal Lust habe, mit einem Mann zu schlafen, hat jede noch so gekonnte Berührung meiner Brustwarzen keinerlei Auswirkung auf mich. Ich werde nicht feucht und schon gar nicht geil. Im Gegenteil. Mein Gegenüber braucht nur eine falsche Bewegung zu machen und ich verliere sofort jeden noch so kleinen Ansatz von Lust, der zart in mir keimt. Wer es bei mir mit einem Vorspiel versucht, scheitert kläglich.

Seit meinem ersten Mal – ich war bereits zwanzig – fühlt sich ein Penis in mir unangenehm an. Als sei ich untenrum komplett ausgefüllt. Manchmal habe ich dabei sogar das Gefühl, ich müsste auf die Toilette. Doch weil ich mir immer noch nicht sicher bin, ob es an den Männern oder an mir liegt, bin ich nach wie vor auf der Suche nach dem magischen Moment, der mich von meiner Qual befreit. Heute Abend werde ich Christoph kennenlernen.

Christoph ist zehn Jahre älter als ich und ein Kumpel von Annas Freund Tobi.

»Den musst du kennenlernen«, hat sie gesagt. »Wenn ich nicht mit Tobias zusammen wäre, dann wäre Christoph genau mein Typ. Mehr verrate ich nicht.«

Super, Annas geheimnisvolle zweite Wahl soll also der Mann meines Lebens sein? Schon jetzt weiß ich, was heute Abend passieren wird: Der supersüße Christoph wird mich zu Tode langweilen, indem er mir von seinem noch langweiligeren Job bei irgendeiner sozialen Einrichtung erzählt, und leider überhaupt nicht verstehen können, warum ich ausgerechnet Wirtschaftspsychologie an einer privaten Uni in Göttingen studiere, anstatt mit ihm zusammen die Welt zu retten. Es kann halt nicht jeder in die Fußstapfen seiner Eltern treten. Und weil Anna meine Eltern auch voll cool findet, wird sie wieder nicht verstehen, warum Christoph absolut nicht mein Typ ist.

Aber egal, heute ist Samstagabend und ich habe nichts Besseres vor. Also ab ins Chez Heinz, tanzen und sich beim Karaoke ordentlich blamieren. Da der Laden allerdings eher was für Anna oder meine Eltern ist, ziehe ich mein Fass-mich-nicht-an-Outfit an: schwarze Jeans, schwarze Sneaker, schwarzes T-Shirt, schwarzer Blazer. Dazu ein Dutt und so wenig Make-up wie möglich.

Im Chez Heinz ist es wie immer. Die dunkelrote Farbe der Wände sieht weiterhin so aus, als würde sie jeden Moment abblättern, und die einsame Diskokugel an der schmutzig-grauen Decke strahlt das Flair einer Nerdparty aus, zu der niemand gern kommen will. Ich verstehe nicht, warum Anna diesen Schuppen so liebt. Obwohl, aus ihrer Sicht vielleicht schon: haufenweise Typen mit Adidas-Trainingsjacken, bedruckten T-Shirts und Hipsterbärten kickern mit Frauen in Adidas-Trainingsjacken und bedruckten T-Shirts über 08/15-Tätowierungen. Ich hole mir erst mal ein Bier – Astra aus der Flasche – und stelle mich an einen der runden und immer etwas klebrigen Tische, die an den Seiten der noch leeren Tanzfläche stehen.

Anna und Tobi sind auch wie immer. Sie kommen zu spät. Daher nutze ich die Zeit, um Beobachtungen über das urbane Balzverhalten an den beiden Kickertischen im Rahmen einer Feldstudie für mein Studium anzustellen. Manchmal frage ich mich wirklich, wer diese Kreuzung aus Hippies und Nerds erfunden hat und vor allem warum sich Jungs Vollbärte wachsen lassen, obwohl an ihren Wangen lediglich ein paar Fusseln sprießen. Vielleicht sollte ich darüber meine Doktorarbeit schreiben.

Anna reißt mich aus meiner Analyse und knuddelt mich überschwänglich.

»Süüüüßeee!«

Ich freue mich wirklich, sie zu sehen. Es ist ja auch schon eine Weile her, denn mittlerweile komme ich nicht mehr oft am Wochenende nach Hannover. Tobi hat jetzt auch einen wangenfreien Vollbart. Er belässt es bei einem angedeuteten Winken und einem »Hey!«. Noch so etwas, das ich nicht mag. Niemand begrüßt einen mehr richtig. Wenn man Glück hat, bekommt man die Gettofaust hingehalten. Sogar in Linden. Dem Getto der Hannoveraner Hipster.

Und dann sehe ich Christoph. Groß, gerade Schultern, markantes Kinn. Kein Matthias-Schweighöfer-Gesicht, sondern eher Richtung Christian Bale. Als sich unsere Blicke treffen, kommt er auf mich zu und streckt seine Hand aus.

»Hallo, ich bin Christoph.«

»Und ich bin Juli.«

Angenehmer, fester Händedruck. Und aus seiner Richtung strömt ein leicht frischer Duft. Das ist kein billiges AXE, ich tippe auf Chanel Allure Homme. Sein Bart beschränkt sich auf seine Oberlippe und sein Kinn und wirkt dicht und gepflegt. Sein Outfit ist ebenso perfekt: dunkelblaue Jeans, schwarzes T-Shirt mit V-Ausschnitt und schwarzes Sakko.

»Freut mich, dich kennenzulernen, Juli.«

»Mich auch.«

Er fragt nicht mal, warum ich so einen bescheuerten Namen habe? Entweder hat Anna ihn über die Kreativität meiner Eltern bei der Namensfindung bereits aufgeklärt oder er ist einfach nur freundlich. Normalerweise höre ich immer so was wie: »Juli? So wie der Monat?« Aber Christoph steht einfach nur da, lächelt und freut sich, mich kennenzulernen.

»Was trinkt man denn hier so? Bier aus Flaschen?«

»Nein, die haben auch Cocktails, aber nur mit dem billigen Zeug. Bacardi und so.«

»Dann hole ich mal Bier.«

Als ich Christoph nachblicke, wie er zur Theke geht, bemerke ich sofort, dass sich seine Hipster-Geschlechtsgenossen durch seine Anwesenheit bedroht fühlen. Vergeblich versuchen sie, ihre Weibchen daran zu hindern, ihm hinterherzuschauen. Keine Sorge, Jungs. Das ist ein Mann und er holt sich nur ein Bier. Mittlerweile ärgere ich mich über mein Outfit. Wenigstens die High Heels hätte ich anziehen können. Christoph kehrt mit zwei Astra zurück, stellt mir eins vor die Nase und prostet mir lächelnd zu. »Auf den Abend.«

Langsam wird es voller und die ersten Jungs versuchen krampfhaft, schnulzige Popsongs in die Karaoke-Mikrofone zu krächzen. Das Schöne am Hipster ist, dass ihm nichts peinlich ist. So kann ich mich wenigstens etwas amüsieren. Auch Tobi versucht sein Glück. Für seine große Liebe Anna singt er Bruno Mars' *Treasure*. Sein »Hey Baby« klingt furchtbar hilflos, doch Anna ist hin und weg.

»Ist er nicht süß?«

»Du hast so ein Glück, Anna.«

Das ist natürlich geheuchelt und ich hoffe, dass sie es nicht merkt. Tobias ist wirklich nett, aber seine Versuche, cool zu wirken, scheitern in der Regel kläglich. Im Grunde ist es mir auch egal, solange Anna glücklich mit ihm ist. Sie mag es einfach, alles im Griff zu haben. Und Tobi hat sie fest im Griff. Als er mit stolzem Blick zurückkehrt, bekommt er sogar einen Belohnungskuss.

»Dann versuche ich jetzt mal mein Glück!«

Nein, Christoph, bitte nicht! Du warst doch bis jetzt ein richtig cooler Typ. Und das willst du nun in drei Minuten und zwanzig Sekunden wieder kaputt machen? Doch meine Gedanken können ihn nicht aufhalten. Auch nicht die noch immer leicht ängstlichen Blicke der Hipster-Männchen, die ihr Revier von Christoph bedroht sehen.

Schon bei den ersten zwei Takten breche ich innerlich zusammen. Bitte nicht *My Way*. Abgenudelter ist kein Karaokesong. Doch dann setzt Christophs Stimme ein und schon beim ersten Ton stellen sich die Härchen auf meinen Unterarmen auf. Eine tiefe, aber glasklare Baritonstimme, die den johlenden Saal abrupt verstummen lässt. Christoph hat die Augen geschlossen und singt, als wolle er Frank Sinatra, Elvis Presley und Harald Juhnke gleichzeitig die letzte Ehre erweisen. Hin und wieder, wenn die Töne höher werden und seine Stimme lauter, hält er das Mikrofon ein wenig weiter von seinem Mund weg. Plötzlich scheint alles um ihn herum nicht mehr zu existieren. Es gibt nur diesen einen Augenblick. Der Song, das Mikrofon und Christoph.

But through it all when there was doubt
I ate it up and spit it out
I faced it all
And I stood tall
And did it my way.

Wie kann ein Song, den man schon hunderttausendmal von tausend verschiedenen Interpreten gehört hat, nur so anders klingen? Wie kann man so viel Gefühl ausstrahlen, so viel Sicherheit und so viel Hingabe? Wie kann man mich so aus der Fassung bringen und sogar dazu veranlassen, eine Träne zu vergießen? Mich! Die Eisprinzessin höchstpersönlich!

Nachdem der Song ausgeklungen ist, ist es für einige Sekunden still. Keine Flasche klirrt, niemand hustet. Erst als Christoph seine Augen wieder öffnet und das Mikrofon zur Seite legt, setzt der Applaus ein. Erst zaghaft, dann lauter. Selbst von den noch immer skeptischen Hipster-Jungs.

»Hab ich's dir nicht gesagt? Der ist doch megasüß«, flüstert Anna andächtig. Nein, Christoph ist nicht süß. Tobi ist süß. Christoph ist umwerfend.

»Ich liebe diesen Song. Er sagt in vier Minuten alles, was man über das Leben wissen muss«, sagt Christoph, als er wieder an unserem Tisch steht.

»Wo hast du singen gelernt?«

»Och, das kann ich einfach. Ist mein Hobby, seit ich zwölf bin.«

»Das klingt mehr nach Berufung als nach Hobby.«

»Ja, das sagen viele.«

Er zwinkert mir zu. Ich bin immer noch von seinem imposanten Auftritt beeindruckt – auch wenn inzwischen wieder das Durchschnittsgeheul aus den Boxen schallt – und flüchte erst mal zur Bar, um uns neues Bier zu holen und meine Fassung wiederzugewinnen. Obwohl Christoph sich für sein frisches Bier bedankt, scheint es ihm etwas unangenehm zu sein, von mir eingeladen zu werden. Er weicht mir zwar nicht von der Seite und riskiert auch keinen Blick zu den anderen Mädels im Klub, trotzdem hat er mich noch immer nicht berührt. Nicht mal zufällig. Ein wenig neidisch sehe ich zu Anna und Tobi hinüber, die wild knutschend an der dunkelroten Wand lehnen, während die Lichter der Diskokugel über ihre verschlungenen Körper huschen.

»Sag mal, wollen wir mal an die Luft gehen, Juli?«

»Klar.«

Ich greife seine Hand und ziehe ihn hinter mir her zum Ausgang. Irgendjemand muss ja die Initiative ergreifen. Erst jetzt bemerke ich, wie weich seine Hände sind. Als wir endlich die Treppe hinter uns gelassen haben und die frische Nachtluft inhalieren, halte ich immer noch seine Hand und will sie auch gar nicht mehr loslassen. Wortlos laufen wir Hand in Hand ein Stück die Straße am alten Fössebad entlang. Unter der Brücke des Messeschnell-wegs bleibt Christoph plötzlich stehen und greift nach meiner anderen Hand. Wie von einer unsichtbaren Schnur gezogen, nähern sich unsere Lippen vorsichtig einander an, bis sie endlich aufeinandertreffen. Bei jeder kurzen

Berührung öffnet Christoph seinen Mund ein wenig mehr, bis genug Platz für seine Zunge ist. Meine Hand greift in seinen Nacken und zieht sein Gesicht näher an meins. Ich kann noch immer nicht glauben, was ich hier tue. Aber so bin ich noch nie geküsst worden.

Dann ist plötzlich die Angst zurück. Ich muss irgendwas Schlaues sagen, irgendeinen Grund finden, warum dieser Kuss jetzt vorbei ist. Doch Christoph lässt mir zu wenig Zeit zum Nachdenken. Die Schnur zwischen unseren Lippen will einfach nicht zerreißen. Mein Verstand kämpft mit meinen Lippen, die sich wieder und wieder auf Christophs Mund drücken. Und irgendwann verliert er.

»Lass uns hier weggehen, Christoph.«

»Und wohin?«

»Zu mir.«

»Bist du sicher?«

»Ja.«

Noch bevor mir bewusst wird, worauf ich mich gerade einlasse, zieht mich wieder die unsichtbare Schnur. Seine Zunge drängt in meinen Mund, während er mich noch näher an sich heranzieht. Zwischen unseren Küssen hauche ich ihm zu, dass wir ein Taxi brauchen und ich Anna Bescheid sagen muss. Doch Christoph will nicht aufhören. Als ich mein Handy aus der Tasche hole und während des Küssens hinter seinem Kopf versuche, Anna eine Nachricht zu schicken, muss ich anfangen zu lachen.

»Hör doch mal kurz auf! Sonst stehen wir morgen früh noch hier.«

Auch während des Telefonats mit der Taxizentrale kann ich ihn nicht loslassen. Es fühlt sich einfach zu gut an, von Christoph gehalten zu werden.

Im Taxi kuschle ich mich an ihn heran. Sein Arm liegt auf meiner Schulter und seine Hand streichelt beruhigend meine Schläfe, während er mich immer wieder auf meine Haare küsst. Christoph ist nicht fordernd, er versucht nicht, ständig an mir herumzufummeln. Alles, was wir tun, geschieht einfach.

Hoffentlich sind meine Eltern nicht mehr wach! Leise schleichen wir die Treppe zu meinem Zimmer hinauf und als ich endlich die Tür hinter mir schließe, fallen alle Ängste und Zweifel von mir ab.

Noch nie war ich in so kurzer Zeit nackt und noch nie habe ich mich so wohl dabei gefühlt. Christophs Küsse hören nicht auf. Seine Hand wandert an meinem Rücken hinab zu meinem Po, seine Lippen zu meinen Brüsten. Und dann passiert es. Ich zittere, nein, ich bebe. Meine Brustwarzen recken sich seinen Lippen entgegen und ich werde feucht. Meine Vagina öffnet sich bereitwillig, um Christoph in sich aufzunehmen. Sein Glied drückt gegen meinen Oberschenkel und als ich nach ihm greife, stöhnt Christoph kurz auf. Zu sehen, wie er meine Berührungen genießt, treibt meine Erregung weiter voran.

Ich drehe ihn auf den Rücken, küsse seinen flachen Bauch, streichle seine Hoden und drücke sie leicht nach unten, sodass sich sein Penis aufrichtet. Mit meinen Lippen umschließe ich seine Eichel. Ganz vorsichtig lasse ich ihn in meinen Mund gleiten. Christoph entspannt sich, streicht durch meine Haare und stöhnt. Sein Geschmack ist wunderbar, sein Geruch betörend.

Als ich aufhöre, fordert Christoph einen Kuss. Wieder spielen unsere Zungen miteinander, in ihrem ganz persönlichen Rhythmus. Ich sitze auf ihm und gleite langsam hinab, bis ich an seine Penisspitze stoße. Wie von selbst gleitet er in mich hinein und sofort vollführen unsere Unterleibe identische Bewegungen.

Ich sehe ihn an. Wie er unter mir liegt, sich windet, den Kopf im Nacken, die Augen geschlossen und schnell atmend. Dann lehne ich mich zurück. Immer wieder hebe ich meinen Körper leicht an und immer intensiver drängt Christophs Glied in mein Inneres. Plötzlich zieht sich mein Beckenboden zusammen. Ich lehne mich nach vorn, drücke meine Finger in Christophs Brust und bewege mich nur noch vor und zurück. Ich will ihn noch tiefer in mir spüren. Wieder fühle ich meinen Beckenboden. Dieses Mal breitet sich der Krampf in meiner gesamten Vagina aus. Ich werde schneller, keuche, stöhne, schreie, bis sich alles in einer großen Explosion entlädt. Und noch einer. Und noch einer. Christophs Orgasmus bekomme ich gar nicht richtig mit, zu sehr bin ich von meinen eigenen Empfindungen überwältigt. Mein Verstand ist ein und für alle Mal aus meinem Kopf gevögelt.

Mit seinen Händen greift Christoph nach meinen Schultern. Zitternd lasse ich mich auf seine Brust herabsinken. Ich spüre Herzschläge, ohne genau sagen zu können, ob es Christophs oder meine sind. Durch meine aufgeblähten Wangen puste ich Luft nach draußen und immer wieder zucken vereinzelte Nachbeben durch meinen Körper, die mich leise wimmern lassen. Ich vergrabe mein Gesicht in der aufgewühlten Bettwäsche, bis ich langsam wieder zur Besinnung komme. Verschwitzt drücken sich noch immer unsere Körper aneinander.

»Danke«, flüstere ich.

Christoph antwortet nicht. Das muss er auch nicht. Er drückt mich nur noch ein wenig fester an sich.

»Das war mein erstes Mal, Christoph.«

»Dein erster Orgasmus?« Verwirrung mischt sich mit Stolz.

»Nein, mein erstes Mal richtiger Sex.«

Juli M. / 31 / Hannover

282

Ich will doch nur spielen

»Eines muss man ihm lassen: Schenken kann er!« Keine Ahnung, wie oft ich mir diesen Satz anhören musste. Ursprünglich kam er von der Mutter der Exfreundin meines Freundes und auch er selbst feiert sich gern mal. Umso enttäuschter bin ich, als ich Heiligabend 2014 unter unserem Weihnachtsbaum eine Kiste von der Größe eines Umzugskartons öffne, die bis oben hin voll mit Sexspielzeug aller Art ist.

Sexspielzeug? What the fuck? Ist das nicht nur was für Leute, bei denen es im Bett nicht mehr läuft? Soll das etwa eine Anspielung sein? Langweile ich ihn? Und überhaupt, wir haben doch ausdrücklich abgemacht, dass wir uns nichts Großes schenken, sondern das gesparte Geld lieber in unseren ersten gemeinsamen USA-Trip investieren wollten! Wir sind jetzt zwei Jahre zusammen, aber waren noch nie gemeinsam im Urlaub, weil das Geld nie reichte, und ausgerechnet da schenkt er mir Sexspielzeug? Geht's noch?!

Oliver entgeht meine Enttäuschung nicht.

»Was ist denn los, Engel? Gefallen dir die vielen Geschenke etwa nicht?«

»Na ja ... Ach, ich weiß auch nicht ... Sexspielzeug? Brauchen wir das? Ist es schon so weit?«

»Wie? Schon so weit? Es soll doch nichts in unserem Liebesleben kompensieren. Das läuft doch bei uns. Nee, es soll unser Liebesleben bereichern! Und hey: Sexspielzeug kann man immer gebrauchen! Vor allem das, was ich dir geschenkt habe. Das ist nicht so billiger Murks, das ist ganz hochwertiges Zeug von einem ganz besonderen Hersteller.«

»Kann ja sein, aber wir hatten doch ausgemacht, dass wir unser Geld für einen Urlaub sparen.«

»Machen wir ja auch! Ich hab's dir noch nicht erzählt, weil ich dich damit überraschen wollte: Aber besagter Hersteller wird die nächsten zwölf Monate fett Werbung auf meinem Blog schalten!«

»Ach echt? Na, das klingt doch super!«

»Ist es auch. Und um das zu feiern, habe ich mir ein kleines Spielchen überlegt. Pass auf: Wir probieren jedes einzelne Spielzeug aus. Für jeden Orgasmus, den du bekommst, schenke ich dir fünfhundert Urlaubskilometer. Das bedeutet: Bei zehn Orgasmen bist du in Amerika! Na, was sagst du?«

»Hol das Zeug raus und lass uns loslegen, Mann!«

Fünf Minuten später sitzen wir nackt auf unserem Bett und albern ein wenig herum, als mein Mann die erste Packung aus der Kiste holt.

»Love Balls von Rocks-Off«, sagt Oliver. »Das klingt doch schon mal sehr vielversprechend!«

»Liebeskugeln? Na, *du* musst sie dir ja auch nicht einführen!«

»Sagt wer? Und überhaupt: Nun sei doch mal nicht so anti. Lass uns dem Zeug hier eine Chance geben, okay?«

»Na gut.«

Oliver liest – typisch Mann! – normalerweise nie eine Gebrauchsanweisung, dafür ist er viel zu ungeduldig. Umso überraschter bin ich, als er mir jetzt die Kugeln nicht direkt in die Muschi schiebt, sondern in aller Ruhe den Beipackzettel studiert.

»Die Schrift dieser Gebrauchsanweisungen wird auch von Jahr zu Jahr kleiner, ist dir das schon mal aufgefallen, Herz?«

»Nö. Das Einzige, was mir auffällt, ist, dass du langsam eine Brille brauchst!«

»Eine Brille? Ich? Ach was! Aber hier, das klingt ja interessant: ›Liebeskugeln können einer Frau nicht nur dabei helfen, intensivere und länger andauernde Höhepunkte zu erleben, sie sorgen bereits während des Trainings für aufregend sinnliche Lustgefühle.‹«

»Oh ja, das klingt wirklich gut! Aber was meinen die denn mit Training?«

»Moment. Ah, hier: ›Mit den kleinen Lustkugeln wird gleichzeitig die Beckenboden- sowie Scheidenmuskulatur trainiert, was wiederum für eine erhöhte Empfindsamkeit beim Liebesakt mit dem Partner sorgt.‹«

»Klingt auch super. Aber wie funktioniert denn nun dieses Training?«

»Warte ... Ah, hier steht's: ›Die Liebeskugeln werden in die Vagina eingeführt und so platziert, dass sie nicht stören. Zwei Trainingseinheiten im Stehen oder Laufen à 15 Minuten sind bereits ausreichend.‹«

»Im Stehen oder Laufen? Echt? Also könnte ich die zum Beispiel in mir tragen, wenn ich mit Lana Gassi gehe?«

»So verstehe ich es, ja. Aber okay, damit kannst du ja dann morgen anfangen, heute wird nicht trainiert, heute wird gespielt! Also: Leg dich bitte auf den Rücken und schließe die Augen.«

»Okay, Coach, wenn du das sagst.«

Langsam steigt meine Neugierde. Oliver spreizt behutsam meine Beine und beginnt meine frisch rasierte Scham zu umspielen. Er pustet und streichelt und küsst und leckt – immer im Wechsel. Alles mit dieser Zartheit, die ich so sehr mag. Nun tippt er mit seinem Zeigefinger zwischen meine Schamlippen. Der Finger dringt sofort ein, so feucht bin ich.

»Es ist an der Zeit«, sagt Oliver.

»Wofür? Hannes Wader zu zitieren?«, frage ich, weil *Es ist an der Zeit* eines der Lieblingslieder meines Mannes ist.

»Nee. Zeit für die Love Balls, Baby!«

Ich öffne meine Augen und sehe, wie Oliver den Rück-holring, an dem eine Silikonschnur befestigt ist, über seinen Zeigefinger stülpt und die silbernen Edelstahlkugeln auf meine Vulva legt. Ich schließe meine Augen wieder. Die Kugeln purzeln über meiner Scham hin und her, es ist ein prickelndes Gefühl, das nach mehr schreit.

»Führ sie mir ein!«

»Ach, jetzt doch?« Obwohl meine Augen geschlossen sind, weiß ich genau, dass er gerade selbstgefällig grinst, mein Oliver.

»Laber nicht! Schieb sie schon rein, Mann!«

»Nichts lieber als das, mein Herz.«

Es braucht kein Gleitgeil. Meine Muschi saugt die erste Kugel regelrecht ein, dann die zweite. Ich winde mich, was die Kugeln erzittern lässt und mir ein vollkommen neues Lustgefühl beschert. Zwischendurch lässt mein Mann die Kugeln immer mal wieder herausschlüpfen, nur um sie mir im nächsten Moment wieder einzuführen. Nun leckt und saugt er an meinem Kitzler, zieht dabei wie ein Marionettenspieler an dem Ring und lässt die Kugeln in meiner Muschi tanzen. Es dauert keine zwei Minuten, da bin ich Amerika auch schon fünfhundert Kilometer näher gekommen.

Nach einer kurzen Zigarettenpause will ich direkt weiter-spielen. Ich bin heiß! Heiß auf das Spielzeug und heiß auf die Belohnung, die am Ende auf mich wartet. Und wieder greift Oliver in die magische Kiste ...

»So, was haben wir denn hier? Den G-Punkt-Vibrator Stronic Drei von Fun Factory!«

»Ui! Ist der für mich oder für dich?«

»Du kannst Fragen stellen! Ich schätze, er ist für dich, aber warte mal kurz ...« Wie ein Halbblinder hält Olli den Beipackzettel etwa einen halben Meter von seinen Augen weg. »Also, hier steht: ›Der Stronic Drei ist ein Liebes-spielzeug, das Ihr Euch teilen könnt. Mit seiner stoßenden

Hin- und Herbewegung und seiner stimulierenden Struktur findet er super einfach zu ihrem G-Punkt und seiner Prostata. Das verdickte Toy-Ende ist außerdem ein reizvoller Traum für die Klitoris.‹«

»Seiner Prostata! Bäm! Also ist er – zumindest auch – für dich, mein Schatz!«

»Ja, ja, in der Theorie schon. Aber in der Praxis geht es ja heute um *deine* Orgasmen, nicht?«

»Langweilig!«

»Na, warte«, sagt Oliver. Lachend fallen wir uns in die Arme.

Ein wenig merkwürdig mutet er auf den ersten Blick schon an, dieser Vibrator. Er hat nicht die klassische Penisform, obwohl die Spitze wie eine Eichel geformt ist. Doch sonst ist er leicht geschwungen wie eine Welle mit mehreren Rillen an der Seite. Die Oberfläche des petrolfarbenen Spielzeugs fühlt sich gut an. Ein wenig wie Samt, nicht wie der billige Kunststoff, den es sonst zu kaufen gibt. Auch die Vibrationsfunktion ist anders. Er kann sich vor- und zurückbewegen und nicht nur summend vibrieren.

»Leg dich hin!« Ich liebe es ja, wenn Oliver im Bett den Ton angibt. (Dafür gebe ich ihn draußen an. So!) Der Anblick, wie er den Vibrator mit ein wenig Gleitgel einreibt, macht mich ziemlich scharf.

Als die vibrierende Spitze meinen Kitzler berührt, durchfährt mich ein Schauer. Es ist, als würde ich geleckt werden, nur unzählige Male schneller und unfassbar intensiver. Ich kralle meine Finger ins Bettlaken und drücke meine Beine zusammen. Oliver legt seine Hand auf meine

Stirn und streicht meine Haare zurück. Das beruhigt mich etwas und langsam kann ich meine Scham wieder freigeben. Das Eindringen ist ein Traum der Lust. In einem wilden Rhythmus stößt mein neuer kleiner Freund vor und zurück. Oliver ändert die Frequenz und plötzlich schwimmt mein ganzer Unterleib. Immer wieder schiebt sich der Vibrator an der Oberseite meiner Vagina entlang, sodass ich meine Lust nicht mehr kontrollieren kann. Das muss dann wohl der G-Punkt sein! Der Silikonpenis treibt mich in den heftigsten Orgasmus, den ich je hatte. Und Oliver grinst.

»Aufhören!«, stöhne ich, doch er gibt nicht nach und zieht stattdessen den Vibrator heraus und legt die Spitze auf meinen Kitzler. Ich schnappe nach Luft, der vaginale Orgasmus ist noch nicht richtig vorüber, als sich erneut alles zusammenzieht. Für einen Augenblick tut es sogar weh, nicht sehr, aber ich muss doch Olivers Hand zurückdrängen, weil es einfach nicht mehr auszuhalten ist! Ich schwitze, meine Beine tanzen durch die Luft und ich drehe mich zur Seite und frage mich, ob ein multipler Orgasmus doppelt zählt.

»So. Damit wären wir schon mal in London«, sagt mein Schatz sichtlich zufrieden und streicht mir eine verschwitze Haarsträhne aus dem Gesicht. Ich würde gern lachen, aber noch immer treiben Wellen aus Lust durch meinen Körper.

Nun ist es an der Zeit, meinem Mann etwas zurückzugeben. Obwohl es mir nicht leicht fällt, weil der Akt ziemlich kraftraubend war, setze ich mich auf ihn und verschlinge sein Glied mit meiner Muschi. Er hält meinen Hintern mit beiden Händen fest und lässt mich über seinen Schoß rutschen. Mein Schamlippen sind gereizt, alles ist gereizt, so was von gereizt ...

»Komm, bitte!«

»Echt? Wir haben doch gerade erst angefangen!«

»Egal, komm jetzt, bitte!«

»Fuck, ich bin doch keine zwölf mehr! Aber okay, erzähl mir noch mal die Story, wie du mit deiner Zwillingsschwester ...«

Ich habe keine Schwester. Erst recht keine Zwillingsschwester. »Olli! Es tut mir weh!«

»Alles gut, Herz, bin ja schon fertig, du kannst jetzt absteigen.«

»Wirklich?«

»Pause!«, brüllt Olli und bleibt erschöpft liegen. Pffft! Was soll *ich* dann sagen? Ich sage erst mal gar nichts und lege mich ermattet neben meinen Mann. Nach einer Weile bekomme ich Hunger.

»Essen?«, frage ich.

»Gute Idee!«

»Zauberst du was?«

»Muss ich ja wohl«, sagt Oliver. Zu Recht. Er kocht viel besser als ich. Dafür ist er im Putzen eine Niete. Während Olli mein derzeitiges Lieblingsgericht – Risotto mit Austernpilzen und Garnelen – kocht, schaue ich zum etwa zehnten Male *Schöne Bescherung* mit Chevy Chase. Der Titel passt, wenn man ihn wörtlich nimmt, ziemlich gut auf diesen Heiligabend. Niemals hätte ich gedacht, dass Sexspielzeug so viel Spaß bringen kann!

Nachdem wir gegessen und uns ein bisschen ausgeruht haben, soll es weitergehen, schließlich sind wir ja immer noch nicht ganz in Amerika. Würden jetzt die Maschine ihren Geist aufgeben, würden wir wohl im Atlantik ertrinken. Um das Ganze *noch* prickelnder zu machen, verbindet mir Olli diesmal die Augen und lässt mich in die Kiste greifen. Ich schiebe im Blindflug einige Verpackungen zur Seite, bis ich ein fast quadratisches Kästchen in den Fingern halte.

»Das nehmen wir!«

Als ich die Augenbinde abnehme, erschrecke ich kurz. »Tano Plug Vibe Analplug mit Vibration PicoBong«, steht auf dem Kästchen. Hilfe! Ich steh nicht so auf Analverkehr und das raketenähnliche Teil, das ich in der Hand halte, scheint ausschließlich dafür gemacht worden zu sein. Ich versuche Olli zu überreden, ein anderes Toy zu nehmen, aber natürlich gibt er nicht nach.

»Lass uns erst mal den Beipackzettel lesen, Herz. Lies du mal bitte vor, die haben bestimmt wieder die Schrift so klein gemacht.«

»Okay, also: ›Dieser freche, farbenfrohe Analplug hat es echt in sich: Mit zwölf Vibrationsprogrammen schleicht der Tano sich von hinten an Deine Hotspots heran und sorgt dort für besondere Glücksmomente – sowohl bei ihm als auch bei ihr!‹«

Olli grinst schon wieder und greift sich die Verpackung: »Der Tano Plug Vibe ist also ein ganz, ganz Frecher, der für Glückmomente sorgt, indem er sich von hinten an unsere Hotspots heranschleicht?«

»So steht es geschrieben, Schatz.«

»Ich ziehe den Hut vor diesem Texter! Auf so etwas muss man erst mal kommen!«

»Ich hab ein bisschen Angst, Baby«, sage ich.

»Musst du nicht. Kann nix passieren! Das ist wie im Dschungelcamp, da wirken die Tiere auch nur gefährlich, sind es aber in Wirklichkeit gar nicht. Komm schon, ich bin auch ganz vorsichtig, versprochen.«

»Ja, genau.«

»Echt jetzt! Und falls es dir nicht gefällt, hören wir einfach auf, Deal?«

»Deal!«

Und schon liegt Olivers Gesicht auf meiner Scham. Seine Zunge fährt immer wieder über meinen Kitzler und obwohl der durch den Wahnsinnsvibrator hervorgerufene Superorgasmus immer noch nachklingt, presse ich wieder meine Schenkel zusammen und drücke seinen Kopf noch näher an mich heran. Ich liebe es, wenn er seine Zunge immer mal wieder in mich hineingleiten lässt und nicht nur meinen Kitzler verwöhnt. Das ist wie eine kleine Erholung auf dem Weg zum Orgasmus. Plötzlich spüre ich, wie sich etwas in meinen Anus schiebt. Doch dieses Mal verkrampfe ich sonderbarerweise nicht. Der Plug dringt Millimeter für Millimeter in mich ein und ich stöhne auf. Im nächsten Moment liegt Oliver auf mir und schiebt sein Glied in mein Heiligstes. Meine Nägel krallen sich in seinen Rücken, immer wieder stößt er zu und dieses Gefühl, wie sich sein Schwanz und der vibrierende Frechdachs fast berührten, lässt mich fast wahnsinnig vor Geilheit werden.

Sein Schambein reibt über meinen Kitzler und bringt mich zu einem weiteren Sensationsorgasmus.

Jetzt will ich noch mehr. Keine Pause diesmal! Oh, was haben wir denn da noch Feines in der Kiste liegen? Die *Fifty Shades of Grey*-Collection! Gelesen habe ich das Buch nicht, aber Olli, der ja immer gern ein bisschen angibt, meint, so gut wie E. L. James hätte er auch mal geschrieben – mit sechs Jahren. Gut, warum nicht ein wenig bizarrer werden? Die Wrist Cuffs, ein paar braune Lederfesseln für die Hände mit goldener Kette und ebenso goldenen Karabinerhaken, bringen mich auf eine Idee. Warum soll mein Mann im Bett eigentlich immer sagen, wo es langgeht? Ich grinse ihn an.

»Leg dich hin!«

»Wie jetzt? *Ich?*«

»Klar!«

Er ziert sich etwas, als ich ihm die Lederriemen um die Handgelenke lege, aber ich verspreche ihm, dass auch sein Orgasmus fünfhundert Kilometer gut sei.

»Das stellt ja das gesamte Punktesystem in Frage!«

»Und wenn schon«, antworte ich.

»Da hast du auch wieder recht.«

Die Spreader Bar, eine etwa fünfzig Zentimeter lange Fixierstange, die mit braunem Leder umspannt ist, passt mit ihren Ösen bestens zu den Karabinerhaken der Handfesseln. Zudem lässt sie sich perfekt an unserem Bett befestigen.

Oliver ist mir ausgeliefert. Ich nehme ein wenig von dem Massageöl aus der Kiste und schmiere seinen Anus damit ein.

»Dein Ernst?«

»Ja sicher! Es ist wieder an der Zeit für Vibration Pico-Bong«, sage ich.

»Ach du scheiße!«

»Stell dich nicht so an, es wird dir schon gefallen.«

»Na, wenn du das sagst.«

»Ruhe jetzt! Und Beine hoch!«

Ganz langsam schiebe ich den eingeölten Plug ein kleines Stückchen in den eingeölten Anus meines Mannes. Dort ist er erst mal gut aufgehoben. Nun schmiere ich auch noch sein Glied mit dem Öl ein. Schnell wird es groß und ich konzentriere mich nur noch auf seine Eichel. Mit beiden Händen reibe ich immer wieder über seine Schwanzspitze, bis er so laut stöhnt, dass ich kurz stoppen muss. Olli beugt sich, so gut es mit den Fesseln eben geht, immer wieder zu mir hoch. Ich spritze wieder etwas Öl auf sein Glied und setze meine Behandlung fort. Nach nur einer Minute schießt sein Saft aus seinem Schwanz wie eine Fontäne aus dem Blasloch eines Wals. Ein schöner Anblick.

Tja, was soll ich sagen? Meine anfängliche Annahme, Sexspielzeug sei nur etwas für eingerostete Liebespaare, konnte falscher nicht sein. Es vergeht inzwischen kaum mehr ein Akt, bei dem Oliver und ich nicht mindestens einmal in unsere magische Kiste greifen. Und zwei, drei Teile werden wir im Sommer bestimmt mitnehmen. Nach Amerika. In den Urlaub. Den haben wir uns verdient.

Odette Dressler / 27 / Berlin

Der Bulle und das Mädchen

Keine Ahnung, wie ich in diesen Schlamassel hineingeraten war. Ich fand mich in einem klinisch weißen Büro wieder, um meine Handgelenke die überraschend schweren Handschellen, und während ein Polizist meine Daten aufnahm, stieß ich ein entnervtes Stöhnen aus. Ein typischer Montag. Der Beamte vor mir warf mir einen vorwurfsvollen Blick zu, den ich mit einer Gelassenheit erwiderte, die sämtliche Bösewichte aus den Bondfilmen hätte erschaudern lassen. Doch statt sich zu schütteln, tippte er munter weiter auf seiner Tastatur.

»So, Frau Martin, Sie bleiben also dabei, dass Sie nicht daran beteiligt waren, als die Steine geworfen wurden?«, erhob er nach einigen weiteren elend langen Minuten des Wartens endlich seine Stimme.

Wie ich es hasste, dort zu sitzen. »Wenn ich es Ihnen doch sage: Ich habe meine Freunde gesucht und bin mitten ins Kreuzfeuer geraten!« Auch wenn ich gestehen muss, dass ich die Aktion total befürworte. Wenn man sich dazu entschließt, mit dem Faschopack gegen die angeblich drohende Islamisierung zu protestieren, muss man damit rechnen, dass der schwarze Block einen nicht mit Blumen und Schokolade begrüßt. Dass mich die Scheiße nun ins Polizeipräsidium katapultiert hatte, fand ich allerdings weniger nett.

Der Polizist tippte meine Aussage in den Computer. Vielleicht schrieb er auch: »Der Frau ist nicht mehr zu helfen. Einweisung in die Klapsmühle wird beantragt.« Ich traute denen ja alles zu. Wer sich dem Staat verpflichtete, in welcher Art und Weise auch immer, musste ein skrupelloses Arschloch sein.

Hinter mir hörte ich, wie sich die Tür öffnete und ein weiterer Bulle in das ohnehin sehr kleine Büro eintrat. Flüchtig musterte ich ihn. Im Gegensatz zu seinem Kollegen – eher der Typ Bulle von Tölz, der hinter seinem Rechner immer mehr verfettete und den letzten Außeneinsatz vor gefühlt zwanzig Jahren absolviert hatte – war dieser eine Ecke jünger, vielleicht Mitte dreißig, und wesentlich attraktiver. Also, er wäre attraktiver gewesen, wenn er nicht diese widerliche blaue Uniform getragen hätte. Ich möchte mich ja nicht an Modefragen heranwagen – was das betrifft, bin ich nämlich hoffnungslos aufgeschmissen –, aber wer auch immer diese dunkelblaue beziehungsweise ehemals tannengrüne Uniform trug, war für mich ein ziemlicher Minusmensch. Ohne Aussicht auf Besserung. Da rettete ihn auch nicht der gepflegte Dreitagebart, den zurzeit jeder trug, der über einen ordentlichen Bartwuchs verfügte.

Er ging zu seinem Kollegen hinüber und flüsterte etwas, während er mir einen prüfenden Blick zuwarf. Was hatten die denn alle? Hatten die noch nie eine Frau mit blauen Haaren gesehen? War man mit bunten Haaren und Piercings im Gesicht automatisch schwer kriminell?

»Ich schwöre es Ihnen! Ich habe keine Steine, keine Flaschen, ja, nicht mal meine Kippe irgendwohin geworfen!«, maulte ich komplett entnervt von der ganzen Situation und verschränkte meine Arme. Sollten die doch versuchen, mich einzubuchten.

»Ist schon in Ordnung!«, meinte der jüngere Kollege an den Ottfried-Fischer-Verschnitt gewandt und klopfte ihm auf die Schulter. »Die Jungs haben sie auch nicht werfen sehen, von daher ...« Doch Ottfried Fischer grummelte vor sich hin.

»Ey, das kann's doch nicht sein!«, lud ich noch mal nach. »Ihr Kollege sagte doch, dass mich keiner dabei gesehen hat, wie ich irgendwas geworfen habe. Was ist denn nun, hm? Wollen Sie noch meine Fingerabdrücke abnehmen, um sie mit denen an den Steinen zu vergleichen?« Der Jüngere der beiden legte seine Stirn in feine Falten, doch das war mir ziemlich egal. Ich hatte keinen Bock mehr auf das Ganze! Ich wollte einfach nur nach Hause. Und zwar schnell.

»Ja ja, ist in Ordnung«, willigte der Ältere endlich ein und schien ziemlich enttäuscht darüber zu sein, dass er mir nicht ans Bein pinkeln konnte. Sofort sprang ich von dem unbequemen Stuhl auf und machte mich daran, zur Tür zu düsen, als mir die Handschellen wieder in den Sinn kamen, die noch immer meine Handgelenke behinderten.

»Haben die Jungs die nicht abgemacht?«, fragte der Jüngere irritiert. Der Dicke schüttelte ahnungslos den Kopf. Was war das denn für ein wirrer Verein?

»Wenn ich bitten darf?«, forderte ich die beiden Herren auf und hielt ihnen meine gefesselten Hände unter die Nase. Sowie man den Schlüssel gefunden hatte, wurde ich dann auch endlich befreit. »War's das jetzt?«, fragte ich spottend nach, obwohl der Dicke mir schon keine Aufmerksamkeit mehr schenkte.

»Ja, das war's ... Kommen Sie, ich führ Sie raus!«

Welch Segen! Ich hätte im Kreis kotzen können.

Der Flur erinnerte mich an einen langen Tunnel, an dessen Ende das grelle Licht der Hoffnung auf mich wartete. Freiheit! Ich konnte sie regelrecht riechen! Nur der feine Herr Bulle neben mir dämmte die Vorfreude erheblich.

»Ich muss mich für die Unannehmlichkeiten entschuldigen. Eigentlich läuft das hier alles ordentlicher ab!«

Wer's glaubt! Ich tat es auf jeden Fall nicht. Also reagierte ich mit einem knappen »Hm« und beschleunigte meine Schritte nochmals.

»Punkrock also, ja?«, fragte er beiläufig und ich musste aufpassen, nicht über meine eigenen Füße zu stolpern, so überrascht war ich über die Frage.

»Bitte was?«

»Na, die Haare, die Klamotten, die Piercings ...«

Ich sah an mir runter und verzog das Gesicht. Der verschlissene Parka mit den ganzen Bandpatches gab zwar noch warm, ließ mich aber in Kombination mit den zerfetzten Jeans wirklich etwas verwahrlost wirken. »Äh ja... genau! Punkrock!«

Er lachte und fuchtelte mit seinem Zeigefinger in meine Richtung. »Guter Geschmack!«

Da wäre ich um ein Haar wieder über meine Füße gefallen. Versuchte der, über die Schiene herauszufinden, ob ich heimlich kiffte, oder was? »Kann man von Ihnen ja nicht behaupten. Augen auf bei der Berufswahl!«

Wahrscheinlich hätte ich mir bei jedem anderen Polizisten eine wegen Beamtenbeleidigung gefangen, aber dieser hier lachte nur sichtlich amüsiert darüber. Als wir endlich an der Tür ankamen, schob er mir seine Visitenkarte zu – für den Fall der Fälle, falls mal etwas sein sollte. Widerwillig steckte ich sie in meine Jackentasche und vernahm mit Erleichterung das Summen der schweren Türen, durch die ich nach draußen schritt, stolz wie Rocky Balboa.

Ich hatte meine eigenen Maßstäbe. Regeln, die ich nie brach – niemals, um keinen Preis. Regel Nummer eins: Fang nie etwas mit einem Nazi an. Ich hatte tatsächlich mal das unfassbare Glück gehabt, einen echt heißen Typen abzuschleppen, der es dann doch schaffte, kurz vor der Ziellinie aus meinem Bett und meiner Wohnung zu fliegen. Aber man lässt sich ja auch kein Hakenkreuz auf den Oberkörper tätowieren! Regel Nummer zwei: A.C.A.B.! »All cops are bastards.« Es paare sich nicht, was sich nicht miteinander versteht. Polizisten waren in meinen Augen unvögelbar. Und bislang war ich der Meinung gewesen, dass ich mich erschießen würde, wenn eines Tages die

Menschheit aussterben sollte und ein Polizist und ich die einzigen Überlebenden darstellen würden.

Jetzt saß ich zu Hause auf meiner Couch, ließ den Tag Revue passieren und drehte mir einen Joint. Nach diesem Tag brauchte ich den unbedingt! Im Augenwinkel sah ich die Visitenkarte, die mir der jüngere Polizist zugesteckt hatte, auf dem Tisch liegen. Ich griff nach ihr und musterte sie neugierig, auch wenn mich dabei eine Welle des Abscheus überkam. Konstantin Achenbach. Schon der Name schrie nach einer Spießerkarriere. Ich warf die Karte zurück auf den Tisch, als das Telefon klingelte. Wie ich schon sagte: ein typischer Montag eben. Es war aber keiner dieser elendigen Vertreter und auch keiner von meinen verloren geglaubten Freunden, die während der Demo einfach verschwunden waren.

»Hey, Konstantin hier!« Wie bitte? Was für ein Film lief denn bei dem ab, dass er sich mit dem Vornamen meldete? Immerhin hatte ich den vor einer halben Minute noch selbst von einer Karte ablesen müssen.

Also antwortete ich mit einem unschuldigen: »Bitte wer?«

»Konstantin! Der Polizist, der dich von den Fesseln befreit hat!«

Ich musste unwillkürlich grinsen. »Ah, der mit der bescheuerten Berufswahl!«

»Ja, so ungefähr! Du fragst dich sicher, weshalb ich anrufe.« Wir duzten uns? Wann war das denn passiert? Ich war ja nicht spießig, aber wie ich bereits sagte: Welcher Film lief denn hier?

»Äh ja, tue ich. Was gibt's? Wurde ich bei meiner Flucht aus eurer Irrenanstalt geblitzt?« Wieder lachte er, dabei wollte ich noch nicht mal wirklich witzig sein.

»Nein! Bislang sieht unser Etat keinerlei Errichtung von Fußgängerblitzern innerhalb unserer Gemäuer vor. Nichtsdestotrotz empfiehlt es sich, nicht schneller als fünfzig km/h zu gehen. Der Bremsweg wäre sonst auf einem frisch gewischten Boden viel zu lang und eine Kollision mit anderen Akteuren unvermeidbar!« Was für ein Witzbold! Doch trotz des dezenten Widerwillens in mir musste ich schmunzeln.

»Also? Was dann?« Ich hörte, wie er sich am anderen Ende der Leitung räusperte, und befürchtete einen weiteren schlechten Witz über die Geschwindigkeit eines Fußgängers.

»Ich habe zwei Karten für ein Konzert. Sondaschule. Freitag. Hast du Bock?« Wow! Die Band Sondaschule war eine meiner absoluten Lieblingsbands. Lieder wie *Tausche Alkoholsucht gegen Liebe* waren meine Hymne! Natürlich hatte ich Bock – auch wenn dieser Ausdruck aus dem Mund eines Ordnungshüters irgendwie komisch klang.

»Klar, warum nicht?«, willigte ich ein. Dabei musste ich über mich selbst staunen und rollte mit den Augen. So viel zu meinen persönlichen Grundsätzen. Aber auf ein Konzert gehen – und das offensichtlich für umme – war ja noch lange kein Rummachen!

»Ja, super! Soll ich dich dann abholen?« Um Gottes Willen – nein! Am Ende würde er noch einen fetten Audi fahren oder sonst ein Fabrikat, das laut »Bonze« schrie.

»Nein, nein. Ich bin Freitag ohnehin in der Stadt mit einer Freundin, ich würde dann direkt hinkommen!«

Seine Enttäuschung war ihm deutlich anzuhören, als er mit einem knappen »Oh, na dann bis Freitag!« antwortete.

Die Woche zog an mir vorbei, das Konzert stand vor der Tür und die Aufregung in mir stieg rasant an. Das konnte ich mir nicht erklären, denn ich kannte Costa und die anderen Jungs von Sondaschule bereits von anderen Konzerten und sie waren jedes Mal super. Und wenn ich das bereits wusste – warum dann groß aufgeregt sein? Ich warf mich nicht sonderlich in Schale, sondern blieb bei den altbewährten Jeans, die mehr Löcher als Stoff aufzuweisen hatten, und dem passenden Bandshirt. Noch ein kurzer Blick auf die Uhr und schon machte ich mich mit der Bahn auf den Weg. Bereits unterwegs begegnete ich dem einen oder anderen Fan, aber irgendwie interessierte mich das alles nicht. Vielmehr merkte ich, dass ich mit jeder Haltestelle, die ich meinem Ziel näherkam, weniger an das Konzert und mehr und mehr an Konstantin dachte! Dementsprechend aufgeregt war ich, als ich ihn vor dem Klub lässig an einen schäbigen Corsa gelehnt stehen sah. Und ich war positiv überrascht! Ohne seine Uniform sah er wirklich gut aus. Ach, papperlapapp – hätte ich nicht gewusst, dass er zur dunklen Seite gehörte, wäre ich sofort über ihn hergefallen!

Als ich auf ihn zuging, strahlte er von einer Backe zur anderen und legte lässig einen Arm um meine Schulter. »Schön, dass du hier bist!«, sagte er und ich nickte. Sein »Du siehst toll aus!« konnte ich nur mit einem »Du auch ohne das grausige Blau!« kontern. Das war eine zu steile Vorlage! Doch statt das Gesicht zu verziehen, lachte er nur wieder.

Das Konzert war großartig! Die Stimmung im Publikum war ziemlich ausgelassen und die Jungs auf der Bühne trugen einen erheblichen Teil dazu bei. Aber auch Konstantin hatte mich in mehr als einer Situation überrascht. Mit dem mittlerweile vierten Bier in der Hand grölte er munter mit allen anderen mit: »*Für immer nie nüchtern. Ich hab es tausendmal versucht. Für immer nie nüchtern. Ich kriege einfach nicht genug.*« Dann stürzte er sich mit mir in die Pogo tanzende Menge. Nicht nur einmal mussten wir uns gegenseitig vom Boden hochziehen, wenn wir auf der vom verschütteten Bier gefährlich glatt gewordenen Tanzfläche ausgerutscht waren. Und natürlich durfte auch der Seitenhieb eines Ellenbogens in mein Gesicht nicht fehlen, der mir ohne jede Schönheitschirurgie so volle Lippen wie die von Angelina Jolie bescherte. Das ist eben das Risiko beim Pogo. Wer das nicht abkann, soll zu Hause bleiben. Deshalb winkte ich auch ab, als Konstantin mir anbot, Eiswürfel für die anschwellende Unterlippe zu besorgen. »Alles gut!«, rief ich und warf mich lachend wieder in den tanzenden Knäuel von Menschen, während die Band *Dumm aber glücklich* anstimmte. Erst bei meinem absoluten Lieblingslied schalteten wir einen Gang runter und gingen zur Theke, um unseren Biervorrat wieder aufzustocken. Während ich mich rücklings an den Tresen lehnte, sang ich mit Leib und Seele mit und Konstantin musste unwillkürlich grinsen, bevor er in meinen schrägen Gesang einfiel: »*Tausche Alkoholsucht gegen Liebe, tausche Frau gegen mein Pferd, tausche Alkoholsucht gegen Liebe – zu oft war es schon umgekehrt!*«

Der feine Herr Polizist überraschte mich wirklich. Auch wenn ich zugesagt hatte, mit ihm auf das Konzert zu gehen, hätte ich mir nie vorstellen können, dass er so aus sich herauskäme. An sich war er ja doch eine ziemlich coole Sau! Und in meinem Kopf fing es an zu arbeiten, sehr zu meinem Leidwesen. Also kippte ich schnell noch einen Tequila zum Bier runter und feierte weiter.

»Sag mal, wie hast du mich eigentlich anrufen können?«, fragte ich Konstantin irgendwann mit einem frechen Unterton in der Stimme. »Ich hatte doch deine Nummer, meine hab ich dir gar nicht gegeben ...?« Konstantin nippte an seinem Bier und grinste mich breit an.

»Du, ganz einfach. Wir haben doch deine Personalien bei uns aufgenommen. Darunter war unter anderem auch deine Telefonnummer. Die habe ich mir einfach ganz dreist aufgeschrieben. Wahrscheinlich verstoße ich damit gegen hundert Vorschriften.«

Sehr wahrscheinlich tat er das, immerhin ist die Polizei ein einziger Spießerverein. Kaum zu glauben, dass der tätowierte Gegenentwurf zur Gartenzwergkultur seine Seele an die Exekutive verkauft hatte und jetzt hier mit mir zur coolsten Band der Welt abrockte ...

Die Pärchen vor uns sahen sich verliebt an, während Sondaschule zum Mitsingen aufforderte: »*Zwar hab ich kein Armanihemd und kein Haus am See, keine Schuhe aus Lack und auch kein Cabriolet. Ich hab nicht mal 'ne*

Perspektive, also verstehe ich nicht, warum nie einen andern, warum wollte sie mich?« Ich merkte, wie ich die Verliebten insgeheim beneidete, und schielte immer mal wieder zu Konstantin rüber, der weiter sein Bier schlürfte. Als er meinen Blick bemerkte, sah er mich fragend an und ich wendete meine Augen verlegen ab. Meine Wangen glühten durch das viele Bier – zumindest redete ich mir das ein. Schließlich nahm ich all meinen Mut zusammen. Ich drehte mich wieder zu Konstantin, nahm ihm das Bier aus der Hand und schnellte hervor, um ihn zu küssen. Meine geschwollene Lippe brannte unter der Berührung und auch wenn ich Konstantins Überraschung spürte, erwiderte er den Kuss zögernd. »Bierdieb!«, nuschelte er in den Kuss hinein und griff blind nach dem Plastikbecher, den ich ihm direkt vor der Nase wegzog. »*Ja, ich stinke und schnarche, ich bin dumm und hab kein Geld. Ich bin hässlich und doch liebt sie mich wie keinen zweiten auf der Welt!*«

Ich nahm ihn bei der Hand und wollte eigentlich mit ihm auf die Toilette verschwinden, aber die war hoffnungslos überfüllt. Also zog ich ihn weiter hinter mir her, bis wir schließlich eine offene Tür fanden: die Abstellkammer für Putzutensilien. Als Lichtquelle diente eine alte Glühbirne, die ein warmes Licht ausstrahlte. In dem Augenblick, als die Tür zufiel, küsste mich Konstantin fest und wieder zuckte meine Unterlippe unter dem brennenden Schmerz. Wir stellten die Becher mit dem Bier auf die Waschmaschine hinter uns und während er seine Arme noch um meine Hüfte geschlungen hatte, nestelte ich bereits an seinem Shirt, um es ihm auszuziehen. Ich staunte nicht schlecht. »Ist das dein Ernst? Du siehst aus wie gephotoshopt!«, zitierte ich Emma Stone in dem Film *Crazy, Stupid, Love* und meinte es vollkommen ernst. Ganz offensichtlich würde Konstantin in zwanzig Jahren kein Ottfried-Fischer-Double sein. Er lächelte geschmeichelt und schüttelte den Kopf.

»Ich nehm das einfach mal als Kompliment«, antwortete er nur und zog mich an sich, um nun mir das T-Shirt auszuziehen. Diesmal tat er so, als wäre er überrascht. »Dein Ernst? Du siehst aus wie gephotoshopt! Wir sind die beiden Irren aus der Photoshop-Verschwörung!« Daraufhin prustete ich los und er legte wieder seine Arme um mich, sah mich frech grinsend an und presste seine Lippen auf meine. Ich merkte, wie mein Körper sich in seinen Armen sofort entspannte, und ertappte mich bei der Hoffnung, dass dieser Moment nie enden würde. Fordernd lagen seine Lippen auf meinen und ich fuhr mit meiner Zunge darüber. Langsam öffnete er seinen Mund und meine Zunge stieß regelrecht in die Öffnung hinein, um sofort mit seiner Zunge zu spielen. Ich machte mich an seiner Hose zu schaffen und öffnete sie gierig, während seine großen Hände über meinen BH streichelten, zu meinem Rücken wanderten und den Verschluss öffneten. Als er meine Brüste fest massierte, stöhnte ich auf und spürte, wie er mich gegen die Waschmaschine drückte. Hin und wieder hörten wir, wie Leute an der Rumpelkammer vorbeigingen und lachten. Doch das machte uns nichts aus. Wir waren viel zu beschäftigt, um uns ablenken zu lassen.

Nachdem ich Konstantins Jeans runtergezogen hatte, löste er seine Lippen von meinen und küsste meinen Hals. Ich spürte, wie seine Lippen von der dünnen Haut an meinem Hals über meine Schultern hinab zu meinen Brüsten wanderten, die er feurig mit seiner Zunge liebkoste. Dabei öffnete er den Knopf meiner Hose und zog sie herunter, bevor er mich an der Hüfte packte und auf die Waschmaschine setzte. Dabei warf ich unsere Becher um und fluchte. Ich merkte, wie mein Höschen sich mit Bier vollsog – nicht das schlechteste Gefühl. Dann legte ich meine Beine um Konstantins Hüfte und zog ihn eng an mich heran. Für den Bruchteil einer Sekunde musterte er mein Gesicht und zog mir anschließend mit einer solch quälenden Ruhe mein Höschen aus, dass ich fast protestiert hätte. Aber da küsste er mich auch schon. Meine Hände lagen auf seinem prächtigen Hintern, glitten unter seine Shorts und zogen sie runter. Im selben Moment wanderte seine Hand in meinen Schritt – sein zufriedenes Grinsen, als er merkte, wie feucht ich war, werde ich wohl nie vergessen. Er küsste mich noch mal leidenschaftlich und drang dann in mich ein. Von Lust und Verlangen übermannt, stöhnte ich in seinen Mund, während wir uns küssten, was ihn noch mehr zu animieren schien. Seine Stöße nahmen an Kraft zu und auch sein Griff um meine Hüfte wurde fester. Mit meinen Fingern fuhr ich über das Tattoo auf seinem Oberarm, bevor meine Hände auf seinen Schultern zur Ruhe kamen und sich dort festhielten. Ich entzog Konstantin meine Lippen und stöhnte heiser auf, dabei zog er sich immer wieder zurück und stieß dann heftig in mich hinein. Als seine Stöße immer schneller wurden, konnte ich mich kaum noch beherrschen und krallte mich an seinen Schultern fest. Mit meinen Beinen, die noch immer um seine Hüfte geschlungen waren, zog ich ihn mit jedem Stoß noch enger an mich ran. Als ich schließlich vor Lust keuchend kam, biss ich mir auf die lädierte Unterlippe und er küsste mich wieder auf die Lippen.

Durch die geschlossene Tür dröhnte gedämpft der letzte Song des Abends und Konstantin hielt mich noch immer in seinen Armen, während wir beide nach Luft rangen. Mein Kopf lag auf seiner Schulter und erneut streichelte ich mit meinen Fingern über die feinen Linien auf seinem Oberarm. Konstantins Lippen berührten ein letztes Mal meine Stirn, bevor er sich von mir löste und sich wieder anzog. »Na komm, wir wollen hier doch nicht eingesperrt werden!«, sagte er und ich verzog das Gesicht.

»Ach, hier ist Bier … Ein besseres Gefängnis gibt es nicht«, erwiderte ich, aber musste mir doch eingestehen, dass er recht hatte. Also zog auch ich mich an, wobei ich mir mein Höschen lieblos in die Hosentasche stopfte. Die Musik verebbte schließlich und Sondaschule ging unter tosendem Applaus von der Bühne. Als Konstantin und ich vorsichtig die Putzkammer verließen, staunten wir nicht schlecht über die anderen Konzertbesucher, die grölend den Kassierer-Song *Das Schlimmste ist, wenn das Bier alle ist* sangen. Wir konnten nicht anders und stimmten mit ein, während wir uns langsam in Richtung Ausgang vorarbeiteten.

Konstantin nahm die Bahn nach Hause und wir trennten uns an der Haltestelle, da er in eine andere Richtung fahren musste als ich. Zum Abschied umarmten wir uns innig und küssten uns noch einmal, bevor ich in meinen Zug stieg. Auf dem Heimweg musste ich ein bisschen über mich selbst grinsen. Wenn mir vor ein paar Wochen jemand gesagt hätte, dass ich schon bald meine Grundsätze brechen und mit einem Polizisten schlafen würde – ich hätte die Person einweisen lassen. Und doch hatte ich es gerade getan und bereute es kein bisschen.

Der Einsturz meiner moralischen Mauern hat mir nämlich den großartigsten Menschen überhaupt beschert! Auch wenn wir ein eigenartiges Paar abgeben, lieben wir uns. Und wann immer ich heute auf eine Demo gehe, eile ich vorher zu einem bestimmten Polizisten – nämlich dem meines Herzens – und küsse ihn innig, bevor ich mich meinen Leuten anschließe und gegen die »Wir sind keine Nazis, aber...«-Deppen demonstriere.

Annabell Schnücker / 28 / Duisburg

(K)ein Baby
namens Otis

Wäre mein Leben eine romantische Hollywoodkomödie, hätte ich nach einigen lustigen Verwicklungen erkannt, dass mich mit Tim viel mehr verband, als ich mir anfangs eingestehen wollte. Letztendlich wären wir ein Paar geworden. In der Schlussszene käme ich nach einem anstrengenden Arbeitstag nach Hause und Tim, der unseren Sohn Otis gerade mit organischen Windeln aus Hanf wickelte, würde mir einen dicken Kuss auf die Wange drücken und mich fragen, wie mein Tag war.

»Frag nicht«, würde ich antworten. »Und deiner?«

»Frag nicht«, würde Tim antworten.

Wir würden lachen, Otis würde glucksend mit einstimmen und Tim ins Gesicht urinieren. Ende.

Doch das Leben ist keine Komödie, schon gar keine romantische. Und deshalb lief die Geschichte mit Tim und mir anders, als ein Drehbuchautor sie jemals schreiben würde. Denn ein Drehbuchautor, der wüsste ja, dass er seine Protagonistin nicht so arg beschädigen dürfte und es ein Happy End geben müsste.

Es heißt ja, Männer, die gut tanzen können, seien auch gute Liebhaber. Sollte das stimmen, dann musste der Junge, den ich gerade leicht sabbernd zusammen mit meiner besten Freundin auf der Tanzfläche beobachte, eine ziemliche Granate im Bett sein. Tanzende Typen wirkten ja schnell peinlich, wie die Karikatur eines Schwulen oder eines Latin Lovers oder – und das ist immer am allerschlimmsten – Detlef D! Soost. Aber der Typ auf der Tanzfläche wirkte, als wäre er vom Dubstep, der scheppernd aus den Boxen drang, in seiner eigenen Welt gefangen worden. Seine Art, sich zu bewegen, sah aus, als würde jemand in Zeitlupe Breakdance tanzen, nur in geschmeidigeren Bewegungen, die wie Wellen durch seinen Körper liefen. Immer wieder verharrte er in Positionen, die ich nicht eine Sekunde lang halten könnte. Seinen Blick ließ er dabei unbeteiligt über den Boden schweifen und wenn er wieder einmal kurz auf seinen Zehenspitzen stehend innehielt, kam von der anderen Seite seines Körpers plötzlich ein Move, der ihn aufzuwecken schien.

»Du, ich glaub, der steht auf dich!«, sagte Linda.

»Ach komm, hör auf!«

»Doch! Der guckt dich dauernd an.«

»Dein Ernst? Scheiße, er kommt her!«

Er kam tatsächlich. Es folgte das übliche Begrüßungsgeplauder. Mein erster Eindruck von Tim: ein sympathischer Typ. Nichts für die Ewigkeit, aber für eine Nacht – warum eigentlich nicht?

»Wir müssen mal kurz auf die Toilette, Tim. Sehen wir uns gleich noch?«

»Logisch!«

Als wir aus der Toilette in den schlauchförmigen Vorraum traten, lehnte Tim lässig an der Wand.

»Ich sagte doch, wir sehen uns gleich noch!«

»Geh schon mal vor, Linda, ich komme gleich nach.«

Nachdem Linda uns allein gelassen hatte, drehte Tim sich mit einer lässigen Tanzbewegung um die eigene Achse, drückte mich gegen die Wand und küsste mich. Einfach so. Seine Zunge tanzte in einer Wellenbewegung in meinem Mund und bevor ich seinen Kuss erwidern konnte, ließ er wieder von mir ab. Unsere Münder verband ein dünner Faden aus Speichel.

One-Night-Stands waren für uns Mädchen ja immer so eine Sache. Nicht nur weil da draußen eine Menge Stümper herumliefen, sondern weil wir Frauen im Bett ja auch nicht ganz unkompliziert waren. Ein Freund von mir sagte einmal, dass er bei jeder neuen Frau quasi bei null anfangen musste. Für mich waren One-Night-Stands eher etwas fürs Selbstbewusstsein – und am liebsten suchte ich mir dafür heiße Typen wie Tim aus. Einen Orgasmus hatte ich bei einem One-Night-Stand dagegen noch nie gehabt, bis auf die Male, wo ich fleißig mitgeholfen hatte. Aber vielleicht wäre es mit Tim ja anders; sein Ryan-Gosling-Gedächtniskuss versprach zumindest eine gute Zeit.

Oder auch nicht. Denn Tim ließ nichts aus. Nichts, was ein Mann im Bett falsch machen konnte. Die Geschmeidigkeit, mit der er mich im Klub so sehr beeindruckt hatte, hatte er anscheinend auf der Tanzfläche zurückgelassen. Ich liebe es, beim Sex mit einem Mann zu verschmelzen, aber Tim und ich waren keine Einheit. Vom ersten Moment an, in dem er meine Wohnung betrat, wirkte er wie ein Fremdkörper. Es fing damit an, dass von seiner Kusskunst auf einmal nichts übrig geblieben war – als würde eine Drohne in meinem Mund das Fliegen üben. Und es ging damit weiter, dass er sich, wie ein kleiner Junge, der zu spät zum Schwimmunterricht kam, furchtbar hektisch seiner Klamotten entledigte. Wenn es wenigstens alle Klamotten gewesen wären, doch er behielt tatsächlich sein löchriges Tanktop und seine Socken an. Supersexy! Nachdem ich ihn dann gefühlte fünf Minuten am Verschluss meines BHs nesteln ließ, hatte ich nur noch ein genervtes »Lass mal, ich mach das schon!« für ihn übrig. Für viele Männer ist das Vorspiel eine Art Sport, bei der sie alles geben. Tim tickte da anders. Leider.

»Hey, Tim, ein Kitzler ist kein Rubbellos!«, hätte ich ihm am liebsten zugerufen. Auch in Sachen Dirty Talk brauchte er dringend Nachhilfe. Das war aber das kleinste Problem, denn dank des gefühlten Liters Spucke, den er in meinen Ohren deponiert hatte, hörte ich eh nicht viel. Zum Glück auch nicht sein lautes Gestöhne. An sich habe ich es ja ganz gern, wenn der Mann sich für seine Erregung nicht schämt, aber er sollte im Bett niemals lauter sein als ich – und dabei vor allem nicht wie ein röhrender Hirsch klingen!

Und dann war da auch noch die Sache mit dem Kondom. Wenn es nach den meisten Männern ginge, würden wir ihnen das Gummi ja wie eine Prostituierte mit dem Mund überstülpen. Hätte ich das bloß getan! Denn so musste ich Tim bei seinem verzweifelten Versuch beobachten, das Kondom über seinen Penis zu ziehen. Als er es nach einer Ewigkeit schließlich schaffte, konnte es endlich losgehen. Warum ich an diesem Punkt überhaupt noch weitermachte? Gute Frage. Wahrscheinlich war es mir schlichtweg peinlich, ihm zu sagen, dass ich keine Lust mehr hatte.

Bislang hatte es für mich zwei Arten von One-Night-Stands gegeben: Die Betrunkenen, die ihren Penis nur mit Ach und Krach – wenn überhaupt – hochbekamen, und die Aufgeregten, die bereits kurz nachdem sie ihn eingeführt hatten, zum Höhepunkt kamen. Nach Tim wusste ich, dass es noch eine dritte Kategorie gab: Die betrunkenen Aufgeregten.

Das Beste, was Tim in der Viertelstunde zustande brachte, die der Akt inklusive Vorspiel dauerte, war etwas, das wir Mädchen normalerweise gar nicht mögen: Er schlief keine Minute, nachdem er gekommen war, ein. Ein Segen. Fragen wie »Und? Hat es dir auch so gut gefallen wie mir?«, Kuscheln und ähnliche Intimitäten blieben mir also Gott sei Dank erspart. Stattdessen konnte ich es mir in aller Ruhe selbst machen. Dabei dachte ich an Gregor, mit dem ich in der vorigen Woche ein ziemlich vielversprechendes – allerdings sexloses – erstes Date gehabt hatte.

Am nächsten Morgen schmiss ich Tim noch vor dem Frühstück raus. Ich wollte meine Ruhe haben.

»Sehen wir uns wieder? Ich fand's echt cool mit dir, Cora«, fragte er, als er bereits im Treppenhaus stand.

»Gucken wir mal, Tim, ich hab ja deine Nummer.«

Nein. Niemals. Das waren die ersten Worte, die mir in den Sinn kamen, als die Tür ins Schloss fiel.

Doch ich sollte mich irren.

Etwas Gutes ergab sich aus der Nacht mit Tim in der folgenden Woche dann doch: Ich kümmerte mich endlich einmal um das leidige Thema Verhütung. Nach einer gründlichen Recherche im Netz hatte ich mich für eine Kupferspirale entschieden und ließ mir einen Termin bei meinem Frauenarzt geben.

»Ich habe gute Nachrichten für Sie, Frau Lindner. Eine Spirale brauchen Sie vorerst nicht.«

Nein! Hatte er das jetzt wirklich gesagt? Oh shit!

Schwanger. Von Tim. Na super! Mein Arzt irrte. Das war alles andere als eine gute Nachricht. Ganz abgesehen davon, dass Tim der letzte Mann auf dieser Welt war, den ich mir als Vater für mein Kind vorstellen konnte, passte ein Baby gerade so gar nicht in meine aktuelle Lebensplanung. Im letzten Jahr war ich in meinem Job endlich durch die Decke geflogen und mit gerade mal 27 fühlte ich mich auch sonst noch viel zu jung für ein Kind.

Das waren die Argumente, die gegen ein Baby sprachen. Für eine Schwangerschaft sprachen indes die beiden Abtreibungen, die ich bereits hatte vornehmen lassen: die erste mit 16, die zweite mit 23. Bei der ersten hatte ich mir noch keine großen Gedanken gemacht, was eine Abtreibung bedeutete. Mit 23 Jahren dagegen schon. Nächtelang hatte ich wach gelegen und als ich mich letztendlich gegen das Kind entschieden hatte, quälte mich mein schlechtes Gewissen noch monatelang. Ich hatte mir geschworen, so etwas nie wieder durchmachen zu müssen.

Also beschloss ich, dem Baby dieses Mal eine Chance zu geben. Tim näher kennenzulernen. Denn nur weil er im Bett versagte, musste das ja noch lange nicht bedeuten, dass er einen schlechten Vater abgeben würde. Und so rief ich ihn an.

»Ja, hallo?«

»Tim? Hier ist Cora.«

»Cora! Ich hab mich schon gewundert, weil du dich nicht gemeldet hast. Ich hatte schon Angst, dass es dir mit mir keinen Spaß gemacht hat, aber dann dachte ich mir, nee, das kann eigentlich nicht...«

»Tim.«

»Ja?«

»Wir müssen uns sehen.«

»Nichts lieber als das! Wann soll ich zu dir kommen?«

»Gar nicht, ich komme zu dir.«

Oh mein Gott! Wo war ich hier nur gelandet? In der Bude von Seth Rogen am Set von *Beim ersten Mal*? Wie konnte man so leben? Sich in so einem Chaos wohlfühlen? Wie es die kleinen Strolche hier augenscheinlich taten? Beißender Geruch strömte aus längst vergessenen Pizza-schachteln und paarte sich mit dem Gestank schmutziger Socken und abgestandenen Bongwassers. Tims Freunde schien die Unordnung nicht zu stören. Hauptsache, der Blick auf den Röhrenfernseher war noch halbwegs frei, um weiter FIFA 15 zu zocken.

Nachdem Tim mich seinen Jungs vorgestellt hatte, ging er mit mir in die Küche, die – wer hätte das gedacht? – blitzblank war.

»Wundere dich nicht über die Ordnung! Meine Mutter war gestern zu Besuch und hat sauber gemacht.«

»Schon okay, Tim. Stört mich nicht.«

»Na, ein Glück! So, aber nun erzähl mal, Cora. Ich bin schon voll gespannt, worum geht's? Warte, warte, warte! Du willst unsere Beziehung vertiefen, richtig? Den nächsten Schritt wagen, richtig?«

»So ähnlich, Tim, so ähnlich.«

»Wusste ich's doch!«

»Ich bin schwanger!«

»Hm?«

»Ich bin schwanger, Tim.«

»Nein!«

»Doch.«

»Scheiße! Und nun soll ich dich zur Abtreibung begleiten, oder wie?«

»Das ist das Einzige, was du dazu zu sagen hast?«

»Ähhh ... ach so, ja, nein ... Ich wusste ja nicht ... woher sollte ich auch – wie jetzt? Du willst das Baby bekommen?«

»Ich weiß es noch nicht, Tim, deshalb bin ich ja hier. Es ist unser Baby, verstehst du?«

Ich hatte nicht den Eindruck, dass Tim auch nur ansatzweise etwas verstand. Am Ende war es aber das Poster von Daniela Katzenberger im Badezimmer – in das ich mich erst traute, nachdem ich all meinen Mut zusammengenommen hatte –, das mir sagte: Niemals werde ich zulassen, dass dieser Typ mein Baby in die Finger bekommt!

Ich wollte mich nicht groß erklären müssen und so schickte ich Tim zwei Wochen später eine SMS:

Lieber Tim,
nach reiflicher Überlegung habe ich mich dagegen entschie-
den, das Baby zu bekommen. Ich bin sicher, dass meine
Entscheidung für uns beide die richtige ist.
Mach's gut, Tim.
Cora

Das war natürlich alles gelogen. Na ja, fast. Die Sache mit dem Baby hatte ich mir tatsächlich reiflich überlegt. Ich werde es schon irgendwie schaffen, neben meinem Job ein Kind großzuziehen. Das schaffen andere Frauen ja schließlich auch. Ich bin ja nun auch nicht mehr allein. Seit gut drei Wochen sind Gregor und ich ein Paar und als ich ihm gestern Abend »Schatz, wir sind schwanger!« ins Ohr flüsterte, verdrückte selbst dieser große, starke Mann ein paar Tränen.

Cora K. / 29 / Berlin

Einfach mal Danke sagen

Ein herzliches Dankeschön geht an die 24 Damen, die mir ihre intimsten Geschichten anvertraut haben, an Verlagsleiterin Jennifer Kroll, die mir die Chance gab, meinen Traum vom Schreiben zu verwirklichen, und an Nina Schumacher, Maria Nowotnick und Rosanna Motz vom Verlag Eden Books – ihr seid toll!

Ein paar dicke Schmatzer gehen an Johanna Merhof, Annabell Schnücker, Sven Heuchert, Alexander Geilhaupt und Oliver Flesch für die vielen guten Tipps, an meine ungemein geduldige Lektorin Tanja Bertele und letztendlich an meine Agentin Anja Koeseling, ohne die ich heute wohl immer noch Augenbrauen zupfen und Pickel ausdrücken müsste.

Impressum

Odette Dressler
Sex, der dein Leben verändert
25 wahre Bettgeschichten
ISBN: 978-3944296-92-0

Eden Books
Ein Verlag der Edel Germany GmbH
Copyright © 2015 Edel Germany GmbH, Neumühlen 17,
22763 Hamburg
www.edenbooks.de | www.facebook.com/EdenBooksBerlin |
www.edel.com
1. Auflage 2015

Dieses Werk wurde vermittelt durch die Literaturagentur Scriptzz,
Berlin | www.scriptzz.de

Einige der Personen im Text sind aus Gründen des
Persönlichkeitsschutzes anonymisiert.

Projektkoordination: Nina Schumacher
Lektorat: Tanja Bertele
Umschlagfoto: Oliver Rath
Umschlaggestaltung: Rosanna Motz
Layout und Satz: Datagrafix Inc. | www.datagrafix.com
Druck und Bindung: optimal media GmbH, Glienholzweg 7,
17207 Röbel/Müritz

Das FSC®-zertifizierte Papier Holmen Book Cream für dieses Buch
lieferte Holmen Paper, Hallstavik, Schweden.

Printed in Germany

Dieses Buch ist auch als E-Book erhältlich.